Une nature comptée

Peter Lang

Lausanne • Berlin • Bruxelles • Chennai • New York • Oxford

Thomas Debril (dir.)

Une nature comptée. Quantification et régulation de l'environnement en France

EcoPolis
Vol. 41

Cette publication a fait l'objet d'une évaluation par les pairs.

Publié par Peter Lang Group AG, Lausanne, Suisse

info@peterlang.com http://www.peterlang.com/

Illustration de la couverture: ©INRAE/NICOLAS, Bertrand

ISSN 1377-7238
ISBN 978-2-87574-907-9
ePDF 978-2-87574-908-6
ePub 978-2-87574-909-3
DOI 10.3726/b21037
D/2023/5678/35

Information bibliographique de la Deutsche Nationalbibliothek

La Deutsche Nationalbibliothek a répertorié cette publication dans la Deutsche Nationalbibliographie; les données bibliographiques détaillées peuvent être consultées sur Internet à l'adresse http://dnb.d-nb.de.

Cette publication a fait l'objet d'une évaluation par les pairs.

Table des matières

Introduction Mise en nombre et prise en compte de la nature

Thomas Debril, avec Antoine Doré, Géraldine Froger, Alexandre Gaudin, Gaël Plumecocq, et Julien Weisbein

Nous assistons depuis plusieurs décennies à une montée en puissance des enjeux environnementaux et à une multiplication des initiatives visant à mieux connaître la nature par le recours à la quantification. Les anthropologues comme les historiens des sciences et de la mesure ont certes montré à quel point la diversité des formes de comptage que nous connaissons aujourd'hui participe depuis longtemps à la production de connaissances nécessaires aussi bien à l'administration politique qu'à l'exploitation économique de la nature (Chambon 2020). Pour autant, il semble que nous assistions aujourd'hui à une colonisation généralisée des manières de connaître la nature par les nombres qui donne à voir une société de plus en plus « calculante » et une nature de plus en plus « calculée ». Ce phénomène s'accompagne d'un renouvellement du paysage actuel de l'expertise environnementale, marqué par l'émergence de nouvelles compétences et de nouveaux experts en matière de quantification (Granjou et Mauz 2007) comme par la mobilisation d'importantes infrastructures permettant le stockage et la mise en circulation d'un flux de plus en plus important de données (Devictor et Bensaude-Vincent 2016 ; Lucivero 2020 ; Strasser 2012a, 2012b) et participant d'un décrochage croissant entre producteurs et utilisateurs d'informations (Stasser et Edwards 2017). On assiste ainsi à une diversification des techniques calculatoires visant aussi bien à mesurer l'importance des pollutions (Charvolin 2015), à inventorier des espèces végétales ou animales (Doré 2013), à mobiliser des indicateurs pour appréhender la qualité des milieux (Bouleau 2007), ou à simuler le climat grâce des couplages de modèles permettant une meilleure compréhension des changements globaux (Dahan et al. 2006 ; Dahan Dalmedico 2007 ; Guillemot 2009). Ce vaste mouvement de quantification, qui semble concerner aussi bien la nature la plus ordinaire (Charvolin et al. 2015) que la *wilderness* la plus exceptionnelle (Gaidet et Fouilleux 2018) renvoie à des enjeux cognitifs qui interrogent nos manières de produire des nombres pour mieux connaître la nature.

Ce mouvement de quantification conduit également à s'interroger sur le renouvellement des formes de gouvernement par les nombres. En replaçant l'histoire des poids et mesures dans l'histoire économique des échanges marchands comme dans l'histoire politique des formes d'administration, les historiens et les anthropologues ont su montrer l'ancienneté de la contribution des nombres à la diversité des formes actuelles de gestion de la nature (Hocquet 1995). Pour autant, dans un contexte marqué par le recours massif au nombre pour gouverner (Bardet et Jany-Catrice 2010 ; Supiot 2015 ; Salais 2010 ; Paradeise 2012), la quantification semble bien jouer un rôle inédit dans la mise en gestion des questions environnementales. Elle participe en effet non seulement de la définition des contours et de la nature des problèmes environnementaux dont elle renseigne la dynamique et l'ampleur, mais aussi du cadrage des solutions susceptibles d'être envisagées pour les résoudre (Arpin et al. 2015 ; Bouleau et Deuffic 2016 ; Bourblanc 2016). C'est bien ce dont témoigne aujourd'hui le foisonnement expérimental dans l'action publique environnementale (Granjou et al. 2010), la réalisation d'inventaires pour mettre en valeur et légitimer des programmes d'action visant à protéger la biodiversité (Granjou 2013 ; Semal et Guillet 2017), la mobilisation d'indicateurs pour administrer des pollutions atmosphériques ou aquatiques (Bouleau 2016, Boutaric 2020), le recours aux modèles pour gouverner le climat (Aykut et Dahan, 2015). C'est également ce dont témoigne la diversité des instruments participant de la mise en marché de la nature (Chiapello et al. 2020). Il est vrai que dans un contexte où les frontières entre administration publique et gestion privée apparaissent de plus en plus floues, le nombre est fréquemment convoqué comme élément de benchmarking (Bruno et Didier 2013) ou de preuve d'efficacité de l'action publique. Ils permettent à la puissance publique non seulement de gérer la critique et de justifier son action, mais aussi de la mettre en scène et d'en théâtraliser les résultats par le soutien d'une rhétorique quantifiée (Espeland et Stevens 1998).

Comment penser la quantification ?

Si la quantification est à la fois un instrument de preuve et de gouvernement (Desrosière 1993 ; Scott 2021), sa montée en puissance s'est accompagnée de deux grands types de discours empêchant, selon nous, de penser ce que les nombres font plus prosaïquement aux manières de connaître et de gouverner la nature.

Deux discours contrastés sur la quantification

Le premier discours porte sur les effets cognitifs de la quantification. Dans ce cas, la mise en nombres est fréquemment associée à un supplément de vérité au motif qu'elle convoquerait la rigueur et l'impartialité des lois universelles liées à la logique formelle. Dans cette perspective, la confiance dont les nombres sont investis renvoie à une forme d'objectivité mécanique (Porter 2020 [1996]) et à l'existence de règles tenant à distance les intérêts particularistes et permettant de suivre les modes de raisonnement empruntés dans la production des énoncés scientifiques. C'est bien cette dépersonnalisation et ce supplément de transparence associé à la production des nombres qui leur permettraient de rendre compte des faits de manière impartiale et de produire de nouvelles connaissances. Pour autant, d'autres observateurs ont souligné le caractère illusoire d'une expertise impersonnelle, indépendante et entièrement dégagée de son contexte (Barthes Gilbert 2005 ; Granjou 2004), la persistance du tacite venant brouiller la reproductibilité des logiques procédurales participant de la production des résultats, le retour incessant de l'opacité et des intérêts particuliers dans la production des énoncés. Au-delà de la diversité des bricolages auxquels la production statistique peut donner lieu (Lorraine 2009), les critiques de la quantification pointent un nombre réducteur qui simplifie nécessairement le monde, tout en se substituant à la richesse de l'expérience sensible et à la singularité incommensurable que les statistiques environnementales agrègeraient de manière frauduleuse.

Le second discours porte sur les effets politiques de la quantification. Les nombres, en cristallisant le résultat de négociations, consacrent le pouvoir des acteurs les plus forts et viennent ainsi légitimer la reproduction des rapports de domination, entretenir des inégalités et asservir les plus faibles, en contribuant à l'accroissement des injustices environnementales. Ils permettent de gouverner sans gouverner (Berns 2009), ils correspondent à un abus de pouvoir et une manière d'esquiver le débat démocratique pour gagner en indiscutabilité. Ils sont d'autant plus politiques que leurs modes de production, en amont, masquent sous une apparente neutralité technique des choix éminemment stratégiques et qu'ils viennent, plus aval, dépolitiser le débat en disciplinant la critique. Pour autant, plus récemment, certains travaux ont vu dans le nombre non pas simplement un instrument de domination mais aussi d'émancipation. Celui-ci ne se limite pas, en effet, à concentrer le pouvoir politique, il peut aussi participer à le redistribuer en soutenant des coalitions élargies dans l'action publique et en servant de vecteur à des mobilisations collectives. Bidet et Jany-Catrice (2017) rappellent à ce sujet que la quantification, lorsqu'elle est exercée collectivement, permet d'explorer, de réévaluer, d'ouvrir le domaine du possible et du pensable. Les « coalitions calculatoires » (Demortain 2019) peuvent alors conduire à repolitiser certains objets délaissés par l'action publique et apparaître comme un moyen pour les dominés de se constituer comme victime d'une injustice, de braconner et de résister dans une diversité de formes de *statactivismes* (Bruno et al. 2014) conduisant à objectiver des inégalités environnementales, à critiquer les asymétries de pouvoirs et à soutenir la diversité des formes de militantisme environnemental.

Ces deux discours contrastés, insistant soit sur la dimension cognitive soit sur la dimension politique de la mise en nombres de la nature, conduisent à réifier une série d'oppositions problématiques (Martin 2020) sur lesquelles continuent de buter les sciences humaines et sociales, notamment lorsqu'il s'agit d'appréhender la contribution de la quantification aux manières de savoir et de gouverner la nature, par le marché ou l'action publique.

S'intéresser à l'action de quantifier

En s'intéressant davantage aux quantités qu'à la quantification, aux résultats plutôt qu'aux processus qui les produisent, ces deux discours tendent d'abord à réifier une opposition nature-culture problématique qui apparaît largement symptomatique de notre modernité (Latour 1991) ou de notre ontologie naturaliste (Descola 2005). Contre les deux figures symétriques de l'implicite ontologique prenant la forme d'un biocentrisme ou d'un sociocentrisme largement battu en brèche par la sociologie des sciences et des techniques, cet ouvrage considère, au contraire, la quantification comme une action qui consiste à redéfinir simultanément les natures calculées et les cultures calculatoires.

Considérer la quantification comme une action conduit également à éviter un second grand partage qui opposerait, d'un côté, l'étroitesse des opérations quantitatives ou la froideur de l'arithmétique calculatoire et, de l'autre, la richesse des opérations qualitatives, la chaleur des jugements ou des passions cognitives. Cet ouvrage prend ainsi ses distances avec la simplicité d'un partage opposant d'un côté, des acteurs calculant à l'image de l'homo-oeconomicus de l'économie standard et, de l'autre, des formes plus riches et plus culturelles de perceptions et de jugements que l'on trouve chez certains sociologues. Comme cela a été thématisé de longue date par les travaux d'Alain Desrosières, la quantification s'appuie sur des conventions d'équivalence qui nous montrent l'importance des investissements de forme qui précèdent l'action technique du décompte (Desrosières et Kott 2005).

Enfin, la notion d'action permet de mettre à jour la très grande diversité de pratiques que les discours sur la quantification ont tendance à concevoir de la même façon. Si la statistique publique a fait l'objet d'investigations importantes et sature ainsi l'espace savant consacré à la quantification, la mise en nombre de la nature renvoie à une grande variété de dispositifs (Barbier et al. 2020) que cet ouvrage entend mieux caractériser. Cette variété concerne aussi bien les natures prises en compte, à différentes échelles géographiques ou temporelles, que les acteurs et les modalités opératoires mobilisées pour atteindre des objectifs qui peuvent être eux-mêmes divers. Plutôt que d'opposer ou de dénoncer l'opposition entre des natures comptables ou non et des acteurs comptant ou pas, plutôt que d'insister sur le caractère poreux et évolutif de la frontière séparant ces deux mondes, notre ouvrage entend s'intéresser à la diversité des pratiques de mise en nombre en considérant qu'aucune nature et aucun acteur ne sont a priori écartés de ces processus.

La quantification comme trajectoire

Cet ouvrage appréhende la quantification comme trajectoire (Strauss et al. 1992), c'est-à-dire comme l'organisation négociée d'un travail de quantification dont on cherche à pister la dynamique en suivant les nombres à la trace. Il s'agit bien de décrire les différentes opérations associées à la chaine de traitement, depuis le recueil de données en amont jusqu'à leur mobilisation concrète en aval. On rendra ainsi compte du caractère à la fois structuré et structurant de la quantification et de la manière dont la mise en nombres participe de la mise en gestion, économique et politique, des questions environnementales.

La quantification comme travail distribué

S'intéresser à la quantification comme trajectoire conduit, d'abord, à examiner la diversité des opérations liées au travail de quantification. Cela signifie que l'on traite *a priori* les quantités comme le résultat d'opérations « faussement simples » (Arpin et al. 2015) ou « faussement triviales » (Devictor 2018), par lesquelles une nature physique est convertie en énoncés quantifiés. Considérer la quantification comme un travail conduit ainsi à s'interroger sur l'hétérogénéité des travailleurs et la diversité des engagements qui participent de la mise en nombre de la nature, qu'il s'agisse d'experts passionnés ou de calculateurs profanes, qu'il s'agisse de fonctionnaire d'Etat ou de membres d'associations plus militantes et cherchant à faire reconnaître des attachements spécifiques à la nature. Précisons ici que si de nombreux travaux ont pointé le renouvellement du paysage institutionnel avec la participation plus ou moins problématique des amateurs à la production de données (Charvolin 2013 ; Fortier et Alphandéry 2017 ; Weisbein 2015), cet ouvrage entend accorder également une attention particulière aux professionnels de la quantification. Nous serons ainsi amenés à suivre le travail que mènent des chercheurs pour déterminer la viabilité de populations de loup ou quantifier les services rendus par les écosystèmes agricoles, des ingénieurs écologues ou hydrologues en bureaux d'études pour déterminer des niveaux d'eau, des fonctionnaires de l'administration pour objectiver la richesse de la biodiversité française et des professionnels de l'industrie du surf travaillant à la mise en valeur des vagues.

Nous chercherons alors à saisir l'hétérogénéité des opérations très concrètes de la quantification en intégrant aussi bien la matérialité des dispositifs que la mobilisation des sens des acteurs allant de l'œil du forestier professionnel au nez du citoyen militant (Rémy et Estades 2007), nécessitant de suivre à la trace les différents éléments qu'ils mobilisent dans leurs différentes opérations de comptage (Doré 2013). Contre une vision abstraite et formelle régie par l'impersonnalité de lois universelles toutes faites, cet ouvrage cherche à suivre « au ras du sol » les acteurs au travail et à prendre au sérieux la pluralité des instruments (Lasoumes et Le Galès 2004) et leur rôle dans la quantification de la nature. Il s'agit finalement de saisir la quantification comme une technologie non seulement corporelle mais aussi intellectuelle (Goody 1979) dont la contribution est décisive dans les manières de connaître et de gouverner la nature (Charvolin 2013 ; Heaton et Proulx 2012 ; Lynch 1988 ;

Millerand 2012). Nous verrons ainsi comment des courbes définissant des relations entre hauteur et débit des cours d'eau, des graphiques de probabilité d'extinction de grands prédateurs adossés à différents scénarii de gestion, des tableaux alignant de manière synthétique des projets de barrages et des prélèvements potentiels d'eau, des statistiques de fréquentation de telle vague emblématique, participent activement de la redéfinition des manières de connaître et gouverner la nature. En résumé, nous chercherons à décrire l'hétérogénéité des formes de travail concret et équipé impliquées dans une quantification trop souvent présentée comme un processus désincarné d'abstraction qui assure son objectivité par l'invisibilisation des petites mains (Denis et Pontille 2012).

La quantification comme travail négocié

Il s'agit ensuite de considérer les quantités comme le résultat d'un travail non seulement distribué mais aussi négocié entre des acteurs aux enjeux contrastés et dont la coopération ne va pas nécessairement de soi. Nous chercherons alors à décrire la nature des échanges entre ces travailleurs qui fonde la consistance spécifique des manières de connaître et de gouverner par les nombres.

Considérer la quantification comme un travail négocié conduit ainsi à prendre au sérieux les relations de pouvoir pour mieux comprendre comment elles structurent le processus de quantification, l'articulation ou la fluidité souvent problématique de la grande diversité d'opérations de recueil, de traitement, et d'analyse qui constituent la diversité des modalités de mise en nombres. Il s'agit donc de documenter les formes de coordination que supposent les processus de mise en nombre nous donnant à voir la dimension structurée d'une quantification qui cristallise le résultat de jeux d'acteurs locaux (Crozier et Friedberg 1977). Nous verrons ainsi que le choix du recours à la quantification, le type de quantification envisagé, comme l'exercice de quantification lui-même apparaissent largement solidaires de ces relations de pouvoir, qui apparaissent déterminantes dans la production et dans la consistance spécifique de ces nombres.

Pour autant, cet ouvrage entend également prendre au sérieux la dimension structurante d'une mise en nombre qui participe du renouvellement des modalités de gestion de la nature. Dans cette perspective, il s'agit de suivre comment la production des nombres participe du cadrage ou viennent équiper différentes formes de gestion par la mise en invisibilité ou la requalification de certaines natures comme ressources économiques à valoriser ou comme entité politique à administrer. Il s'agit aussi de mieux comprendre comment ces nombres sont concrètement mobilisés aussi bien pour légitimer que pour contester des formes d'usages de la nature, et comment ils participent de la redistribution des rôles entre *insiders* et *outsiders* de l'action publique (Dupuy et Halpern 2009). Loin d'un face-à-face positiviste ou d'un schéma linéaire distinguant un travail d'objectivation scientifique auquel succèderait, ensuite, un travail de gestion politique ou économique, cet ouvrage entend montrer comment les différentes opérations de quantification participent progressivement de la spécificité d'une prise en charge.

La mise en nombre comme mise en gestion de la nature

Cet ouvrage est composé de deux types de contributions[1]. Des contributions théoriques qui visent d'abord à renseigner la manière dont ces processus de mise en nombre ont été approchés aussi bien en sociologie, qu'en sciences politique ou économique. Au-delà d'un état de l'art visant à présenter, de manière aussi pédagogique que possible, les notions utiles dans les autres contributions, ces chapitres défendent, chacun à leur manière, une thèse à partir d'un ancrage disciplinaire particulier. Le premier chapitre, renvoyant à une sociologie pragmatique, montre la spécificité des manières de connaître et de gouverner, c'est-à-dire d'ignorer et de contester, associées à quatre dispositifs de mise en nombre distincts : les inventaires de biodiversité, les mesures de pollution, les indicateurs d'eau et les modèles climatiques. Le second chapitre, renvoyant à une science politique interactionniste, défend l'intérêt d'une approche réticulaire pour mieux comprendre les modalités d'administration de la nature permise par la spécificité des opérations de comptage au niveau local, d'agrégation et de modélisation au niveau national, et de mise en circulation de ces données quantifiées au niveau international. Le troisième chapitre, assumant une approche

[1] Issu du travail réalisé dans le cadre du projet « Les politiques de la nature à travers les techniques de quantification » soutenu par le LABEX SMS portant la référence ANR-11-LABX-0066. Il a bénéficié d'une aide de l'État gérée par l'Agence Nationale de la Recherche au titre du programme Investissements d'Avenir portant la référence n° ANR-11-IDEX-0002-02"

conventionnaliste, montre comment la science économique, après avoir évacué la nature, participe de son évaluation par l'articulation de mécanisme de révélation, d'agrégation et de justification de la valeur (économique). La notion de trajectoire, en dévoilant la spécificité et l'articulation des différentes opérations associées à la mise en nombre, permet ainsi de montrer à quel point ces processus participent de la mise en politique de la nature.

Les cinq chapitres suivants mobilisent ensuite la notion de trajectoire pour mieux comprendre ce que la quantification fait très concrètement aux manières de connaître et de gouverner la nature à travers différentes analyses de cas. Ces cas ont été sélectionnés selon le type de quantification, pour nous donner ainsi les moyens d'appréhender, par la comparaison, la spécificité des opérations cognitives et politiques qu'elles supposent et génèrent. Sont ainsi abordés la mesure et la modélisation des débits des cours d'eau dans le sud de la France (chapitre 4 et 8), les inventaires et la modélisation de la viabilité de populations de loups plus difficiles à localiser (chapitre 6). Si ces contributions nous montrent comment la mise en nombre participe du renouvellement des formes de gestion politiques de la nature, sont aussi abordés les mécanismes par lesquels la mise en nombre participe d'une prise en charge davantage économique de la nature. La quantification de la valeur des services écosystémiques associée à la biodiversité (chapitre 5) comme la monétarisation des vagues (chapitre 7) participent de la redéfinition de ses usages, qu'il s'agisse d'exploitation commerciale ou de conservation.

Bibliographie

Alphandéry P., Fortier A. (2011), « Les associations dans le processus de rationalisation des données naturalistes », *Natures Sciences Sociétés*, 1, vol. 19, pp. 22–30.

Arpin I., Charvolin F., Fortier A. (2015), « Les inventaires naturalistes: des pratiques aux modes de gouvernementIntroduction », *Études rurales*, 1, n° 195, pp. 11–26

Arpin I., Mounet C., Geoffroy D. (2015), « Inventaires naturalistes et rééducation de l'attention. Le cas des jardiniers de Grenoble », *Etudes rurales*, 1, n°195, pp. 89–108.

Arpin I. (2020), « Les producteurs professionnels de données sur la biodiversité face aux « *big data* » en écologie », *Natures Sciences Sociétés*, 1, vol. 28, pp. 66–72.

Aubert P. M., Herman D., Laurans Y. (2016) « Mesurer la forêt pour lutter contre la déforestation ? Une lecture pragmatique de l'émergence du « High Carbon Stocks Approach » », *Terrains & travaux*, 1, n° 28, pp. 85–107.

Aykut Stefan C., Dahan A. (2015), *Gouverner le climat ? Vingt ans de négociations internationales*, Paris, Presses de Sciences-Po.

Barbier R., Daniel F. J., Fernandez S. (2020), « Chapitre 15. « Des études ont montré… Contribution à l'analyse cognitive des situations de gestion environnementale » in Barbier R. et al. (dir.), *L'environnement en mal de gestion,* Villeneuve d'Ascq, Presses universitaires du Septentrion, pp. 263–277.

Bardet F., Jany-Catrice F. (2010), « Les politiques de quantification. Introduction au dossier », *Revue Française de Socio-Économie*, 1, n° 5, pp. 9–17.

Barthélemy D., Nieddu M., Vivien F.-D. (2004), « Externalités ou production de patrimoines ? Les enseignements de travaux récents sur l'agriculture et l'environnement », *Géographie, Economie, Société*, vol. 6, pp. 331–352.

Barthes Y., Gilbert C. (2005), « Impuretés et compromis de l'expertise, une difficile reconnaissance. À propos des risques collectifs et des situations d'incertitude » in Dumoulin L. et al. (dir.), *Le recours aux experts. Raisons et usages politiques*, Grenoble, Presses universitaires de Grenoble, pp. 43–62.

Berns T. (2009), *Gouverner sans gouverner : Une archéologie politique de la statistique*, Paris, Presses Universitaires de France.

Bidet A., Jany-Catrice F. (2017), « Quantifier les qualités », *Revue Française de Socio-économie*, n°19, pp. 19–26.

Bouleau G. (2007), *La gestion française des rivières et ses indicateurs à l'épreuve de la directive cadre*, Sciences de l'Homme et Société, AgroParisTech.

Bouleau G., Deuffic P. (2016), « Qu'y a-t-il de politique dans les indicateurs écologiques? », *VertigO* [En ligne], vol. 16, n°2.http://journals.openedition.org/vertigo/17581.

Bourblanc M. (2016), « Définir des indicateurs en milieu controversé : retour sur l'expertise scientifique « Algues vertes » en France »,

VertigO - la revue électronique en sciences de l'environnement, vol. 16, n°2. http://journals.openedition.org/vertigo/17601

Boutaric F. (2020), *L'art de gouverner la qualité de l'air. L'action publique en question*, Rennes, Presses universitaires de Rennes.

Bruno I. (2008), « Y a-t-il un pilote dans l'Union ? Tableaux de bord, indicateurs, cibles chiffrées : les balises de la décision », *Politix*, 2, 82, pp. 95–117.

Bruno I., Didier E. (2013), *Benchmarking. L'État sous pression statistique*, Paris, La Découverte.

Bruno I., Didier E., Prévieux J. (dir.) (2014), *Statactivisme. Comment lutter avec des nombres*, Paris, La Découverte.

Charvolin F. (2013) « Pense-bêtes, astuces et recettes de jardiniers-observateurs de papillons. Retour sur une science citoyenne », *Revue d'anthropologie des connaissances*, vol. 7, n° 2, pp. 485–500.

Chambon G. (2020), *Histoire des nombres*, Paris, Presses Universitaires de France.

Charvolin F. (2015), « Mesurer l'air. Une fuite de phosgène à l'usine toulousaine Tolochimie en 1973 », *Ethnologie française*, vol. 45, n°1, pp. 77–85.

Charvolin F., Frioux S., Kamoun L., Mélard F., Roussel I. (2015), *Un air familier ? Sociohistoire des pollutions atmosphériques*, Paris, Presses des Mines.

Chiapello E., Missemer A., Pottier A. (2020), *Faire l'économie de l'environnement*, Paris, Presses des Mines.

Crozier M., Friedberg E. (1977), *L'acteur et le système*, Paris, Le Seuil.

Dahan Dalmedico A. (2007), *Les modèles du futur*, Paris, La découverte.

Dahan Dalmedico A., Guillemot H. (2006), « Changement climatique: Dynamiques scientifiques, expertise, enjeux géopolitiques », *Sociologie du travail*, vol. 48, n° 3, pp. 412–432.

Daston L. (2014), *L'économie morale des sciences modernes. Jugements, émotions et valeurs*, Paris, La Découverte.

Lorraine D. (2009), *Le grand trucage*, Paris, La découverte.

Douai A., Plumecocq G. (2017), *L'économie écologique*, Paris, Éditions La Découverte.

Demortain D. (2019), « Les jeux politiques du calcul. Sociologie de la quantification dans l'action publique », *Revue d'anthropologie des connaissances*, vol. 13, n°4, pp. 953–972.

Denis J., Pontille D. (2012) « Travailleurs de l'écrit, matières de l'information », *Revue d'anthropologie des connaissances*, vol. 6, n° 1, pp. 1–20.

Descola P. (2005), *Par-delà nature et culture*, Paris, Gallimard.

Desrosières A. (1993), *La politique des grands nombres. Histoire de la raison statistique*, Paris, La Découverte.

Desrosières A., Kott S. (2005), « Quantifier », *Genèses*, n°58, pp. 2–3.

Devictor V. (2018) « Chapitre 23. La quantification de l'anthropocène – Une stratégie sans stratège », in Beau R., Larrère C., *Penser l'Anthropocène*, Paris, Presses de Sciences Po.

Devictor V., Bensaude-Vincent B. (2016). « From Ecological Records to Big Data: The Invention of Global Biodiversity », *History and Philosophy of the Life Sciences*, 38(4):13, pp. 16–23.

Dias da Silva P., Heaton L., Millerand F. (2017), « Une revue de littérature sur la « science citoyenne » : la production de connaissances naturalistes à l'ère numérique », *Natures Sciences Sociétés*, 4, vol. 25, pp. 370–380.

Didier E. (2009), *En quoi consiste l'Amérique ? Les statistiques, le New Deal et la démocratie*, Paris, La Découverte.

Doré A. (2013), « L'exercice des biopolitiques. Conditions matérielles et ontologiques de la gestion gouvernementale d'une population animale », *Revue d'anthropologie des connaissances,* vol. 7, n° 4, pp. 837-855.

Dupuy C., Halpern C., (2009) « Les politiques publiques face à leurs protestataires », *Revue française de science politique*, vol. 59, n°4, pp. 701–722.

Espeland W. N., Stevens M. L. (1998), "Commensuration as Social Process", *Annual Review of Sociology*, 24,1, pp. 313–343

Fortier A., Alphandéry P., (2017), « La maîtrise des données, un enjeu majeur pour les associations naturalistes à l'heure de la gouvernance de la biodiversité », *Revue française d'administration publique*, 3, n° 163, pp. 587–598.

Fourcade M. (2011), "Cents and sensibility: Economic valuation and the nature of "nature"", *American Journal of Sociology*, 116, 6, pp. 1721–1777.

Fressoz J. B., Pestre D., (2013), « Risque et société du risque depuis deux siècles » in Bourg D. et al. (dir.), *Du risque à la menace – Penser la catastrophe*, Paris, Presses Universitaires de France, pp. 19–56.

Fressoz, J.-B., Graber, F., Locher, F., Quenet, G. (2014), *Introduction à l'histoire environnementale*, Paris, La Découverte.

Gaidet N., Fouilleux E. (2018), « Entre alliances et métriques. Dynamiques de débat sur les politiques globales de protection de la biodiversité », *Revue française de science politique*, vol. 68, n°4, pp. 669–690.

Gómez-Baggethun E., Ruiz-Pérez M., (2011), "Economic valuation and the commodification of ecosystem services", *Progress in Physical Geography*, 35(5), pp. 613–628.

Goody J. (1979), *La raison graphique – La domestication de la pensée sauvage*, Paris, Les éditions de minuit, (1977).

Granjou C. (2004), « Le travail des experts : analyse d'un dispositif d'évaluation des risques alimentaires », *Sociologie du travail*, vol. 46, n°3, pp. 329–445.

Granjou C. (2013), *Micropolitiques de la biodiversité. Experts et professionnels de la nature*, Bruxelles, P.I.E. Peter Lang.

Granjou C., Mauz I. (2007), « Un " impératif scientifique " pour l'action publique?: Analyse d'une compétition pour l'expertise environnementale », *Socio-logos*, Association Française de Sociologie, pp. 16.

Granjou C., Mauz I., Cosson A., (2010) « Le recours aux savoirs dans l'action publique environnementale: un foisonnement expérimental », *Sciences de la société*, vol. 79, pp. 115–129.

Guesnerie R., (2004), « Calcul économique et développement durable », *Revue économique*, vol. 55, n°3, pp. 363–382.

Guillemot H. (2009), « Comment évaluer un modèle numérique du climat ? Circulations et dialogues entre simulations et observations dans les pratiques des modélisateurs », *Revue d'anthropologie des connaissances*, vol. 3, n°2, pp. 273–293.

Halpern C., Lascoumes P., Le Galès P. (2014), « L'instrumentation et ses effets. Débats et mises en perspective théoriques », in Halpern C., Lascoume P., Le Galès P. (Dir.), *L'instrumentation de l'action publique : controverses, résistances, effets*, Paris, Presses de Sciences Po.

Heaton L., Proulx S. (2012), « La construction locale d'une base transnationale de données en botanique. Une mise en lumière du travail des « petites mains » », *Revue d'anthropologie des connaissances*, vol. 6, n° 1, pp. 141–162.

Hocquet J.-C. (1995), *La métrologie historique*, Paris, Presses universitaires de France.

Lascoumes P., Le Galès P. (2005), *Gouverner par les instruments,* Paris, Presses de Sciences Po.

Latour B. (1991), *Nous n'avons jamais été modernes. Essai d'anthropologie symétrique*, Paris, La Découverte.

Lavoux T., (2003), « L'information environnementale: nouvel instrument de régulation politique en Europe? », *Revue internationale de politique comparée*, vol. 10, n°2, pp. 177–194.

Lucivero F., (2020), "Big data, big waste? A reflection on the environmental sustainability of big data initiatives", *Science and Engineering Ethics*, 26, pp. 1009–1030.

Lynch M. (1988), « The Externalized Retina: Selection and Mathematization in the Visual Documentation of Objects in the Life Sciences », *Human Studies,* vol. 11, 2/3, pp. 201-34.

Maris V., (2018), *La part sauvage du monde. Penser la nature dans l'Anthropocène*, Paris, Seuil.

Martin O., (2020), *L'empire des chiffres*, Paris, Armand Colin.

Millerand F. (2012), « La science en réseau. Les gestionnaires d'information « invisibles » dans la production d'une base de données scientifiques », *Revue d'anthropologie des connaissances*, vol. 6, n° 1, pp. 163–190.

Paradeise C. (2012), « Le sens de la mesure. La gestion par les indicateurs est-elle gage d'efficacité? », *Revue d'économie du développement*, 4, vol. 20, pp. 67–94.

Pessis C., Topçu S., Bonneuil C., (2013), *Une autre histoire des « Trente Glorieuses »*, Paris, La Découverte.

Petit O., Froger G., Bauler T., (2022), *Économie écologique : une perspective européenne*, Louvain-la-Neuve, De Boeck Supérieur.

Porter T. M., (2020), *Trust in Numbers: The Pursuit of Objectivity in Science and Public Life*. Princeton University Press (1996).

Rey O., (2016), *Quand le monde s'est fait nombre*, Paris, Stock.

Rémy E., Estades J., (2007), « Nez à nez avec des nuisances odorantes. L'apprentissage de la cohabitation spatiale », *Sociologie du travail*, vol. 49, 2, pp. 237–252.

Roux J., Charvolin F., Dumain A. (2009), « Les « passions Cognitives » ou la dimension rebelle du Connaître en régime de passion », *Revue d'anthropologie des connaissances*, vol. 3, n°3, pp. 369-385.

Rumpala Y., (2009), « Mesurer le « développement durable » pour aider à le réaliser ? La mise en indicateurs entre appareillage de connaissance et technologie d'accompagnement du changement », *Histoire & Mesure*, XXIV-1, pp. 211–246.

Salais R., (2010), « Usages et mésusages de l'argument statistique: le pilotage des politiques publiques par la performance », *Revue française des affaires sociales*, p. 129–147.

Semal L., Guillet F., (2017), « Compenser les pertes de biodiversité. Entre absence de perte nette et moindre mal » in *Compagnon D., Rodary E. (dir.), Les politiques de biodiversité*, Presses de Sciences Po, Paris, pp. 149–169.

Scott J., (2021), *L'œil de l'Etat. Moderniser, uniformiser, détruire*, Paris, La Découverte (1998).

Strasser B., (2012a), « Collecting Nature: Practices, Styles, and Narratives », *Osiris, 27*, 1, pp. 303-40.

Strasser B., (2012b), « Data-Driven Sciences: From Wonder Cabinets to Electronic Databases », *Studies in History and Philosophy of Science Part C*, 43, 1, pp. 85-87.

Strasser B., Edwards P.N. (2017), "Big data is the answer. Butwhat is the question?", *Osiris*, vol. 32, n°1, pp. 328–345.

Strauss A., Fagerhaugh S., Suczek B., Wiener C., (1992), "Maladie et trajectoire", in Strauss A., *La trame de la négociation – sociologie qualitative et interactionnisme*, Paris, L'Harmattan, pp. 143–189, (1985).

Supiot A. (2015), *La gouvernance par les nombres*, Paris, Fayard.

Vatin F. (2008), « L'esprit d'ingénieur : pensée calculatoire et éthique économique », *Revue Française de Socio-Économie*, n°1, 1, pp. 131-52.

Vlassopoulou C. (2003), « L'histoire dans l'analyse des politiques publiques: réflexions à partir de la lutte anti-pollution », *Historicités de l'action publique*, PUF, CURAPP, pp. 99–118.

Weisbein J. (2015), « Capter et (co)produire des savoirs sous contraintes: le tournant expert de *Surfrider Foundation Europe* », *Politix*, n°111, pp. 93–11.

Zittoun P. (2007), « La carte parisienne du bruit. La fabrique d'un nouvel énoncé de politique publique », *Politix*, vol. 2, nº 78, pp. 157–178.

Cartographier les manières de savoir et de gouverner la nature par les nombres

Thomas Debril et Antoine Doré

Si les techniques de mise en nombre ne datent pas d'hier, nous avons assisté ces dernières décennies à un vaste mouvement de quantification renvoyant aussi bien à de nouvelles manières de produire des connaissances (Espeland et Stevens 2008 ; Porter 1994) qu'à de nouveaux modes de gouvernement par les nombres (Bruno et Didier 2013 ; Rose 1991 ; Supiot 2015). Comme le montre remarquablement bien Alain Desrosières dans son travail d'historicisation de la statistique : « *De nos jours encore, la "fiabilité", ou plutôt la légitimité des statistiques publiques, est fortement liée à deux autorités en général disjointes, celle de la science et celle de l'État* » (Desrosières 2008 : 105). La mise en nombre s'impose alors comme un outil puissant du gouvernement des hommes. Elle constitue également, depuis fort longtemps, un instrument privilégié de l'administration des choses, en particulier de l'exploitation des ressources dites « naturelles » sur la base desquelles se sont construits les États (Scott 1999). Ainsi, comme le montre parfaitement bien l'histoire environnementale, l'essor et la généralisation de la mathématisation du monde sont intimement liés aux efforts de maîtrise et d'appropriation des entités de nature (Cronon, 1991 ; Fressoz et al. 2014). Des travaux historiques relativement récents montrent également à quel point les sciences de la nature, comme l'écologie, et leurs dispositifs de dénombrement ont accompagné la transformation de notre rapport à l'environnement et la mise à l'agenda des politiques de conservation et de développement durable (Bergandi et Blandin 2012).

En matière d'environnement, ce vaste mouvement de quantification a conduit à deux types de discours contrastés conduisant d'abord à une réification de la dimension cognitive du chiffre conçu comme outil de preuve. Alors que de nombreux observateurs ont souligné la rigueur et l'impartialité de lois scientifiques qui s'imposent aux hommes de l'extérieur, d'autres ont plutôt mis en avant la dimension inévitablement réductrice de ces chiffres produits par des experts potentiellement partiaux et plus ou moins formels (Theys et Kalaora 1992 ; Oreskes et Conway 2012). Ce foisonnement a par ailleurs conduit à une réification de la dimension politique d'un chiffre conçu comme outil de gouvernement. Alors que certains acteurs ont souligné la contribution active des sciences et des techniques à la domination des puissants et au contrôle de la critique environnementaliste (Pessis et al. 2013), d'autres ont plutôt vu le chiffre comme un instrument de libération permettant d'objectiver les asymétries de pouvoirs et de s'affranchir de ses effets (Bruno et al. 2014). Pour autant, ces deux types de discours contrastés nous empêchent de penser la complexité et surtout la diversité des dynamiques qui participent de la mise en nombre de la nature. C'est bien cette diversité que nous voulons interroger dans cette contribution en cherchant à déplier l'hétérogénéité des dispositifs de mise en nombre et à caractériser la spécificité des manières de savoir et de gouverner qu'ils supposent et génèrent. Car si tous les dispositifs de mise en nombre de la nature participent de la redéfinition des manières de savoir et de gouverner, tous ne le font pas de la même manière.

Sur la base d'un état de l'art de la littérature sociologique portant sur la mise en nombre de la nature, nous avons fait le choix de caractériser la diversité de ces processus selon deux axes d'analyse. Nous nous appuierons, d'abord, sur la notion de dispositif que l'on peut définir, à la suite des travaux de Dodier et Barbot, comme « un enchaînement préparé de séquences, destinées à qualifier ou transformer des états de choses par l'intermédiaire d'un agencement d'éléments matériels et langagiers » (Dodier et Barbot 2016 : 431). Notre démarche assume donc une posture constructiviste dans la mesure où la nature comme le social renvoie davantage à un processus de qualification porté par ces dispositifs qu'aux qualités intrinsèques de ces réalités. L'entrée par les dispositifs nous permettra alors de prendre en compte la contribution de la matérialité des objets, contraignants ou habilitants, à ces processus et d'appréhender la spécificité des opérations, cognitives ou politiques, associées à leur construction et à leur mise en œuvre. C'est bien cette construction dynamique des manières de savoir et de gouverner par les dispositifs de mise en nombres que nous chercherons à caractériser en étant attentifs à la diversité des épreuves, cognitives et normatives, auxquelles ils sont soumis. Précisons alors, à la suite de Lemieux, que nous considérerons par épreuve « toute situation au cours de laquelle des acteurs font l'expérience de la vulnérabilité de l'ordre social, du fait même qu'ils éprouvent un doute au sujet de ce qu'est la réalité » (Lemieux 2012 : 174). La stabilité des connaissances produites par ces dispositifs apparaît en effet largement éprouvée, d'un point de vue cognitif, parce que leur portée heuristique tient dans la sélection des éléments qu'ils retiennent pour travailler, c'est-à-dire dans l'exclusion simultanée de certaines natures et de certains acteurs. Si l'ignorance n'est pas ici le produit d'un relâchement de l'attention, mais plutôt d'une rigueur qui sélectionne et qualifie les éléments à prendre en compte, c'est bien autour de ces épreuves cognitives que se négocie et est rendue visible la spécificité des opérations concrètes engagées par ces dispositifs dans la production de connaissances. Nous verrons alors que ces connaissances qui participent du cadrage des modalités de gouvernement de la nature doivent faire face à des natures et des acteurs qui ne se plient pas de manière mécanique à ses injonctions. Aux épreuves cognitives succède alors la spécificité des épreuves normatives et des critiques qui peuvent toujours s'appuyer sur la spécificité des ignorances produites par les dispositifs pour contester la légitimité des formes de gouvernement qui s'y rapportent.

Fort de ces notions, notre analyse de la littérature nous conduit à identifier quatre grands dispositifs principaux de mise en nombre de la nature que nous examinerons successivement et associerons ici, par souci d'illustration, à un type privilégié de nature auquel ils s'appliquent communément : les *inventaires* de biodiversité, les *mesures* de pollution, les *indicateurs* d'eau et enfin les *modèles* climatiques. Bien sûr, chacun de ces dispositifs regroupe une certaine diversité de procédures de mise en nombre. Nous faisons cependant l'hypothèse qu'il existe dans cette hétérogénéité un air de famille qui donne à voir certaines régularités spécifiques du point de vue des manières de connaître et de gouverner la nature. Nous montrerons qu'il existe en effet un artefact et une épreuve cognitive spécifique pour chacun de ces dispositifs permettant de caractériser les manières de connaître et donc d'ignorer qui lui sont associées. De même, nous montrerons qu'il existe un artefact et une épreuve normative spécifique permettant de caractériser les manières de gouverner et donc de contester qui lui sont associées. Si les manières de savoir/ignorer participent naturellement du cadrage des manières de gouverner/contester, tous ces dispositifs ne le font pas de la même manière. Après avoir caractérisé et illustré les spécificités de chacun des quatre grands dispositifs de mise en nombre de la nature, nous développerons une discussion comparative de ces derniers. Cela nous conduira finalement à distinguer d'un côté des dispositifs de représentation par enregistrement pour les inventaires et mesures et, de l'autre, des dispositifs de représentation par substitution pour les indicateurs et modèles.

Les inventaires de biodiversité

L'inventaire comme effort de catégorisation et technologie du dénombrement

La gamme des inventaires apparaît particulièrement riche et variée. Qu'il s'agisse d'inventaires faunistiques, floristiques ou fongiques, les inventaires de biodiversité peuvent aussi bien concerner une nature ordinaire qu'une nature emblématique, mobiliser les compétences de naturalistes professionnels ou amateurs, poursuivre des objectifs de suivi de l'état d'une population ou s'inscrire plus ponctuellement dans le cadre d'une étude d'impact, intervenir à des échelles variées. L'inventaire suppose d'abord l'existence de collections organisées par des classes d'équivalence nécessaires à l'enregistrement d'une nature pensée comme un ensemble de spécimens susceptibles d'être dénombrés. Ces catégories/classes peuvent elles-mêmes renvoyer à des principes de classements distincts et être de différents types : taxonomiques (inventaire régional des lépidoptères) ; fonctionnelle (inventaire simplifié de dégâts du grand gibier sur une parcelle en plantation forestière) ; hiérarchiques (inventaire des arbres remarquables) ; etc. Pour autant, au-delà de leur diversité, les inventaires renvoient tous à une conception de la nature composée d'entités *discrètes* (au sens mathématique) et fabriquent des équivalences et des non-équivalences entre ces entités rassemblées et/ou distribuées en collections selon des catégories.

Cette conception discrète de la nature s'actualise ensuite dans des pratiques de dénombrements d'entités ou de spécimens qu'il s'agit de repérer, d'identifier pour ensuite les énumérer avec un souci plus ou moins grand d'exhaustivité. Le travail faussement simple de l'inventaire (Arpin et al. 2015) renvoie donc aussi bien aux spécificités de l'objet observé qu'aux compétences des observateurs. Tout d'abord, concernant l'observation (détection), l'exhaustivité d'un inventaire peut être rendue compliquée par le caractère plus ou moins invisible et/ou indétectable des entités inventoriées (Doré 2013 ; Hinchliffe 2008 ; Lorimer 2008), le repérage des spécimens pouvant alors s'apparenter à ce que l'on peut appeler, à la suite de Ginzburg (1980), un travail indiciaire consistant, à partir de l'observation des traces de vie de l'animal, à reconstituer sa présence (Doré 2013 ; Beck et al. 2015). Ensuite, concernant la reconnaissance (l'identification), la qualité d'un inventaire peut être sapée par des erreurs de catégories. Enfin, concernant l'énumération, la qualité d'un inventaire peut être altérée par le risque de redondance et/ou d'oubli de certaines des entités à inventorier. Pour autant, c'est bien cette économie du dénombrement qui, rapportée aux collections, permet la détermination d'un stock.

On comprend du même coup l'importance des protocoles qui visent à soumettre la diversité des collecteurs et l'hétérogénéité des entités de nature à un format d'enregistrement de la nature visant à la constitution d'un stock d'entités discrètes. Ainsi, par exemple, les protocoles précisent généralement les modalités de détection à mobiliser pour produire des données d'inventaire considérées comme valides. Ces stratégies de mise en visibilité mêlent souvent des techniques d'observation (outils d'observation, compétences de pistage, etc.) et des techniques statistiques de cadrage des enregistrements (standardisation des pressions d'observation, etc.). De même, ces protocoles rappellent fréquemment les modalités d'identification des spécimens à inventorier et les signes permettant d'éviter les confusions entre espèces. Enfin, ces protocoles précisent le plus souvent les modalités concrètes de comptages, qu'il s'agisse de techniques de marquage ou de stratégies d'estimation comme dans le cas du dénombrement d'un groupe de plusieurs centaines ou milliers d'oiseaux volant en groupe. L'inventaire de biodiversité engage ainsi une économie spatiotemporelle des activités de dénombrement qui vise notamment à appréhender des entités taxonomiques indépendamment les unes des autres. Ainsi, pour assurer par exemple l'indépendance des observations dans le cadre d'un programme américain de dénombrement des oiseaux aux mangeoires par des particuliers, Florian Charvolin (2004) montre comment le protocole d'inventaire prévoit de disposer de sites d'observation suffisamment dispersés pour éviter le double comptage, de réaliser ces observations en période d'hivernage pour favoriser l'indigénat des oiseaux aux mangeoires et ne compter ainsi que les oiseaux attachés au lieu (Charvolin 2004). Les protocoles nous révèlent ainsi une discipline très particulière tournée vers la caractérisation d'une nature comme stock.

L'inventaire comme réification d'une nature trop ordonnée et trop statique

Si les protocoles apparaissent comme des dispositifs visant à rendre comparables les observations du naturaliste le plus chevronné avec les observations fortuites d'un amateur, on comprend du même coup qu'ils puissent fabriquer simultanément de la défiance et conduire à des formes de défection variées. C'est bien ce que nous montre par exemple le processus de normalisation des données environnementales associé à l'élaboration du Système d'information sur la nature et les paysages (Alphandéry et Fortier 2013). La standardisation du regard naturaliste qu'il implique peut conduire à une déqualification des compétences techniques particulièrement longues à acquérir comme une négation des attachements passionnés pourtant indispensable aux inventaires. On voit alors la diversité des formes d'opposition auxquelles peuvent conduire les injonctions tenant à certaines formes de rationalisation des pratiques comme à la professionnalisation des structures ou à la standardisation des données.

Pour autant, la spécificité des contestations à l'égard des inventaires nous semble renvoyer pour une bonne part à la spécificité de cette modalité d'enregistrement de la nature. Alors que les techniques d'inventaires supposent une conception discontinue de la nature par les collections et le dénombrement, les pratiques d'inventaires sont constamment en prise avec une réalité beaucoup plus continue, une réalité dans laquelle (i) il n'est pas toujours facile de repérer l'entité recherchée qui se fond plus ou moins dans la complexité du réel (détection), (ii) une réalité dans laquelle il n'est pas toujours facile de distinguer la catégorie à laquelle appartient l'entité observée (identification), (iii) une réalité dans laquelle il n'est pas toujours facile de distinguer un individu d'un autre individu d'une même catégorie (énumération). Le dénombrement d'une espèce comme le loup pose par exemple un certain nombre de contraintes relatives à la grande proximité morphologique et comportementale que ces animaux peuvent avoir avec certains chiens. La collection, en instituant des partitions figées, et le dénombrement, en ne reconnaissant que des entités discrètes, participent d'une forme d'enregistrement de la nature qui apparaît parfois mal équipée pour saisir la dynamique des processus naturels. Une telle modalité de dénombrement peut alors conduire à une grande diversité de formes de contestations : que ces contestations proviennent d'un maître d'ouvrage confronté à la richesse d'un inventaire l'obligeant à une dérogation espèce protégée ou qu'elles soient portées par les contributeurs de l'inventaire eux-mêmes, elles peuvent toujours s'appuyer sur les limites d'un enregistrement particulier de la nature dont la pertinence suppose d'écarter simultanément les formes plus dynamiques et plus hybrides.

Transformer la nature en patrimoine : marchandisation du vivant et politiques de conservation

L'inventaire objective une nature appréhendée comme un stock d'entités. Cette manière spécifique de connaître suppose et génère du même coup des formes particulières de gouvernement en définissant, en quantité et en valeur, l'ensemble des biens et des obligations qui s'y rapportent. Le dénombrement des spécimens et leur agrégation dans des classes conduisent à caractériser la richesse de la biodiversité et à faire de celle-ci un patrimoine, dont on hérite et qu'on lègue. La gestion patrimoniale de la nature apparaît ainsi adossée à la notion d'héritage, et convoquer dans son approche comptable de la nature un rapport au temps particulier. Les historiens ont bien montré à quel point les grandes expéditions du XVIIIème siècle étaient animées non seulement par les enjeux scientifiques de la botanique, mais aussi par le souci des grandes puissances coloniales de recenser les spécimens qui ont de la valeur et sur lesquels elles peuvent compter pour satisfaire leurs besoins dans des domaines aussi variés que la santé publique, l'agronomie ou l'industrie (Pépy 2015). L'exercice de l'inventaire participe ainsi, au niveau national, de la grandeur économique, mais aussi politique des États qui s'y emploient. En permettant d'objectiver l'érosion de la biodiversité et de la thématiser comme une perte de valeur, il apparaît aujourd'hui comme un instrument décisif de la mise en politique de la nature et de sa prise en charge sous la forme de politiques de conservation (Arpin et al. 2016). Il conduit en effet, en amont, à transformer les collecteurs qui comptent en acteurs citoyens en les associant à la constitution d'un patrimoine (Manceron 2015 ; Ellis et Waterton 2004) susceptible de légitimer, plus aval, le rôle des États et autres institutions environnementales dans la gestion de celui-ci. La récente multiplication des outils en matière d'inventaire et à l'échelle globale nous montre, en même temps qu'une extension des modalités de savoir, une marchandisation accrue du vivant et la légitimité de politique de conservation faisant du marché le principal outil de gouvernement de la biodiversité et à l'échelle du globe (Bourguet et Bonneuil 1999). C'est bien ce que nous montre la doctrine de la Convention sur la Diversité Biologique adoptée à Rio en 1992 et proposant de conserver la biodiversité par le développement des droits de propriété nécessaires aux contrats de bioprospection et à la marchandisation des « ressources » génétiques à l'échelle internationale (Boisvert et Vivien 2005). L'inventaire, reprenant le crédo économique selon lequel on ne protège bien que ce qui a de la valeur, vient légitimer des politiques de conservation ou de valorisation faisant du marché un outil décisif du gouvernement de la biodiversité. Les procédures d'inventaire, en faisant de la nature un patrimoine à gérer, relève d'une logique comptable de gestion des ressources naturelles relativement semblables aux logiques d'exploitation économique ou politique qui les ont faites naître.

L'inventaire comme captation économique et domination politique

Les critiques des formes de gouvernement de la nature rendues possibles par la mise en inventaire prennent plusieurs formes. En attribuant une valeur patrimoniale aux entités de nature, l'inventaire présenterait un biais utilitariste et anthropocentré particulièrement réducteur. Il sortirait du domaine d'intervention légitime des États d'autres natures considérées comme inutiles ou sans valeurs, c'est-à-dire des natures qui ne rencontrent ni les préférences des acteurs, ni les intérêts économiques des entreprises des pays du Nord notamment. À l'inverse, cette mise en valeur de la biodiversité aiguiserait l'appétit commercial des grandes entreprises pour certaines espèces et conduirait ainsi à la surexploitation des ressources des pays du sud. On sait à quel point la doctrine de la Convention sur la diversité biologique a créé d'importants mouvements sociaux (Escobar 1998) dénonçant une perspective mondialiste de la biodiversité, accusant les formes de bio-impérialisme qui s'y rapporte, et suscitant diverses initiatives pour faire exister une nature plus respectueuse des savoirs et des pratiques locales. Dans cette perspective, la mise en valeur des territoires par l'inventaire et la marchandisation du vivant n'est pas un outil de mise en valeur des plantes et des savoirs traditionnels permettant le développement de politiques de conservation équitables, mais apparaît comme le préalable au pillage des ressources naturelles et à la diversité des actes de biopirateries (Thomas 2006 ; Ollitrault 2004).

Les mesures de pollution

La mesure comme attribution d'une grandeur et hiérarchisation des valeurs

La mesure suppose le choix d'une métrique connue et partagée, c'est-à-dire l'existence d'un étalon, définissant un espace d'équivalence permettant l'attribution d'une grandeur à des parties de nature pensées avant tout comme des entités ou des processus continus. Il existe bien sûr une grande diversité de métriques susceptibles d'être mobilisées pour déterminer la valeur d'une variable. L'histoire des sciences a bien montré la dynamique conflictuelle associée à l'hétérogénéité des différentes métriques susceptibles de coexister comme l'importance des controverses liées à leur éventuelle uniformisation (Wise 1995 ; Schaffer 1992). Si des représentations du monde s'élaborent et se renforcent à partir du moment où un collectif de plus en plus large apprend à les faire circuler et à les partager (O'Connel 1993), on sait aujourd'hui à quel point l'apparente universalité d'unités de mesure comme le mètre (Alder 2015) ou l'ohm (Schaeffer 1992) renvoie aux processus par lesquels une diversité d'acteurs aux intérêts contrastés ont progressivement reconnu la nécessité de mesurer avec précision les distances ou la résistance électrique, sont parvenus à s'affranchir des contingences locales et à institutionnaliser un système de mesure comme peut l'être aujourd'hui le système international d'unités. Pour autant, quel que soit l'exercice de mesure envisagé, celui-ci suppose toujours de comparer le phénomène inconnu à une métrique connue. C'est par la comparaison à un étalon que les acteurs acceptent de prendre comme référence que peut être attribuée une valeur à une variable. Prendre la mesure d'un phénomène ne consiste donc pas à replacer une observation dans un espace de classes, mais à le rapporter pour le comparer à un étalon partagé, stable et accessible. Cet étalon, en assurant la comparabilité des mesures, permet de les situer sur une échelle continue. Le choix de la métrique initiale apparaît ainsi fondamental non seulement parce qu'il permet l'attribution d'une valeur à une variable inconnue, mais parce qu'il assure simultanément la comparabilité de ces valeurs et permet, à travers la constitution de chroniques de mesures discrètes, de restituer la continuité d'un phénomène dynamique.

La mesure suppose ensuite d'être affectée par la variabilité d'un phénomène qu'il s'agit de saisir dans un souci, non pas d'exhaustivité comme dans le cas de l'inventaire, mais de précision. Dans le cas de la mesure de la qualité de l'air, cette précision est assurée par l'organisation et l'animation d'un réseau de mesure généralement composé de différentes stations réparties sur le territoire et qui disposent de capteurs dont la sensibilité doit détecter, à un moment et lieu spécifique, la variation d'une nature pensée comme un flux. Précisons ici que la mesure des pollutions peut renvoyer non pas seulement à la technicité d'un instrument comme peut l'être, dans le cas de la température, le thermomètre de Dagognet (Dagognet 1993), mais aussi, parfois, à l'engagement des corps et à la mobilisation de sens comme l'odorat (Charvolin et al. 2015 ; Faugère 2002). Qu'il s'agisse de compétences sensorielles ou de sensibilités plus équipées, ces dispositifs doivent non seulement percevoir une variation (attribuer une valeur à une variable), mais assurer aussi la fiabilité du transport et la concentration de ces données captées à différents endroits, à différents moments et par différents acteurs sur le terrain. On comprend alors que la précision de la mesure renvoie aussi bien à l'importance du travail invisible des petites mains pour assurer la fluidité des échanges et la maintenance du réseau dans ce qui peut s'apparenter à une économie de la tournée (Denis et Pontille 2020) qu'aux efforts déployés pour assurer la conformité des pratiques et des instruments à des références assurant la comparabilité des différentes opérations de mesure. L'exigence de précision que pointe l'obsédante réflexivité métrologique tenant à l'objectivation des incertitudes et à l'analyse des erreurs renvoie alors à deux processus particuliers, un processus de calibrage des instruments de mesure et un processus de normalisation des pratiques conduisant à faire de ce réseau un réseau hiérarchisé. La mesure suppose en effet une autorité garante de l'étalon, dont elle assure l'intégrité et l'accessibilité, indispensable non seulement à la précision des mesures, mais aussi à la confiance que les acteurs sont susceptibles de lui accorder. C'est bien ce que nous montrent les travaux de Mallard (2003) sur la pollution atmosphérique, les instruments surveillant la qualité de l'air étant régulièrement vérifiés et éventuellement corrigés à l'aide de gaz étalon. Le calibrage des instruments consiste à rapporter la mesure réalisée à une référence conformément aux enjeux de traçabilité métrologique que l'on peut définir avec le Bureau International des Poids et Mesures comme « la propriété d'un résultat de mesure selon laquelle ce résultat peut être relié à une référence par l'intermédiaire d'une chaîne ininterrompue et documentée d'étalonnages dont chacun contribue à l'incertitude de mesure »[1]. La traçabilité métrologique nécessitant « une hiérarchie d'étalonnage » nous montre ainsi comment le calibrage satisfait simultanément à des enjeux d'exactitude et de contrôle qui fondent la précision de la mesure. Ce travail de précision prend ensuite la forme d'une normalisation des pratiques assurée par la logique hiérarchique d'un système d'accréditation et de certification. Pour capter les odeurs, les nez aux compétences olfactives variées doivent êtres non seulement étalonnés à partir de référents olfactifs qui doivent être mémorisés, mais aussi formés à la reconnaissance de la nature et de l'intensité des odeurs par un protocole qui standardise non seulement les modalités de la collecte, mais permet aussi de s'entendre collectivement sur l'interprétation des résultats (Rémy et Estades 2007). Que cette réflexivité métrologique conduise à revenir sur les modalités de production de la mesure ou à équiper son usager par des modalités d'affichage précisant son domaine de validité ou le degré de confiance que l'on peut lui accorder, elle nous montre bien l'obsession métrologique de la précision par ces opérations hiérarchiques de calibrage, de standardisation et de certification des instruments et des pratiques qui, en assurant la comparabilité des mesures, permet simultanément le suivi d'une nature dynamique.

Arbitraire de la métrique, discipline normative : la mesure contestée

L'exercice de la mesure, en tant qu'opération située dans le temps et dans l'espace à l'égard d'une nature considérée comme variable et continue, apparaît d'abord exposé à un premier type de critique prenant pour cible l'organisation et l'animation des réseaux. Il est vrai qu'en matière de pollution, les réseaux de surveillance de la qualité de l'air sont hétérogènes, mobilisent une grande diversité d'organisations aux moyens matériels et humains contrastés (Boutaric 2007). De leur côté, la volatilité des gaz comme la composition des fumées, leurs mélanges et leurs déplacements dans l'air ambiant sensible, notamment, aux conditions climatiques, les rend particulièrement rétifs aux découpages administratifs et à la contingence d'une mesure qui reste située. La mesure apparaît ainsi exposée à la diversité des critiques mobilisant une

---

1 VIM collectif, JCGM 200 : 2008: Vocabulaire international de métrologie - Concepts fondamentaux et généraux et termes associés, BIPM, 2008

autre opération de mesure qui s'est déroulée dans un autre lieu ou à un autre moment. Quelle que soit la densité des stations de mesure sur le territoire et la fréquence des opérations de mesures, celles-ci restent des opérations situées. C'est bien ce que nous montre l'importance des sciences citoyennes dans leur critique du dispositif de surveillance officiel de la qualité de l'air en Californie et à travers leurs efforts visant à faire reconnaître des mesures alternatives plus locales, mobilisant d'autres stations et d'autres modalités de mesures sensibles, par exemple, à des pics de pollution et non simplement à des moyennes (Parasie et Dedieu 2019). Si la légitimité par la norme technique qui fonde la qualité des données et la crédibilité de certains acteurs peut simultanément conduire à la disqualification d'autres formes de jugements et à la démoralisation de la critique (Bouleau 2016), les auteurs montrent bien à quel point l'institutionnalisation d'un réseau de mesure, aussi critique soit-il, doit satisfaire aux exigences de standards pour être crédible et reconnu.

Nous touchons ici à une deuxième critique tenant à la dimension normative des réseaux métrologiques qui, en même temps qu'ils doivent enrôler une diversité d'acteurs dans le respect de procédures spécifiques, génèrent simultanément de l'exclusion et de la défiance. Si la dimension hiérarchique du réseau de mesure métrologique peut générer une confiance impersonnelle en la mesure, il génère simultanément, et pour les mêmes raisons, une relative défiance. Les normes métrologiques sont d'ailleurs explicitement pensées comme des dispositifs permettant de différencier les détenteurs d'un label certifié assurant le respect d'une procédure spécifique et digne de confiance de ceux, plus douteux, qui ne s'y soumettent pas. La mesure, en rabattant la saisie d'un phénomène à une métrique spécifique peut susciter la contestation d'acteurs protestataires qui cherchent à se soustraire à la comparabilité (Espeland et Stevens 1998) pour revendiquer des métriques qui leur sont plus favorables ou tout simplement remettre en cause la possibilité de mesurer un phénomène qu'ils ne souhaitent pas voir objectivé. La norme, dans une perspective fonctionnaliste, est fréquemment comprise comme un soutien à la transparence des comportements, à la fluidité des échanges et à la coordination d'acteurs aux intérêts divergents. On sait toutefois, aussi, à quel point les processus de normalisation, qui fondent par exemple la qualité des instruments de mesure des gaz d'échappement (Mallard 2000), sont aussi des processus de négociation pour institutionnaliser des spécifications avantageuses dans des documents normatifs largement perméables aux intérêts sociaux économiques ou politiques les plus divers.

Aux critiques prenant pour cible la mesure mesurée semble alors succéder les critiques dénonçant une mesure mesurante. Les travaux de Charvolin montrent bien à quel point le protocole de mesure est décisif dans la caractérisation de la pollution et dans les modalités de sa prise en charge. Au sein de l'usine, la précision des mesures renvoie à l'importance des capteurs et au travail des ingénieurs pour le confinement technique de gaz au sein des canalisations. Au sein de l'agglomération, la concentration des gaz n'est plus la solution, mais un danger beaucoup plus difficile à appréhender tant le gaz apparaît de manière diffuse et mélangée et dépendant des conditions climatiques (Charvolin 2015). On comprend alors que le protocole de mesure, qui apparaît décisif aussi bien dans la caractérisation du risque que dans ses modalités de prise en charge, puisse être l'enjeu d'âpres négociations. Les critiques de la qualité de la mesure comme conformité à une norme peuvent alors prendre deux formes contrastées, selon que l'on dénonce l'insuffisance ou l'excès de normes. Dans le premier cas, on dénonce l'importance des écarts entre la mesure prescrite et la mesure réelle que l'on considère comme dysfonctionnelle et les failles des dispositifs de surveillance chargés d'assurer la conformité des pratiques aux normes. La malléabilité des normes sur le terrain est alors comprise à la fois comme un gage de leur réelle mise en œuvre, mais aussi comme un signe de corruption remettant en cause ses prétentions à dire le vrai ou le précis et à assurer la comparabilité des différentes opérations de mesure. Dans le second cas, on dénonce la diversité des effets pervers associés à la mise en œuvre de ces normes conduisant aussi bien à renvoyer à la clandestinité certaines pratiques de mesure source de précision qu'à dégrader la qualité des mesures par le strict suivi de documents normatifs à l'origine de dérives bureaucratiques délétères.

Prendre la mesure pour prendre des mesures : importance de l'exposition, proportionnalité de la réponse

Si les mesures de la pollution participent, comme les inventaires de biodiversité, de la mise en politique de la nature, elles le font d'une manière particulière. La mesure permet de prendre la mesure d'un phénomène dans une perspective non pas simplement d'état des lieux d'un stock comme souvent dans le cas de l'inventaire, mais d'évaluation d'une dynamique. Par les opérations spécifiques de mise à l'échelle et de mise en visibilité permises par la comparabilité des données, la mesure permet un jugement sur l'importance d'un phénomène et son évolution en caractérisant son intensité, sa fréquence, sa vitesse, etc. En matière de pollution, la mesure permet ainsi d'appréhender à quel point la nature est exposée aux pollutions comme les pluies acides et de définir des « limites critiques de la nature », c'est-à-dire des seuils permettant de la rendre gouvernable et de la prendre en compte (Asdal 2008). De manière symétrique, la mesure permet d'appréhender une nature menaçante, d'apprécier des degrés d'exposition et de définir des seuils permettant de juger de la gravité plus ou moins importante de la situation. Si la mesure apparaît porteuse d'une promesse de contrôle, c'est qu'en permettant l'évaluation d'un phénomène, elle permet d'évaluer simultanément nos capacités d'action à l'égard de ce phénomène et les moyens susceptibles d'être mis en place pour y faire face. La mesure non seulement cadre l'attention en faisant apparaître l'intensité d'un phénomène par un pic ou une chute sur une courbe se traduisant éventuellement par un franchissement de seuil, mais elle cadre aussi les modalités d'action en permettant une réponse ajustée à l'importance du phénomène. L'infrastructure sociotechnique mobilisée pour la gestion des pénuries d'eau nous montre bien comment la mesure permet la détermination de seuils hydrologiques définissant des classes d'état du milieu (vigilance, alerte, crise) et déclenchant des mesures de restrictions dont la sévérité est adaptée à la gravité de la situation (Riaux 2008). Prendre la mesure c'est non seulement rendre gouvernable, mais c'est aussi peser sur les modalités de gouvernement en proposant une réponse proportionnée. La mesure apparaît ainsi comme le moyen de repenser les moyens de faire face et de rationaliser l'allocation des ressources nécessaires à la prise en charge. C'est bien sur ce point que se joue, aussi, la spécificité d'une technique de gouvernement de la critique permettant de justifier l'action et de se protéger de la mise en cause (Borraz 2008).

Politique d'accommodement et étiologie frauduleuse de la mesure : passer outre et vivre avec

Il est vrai que le gouvernement par la mesure, et notamment le gouvernement des pollutions, apparaît largement contesté. Ces contestations ne renvoient pas simplement aux traditionnelles difficultés associées à la mise en œuvre de politiques publiques plus ou moins contraignantes, bien au contraire. Elles renvoient aussi à la spécificité d'un mode de gouvernement habilitant adossé à des modalités d'objectivation particulière. En effet, comme nous l'avons évoqué plus haut, si tous les polluants ne se prêtent pas de la même manière à l'exercice de la mesure, le choix de la métrique comme le protocole de mesure renvoie à l'ignorance certains composants, invisibilise certaines activités industrielles ou agricoles ou les sortes du périmètre légitime de l'intervention de l'état. L'historiographie des pollutions a bien montré à quel point leurs modalités de prises en charge a évolué sous l'influence de la diversité des experts, notamment chimistes, et des usagers économiques, notamment industriels, pour peser sur ses modalités d'objectivation et se défaire des accusations en responsabilités dans le cadre d'un paradigme industrialiste sensible aux enjeux économiques (Le Roux 2011 ; Fressoz 2012 ; Massard-Guilbaud 2010). De même, c'est bien une politique d'accommodement que nous montre la longue histoire de la fixation négociée des seuils de niveaux d'eau sur le bassin Adour Garonne conduisant aussi bien à légitimer des politiques de soutien d'étiage pour gérer des problèmes de pollution par dilution qu'à gouverner les critiques susceptibles de s'opposer à la création de nouveaux barrages (Fernandez 2009 ; Fernandez et Debril 2016). Les modes de régulation qui visent à prendre la mesure des pollutions et à prendre des mesures de gestion accompagnent paradoxalement et simultanément les pratiques polluantes. Plus que le déni et la diversité des angoisses pouvant conduire à discréditer la mesure ou à casser le thermomètre de Dagognet, les techniques de désinhibition (Fressoz 2012) nous montrent la contribution active de la mesure aux politiques d'accommodation conduisant non pas à vivre sans, mais à vivre avec les polluants. Jas montre bien à quel point l'expertise sur les additifs et contaminants alimentaires passe de la prohibition totale (selon une logique de *présence/absence*) à des listes positives de substances autorisées et finalement à la définition de doses journalières acceptables et à l'abandon d'une politique interdisant les substances carcinogènes (selon une logique de *mesure*). Le suivi des outils de mesure mobilisés par les experts nous montre ainsi comment se constitue progressivement une expertise légitimant une logique d'exposition des populations à l'égard des toxiques et une politique de l'accommodement visant à ne pas remettre trop brutalement en cause le commerce des denrées alimentaires (Jas 2015). La mesure participe ainsi de la naturalisation des pollutions et de l'invisibilisation des acteurs qui en sont à l'origine. Dans cette perspective, la mesure des pollutions et ses promesses de contrôles peuvent apparaître davantage comme une technique de gouvernement de la critique des pollutions plutôt que des pollutions elles-mêmes et comme une entreprise de déresponsabilisation des acteurs qui en sont à l'origine. En définissant la toxicité comme une fonction de la dose d'exposition, l'expertise toxicologique peut alors, dans certains cas, rejoindre les intérêts d'une administration sanitaire soucieuse de ne pas prendre de risque politique. La politique des mesures permet ainsi des politiques d'accommodation évitant de contraindre trop drastiquement les enjeux économiques, mais aussi une technologie de gestion de la critique (Boudia et Jas 2019).

Les indicateurs d'eau

L'indicateur comme témoin commode

Les connaissances produites par les indicateurs supposent que soit délégué à un intermédiaire spécifique le soin de témoigner de l'état d'une nature difficile d'accès directement. Les indicateurs captent de l'information par leur immersion dans un milieu cible et leur sensibilité à certains paramètres. Ils restituent de manière synthétique ces informations sur des phénomènes ou des entités qui ne se laissent pas facilement inventorier ou mesurer directement (Porter 1994). La promesse d'une connaissance approfondie et peu coûteuse de la nature s'actualise dans la mobilisation d'une grande diversité d'indicateurs. En matière de gestion et de conservation de la nature, les indicateurs peuvent être des organismes biologiques que l'on inventorie et/ou des composants ou variables physico-chimiques ou organiques que l'on mesure. La gestion des milieux aquatiques constitue un domaine privilégié de développement et de la mise en œuvre de ces deux grands types d'indicateurs.

Dans le premier cas, celui des organismes biologiques, on parle de bioindicateurs, c'est-à-dire d'espèces ou de groupes d'espèces animales, végétales ou fongiques dont la présence ou l'état renseigne sur certaines caractéristiques écologiques de leur milieu de vie (Blandin 1986). De telles propriétés en font des révélateurs prisés de l'incidence de certaines pratiques anthropiques sur ce milieu. C'est bien ce que nous montre l'institutionnalisation de l'indice biotique dans les politiques publiques de lutte contre les pollutions des rivières[2] (Bouleau 2016). Cette méthode

---

2 L'arrêté du 2 septembre 1969 pris en application de la loi de 1964 relative au régime et à la répartition des eaux et à la lutte contre leur pollution fait référence à l'indice biotique fait référence à l'indice biotique comme protocole d'analyse

permet de capter et de restituer la qualité d'un cours d'eau au moyen d'un score calculé sur la base d'un inventaire normalisé de macro-invertébrés benthiques sensibles notamment au taux d'oxygène (comme les perles ou les éphémères qui sont signe de très bonne qualité) ou à la présence de matière organique (comme les aselles ou les chironomes qui indiquent une pollution organique de l'eau). Le calcul d'un indice biotique est établi à partir d'un tableau standard de détermination qui permet d'attribuer une note en fonction du nombre de taxons ayant été inventorié dans chaque groupe d'invertébrés indicateurs. D'autres organismes sont utilisés pour « faire parler » les rivières : des poissons (Lakoff 2016), mais aussi des plantes, des cyanobactéries, etc. Dans le second cas, celui des composants ou variables physico-chimiques ou organiques, il s'agit de tracer un phénomène souvent complexe sur la base de la mesure d'un nombre réduit de composants ou de variables. Ainsi, si l'évaluation de la qualité de l'eau implique théoriquement un grand nombre de paramètres, un indicateur physico-chimique la résume en un seul ou en quelques facteurs clés décrivant par exemple l'état d'oxygénation du cours d'eau ou sa charge en certains nutriments. Une mesure particulière et relativement simple est alors appréhendée comme l'expression de quelque chose de plus général, comme dans le cas de l'adoption controversée de l'indicateur Azote utilisé pour tracer et gérer les phénomènes d'algues vertes (Bourblanc 2016) que nous détaillerons plus bas.

Un troisième cas intermédiaire peut être mentionné : les organismes sentinelles, utilisés pour détecter et mesurer la présence et la nocivité de certains agents tels que des virus (Keck 2021) ou des polluants (Gramaglia et Sampaio da Silva 2009). Ici les pratiques d'inventaire et de mesure sont intimement liées, comme en témoigne le cas de l'utilisation des mollusques filtreurs pour détecter certaines pollutions chimiques de l'eau. Contrairement aux mesures directes, nécessairement ponctuelles, de polluants particuliers, pratiquées par des humains, ces animaux vivent en continu dans le milieu et conservent dans leurs tissus la trace des expositions cumulées du milieu à certains polluants. Des filtreurs infiltrés dans le milieu sont collectés et transportés au

hydrobiologique (Bouleau 2016). Cet indice a évolué et a été normalisé pour devenir l'Indice biologique global normalisé (IBGN). Depuis 2009, les Agences de l'eau utilisent, une nouvelle version de l'indice biotique conforme à la Directive cadre sur l'eau : l'IBG-DCE (encadré par les normes NF T90-333 et XP T90-388).

laboratoire dans lequel leurs tissus peuvent être analysés pour en mesurer les polluants qu'ils contiennent. Comme mentionné dans la présentation du Réseau d'Observation de la Contamination Chimique du littoral coordonné par l'IFREMER, ces indicateurs présentent plusieurs avantages : « *concentrations plus élevées que dans l'eau, facilitant les analyses et les manipulations d'échantillons ; représentativité de l'état chronique du milieu permettant de s'affranchir des fluctuations rapides de celui-ci* »[3]. Ces sentinelles assurent une veille constante, à moindre coût, là où la mise en place permanente d'instruments techniques de mesure supposerait des opérations de maintenance lourdes et onéreuses. Tandis que les bioindicateurs fournissent un aperçu général de la qualité écologique d'un écosystème en fonction de la structure et de la diversité de leurs populations, les organismes sentinelles permettent d'obtenir des informations plus spécifiques sur des paramètres ciblés, telle que l'exposition à un ou plusieurs polluants particuliers (Keck et Lakof 2013).

Les trahisons de l'indicateur

Un point commun caractérise ces dispositifs particuliers de quantification de la nature : ils procèdent et produisent du rapport entre un milieu source dont ils sont issus et un milieu cible qui n'est pas le leur et vers lequel ils acheminent de l'information. Mais ces indicateurs ne parlent pas de manière directe et transparente le langage de ceux qui les utilisent. Le message qu'ils véhiculent doit être interprété, décrypté, triangulé avec d'autres messages, pondéré, etc. Un niveau d'abstraction mathématique supplémentaire aux opérations classiques d'inventaire et de mesure est alors nécessaire pour que ces données élémentaires deviennent de véritables *indications*.

De par son statut même de passeur entre deux mondes différents, un indicateur procède d'un double travail de traduction : il témoigne à la fois – et avec plus ou moins de succès – de la réalité du milieu source et du point de vue des acteurs auprès desquels les renseignements sont acheminés. Car un indicateur n'est jamais choisi au hasard ; la construction d'un indicateur passe par le choix de ce qui sera mesuré et inventorié et de ce qui ne le sera pas. De plus, les conditions de son enrôlement ne sont jamais complètement évidentes ; il faut souvent composer avec

---

3 https://wwz.ifremer.fr/lerpc/Activites-et-Missions/Surveillance/ROCCH

une certaine récalcitrante à fournir les renseignements demandés qui suppose pour les usagers de l'indicateur d'user de certains détours et artifices techniques ou statistiques pour faire parler ces informateurs. De sorte qu'un indicateur est toujours suspecté d'une double trahison : une trahison du milieu source et une trahison du milieu cible. Il fournit certaines informations et pas d'autres. Il délivre un compte-rendu plus ou moins fiable, plus ou moins orienté, plus ou moins exhaustif, etc., de la situation dont il est le témoin. Cette fiabilité du témoignage peut dépendre des caractéristiques propres de l'indicateur lui-même : une espèce bio-indicatrice n'est fiable que si celle-ci ne s'accommode pas d'une dégradation de la qualité de l'eau. Cette fiabilité du témoignage dépend également des conditions négociées de sélection, d'enrôlement des informateurs : un indicateur physicochimique reste pertinent tant qu'il résume la complexité du réel sans pour autant s'y substituer.

Les indicateurs pour piloter

Car un indicateur produit du sens sur nos rapports à l'environnement. D'une part, il renseigne sur la manière dont nous affectons la nature et les effets de certaines activités anthropiques sur les milieux. D'autre part, il renseigne sur la manière dont l'état écologique de ces milieux nous affecte ou est susceptible de nous affecter. De sorte qu'un indicateur ne fournit jamais seulement de simples informations, mais délivre des *indications* et/ou des *contre-indications*. Il est en cela porteur d'une conception de l'action qui convient. Car « indiquer » ce n'est pas seulement faire voir ou faire sentir l'existence ou les caractéristiques d'une entité ou d'un phénomène. C'est également suggérer une direction, induire une prescription.

Un inventaire ou une mesure seule ne suffit pas à produire un indicateur. Un indicateur procède en effet d'une logique de pilotage qui relie connaissance et action. En instaurant des interactions dynamiques entre des processus de production de savoir et de prise de décision, il répond d'une intention gestionnaire. Cependant, il ne permet pas d'agir directement sur ce dont il témoigne, mais permet de déclencher des actions, d'évaluer l'efficacité de certaines mesures, ou encore d'ajuster des comportements visant à agir sur des tendances dont il est le simple témoin. Ainsi, des organismes bio-indicateurs comme des bivalves filtreurs ne sont ni des cibles de gestion en tant que telles, ni des leviers d'action sur lequel il est possible d'agir pour régler le problème qu'il permet d'objectiver. Et c'est pour cette raison que, à l'instar des témoins et indicateurs qui composent le tableau de bord de nos voitures, ils constituent des instruments très spécifiques de gestion que nous pouvons qualifier d'instrument de pilotage. Ils sont utilisés comme des dispositifs de surveillance, alertant sur des menaces potentielles et déclenchant des actions fondées sur une étiologie plus ou moins explicite de celles-ci.

Les critiques du gouvernement par les indicateurs : partialité du témoignage et ritualisme bureaucratique

Tout indicateur est donc porteur d'une distribution particulière des rôles et des responsabilités. En déclenchant ou en suggérant tel ou tel type d'action plutôt que tel autre, il identifie les acteurs à qui revient la tâche de prévenir ou de guérir la menace à venir. En entérinant une étiologie particulière de celle-ci, il désigne plus ou moins explicitement les pratiques en cause. L'histoire de la définition controversée des indicateurs de prolifération d'« algues vertes » en France illustre particulièrement bien cela. Alors que le choix de l'indicateur Azote conduit à focaliser l'attention sur le rôle de l'agriculture intensive, le choix de l'indicateur Phosphore souligne la responsabilité des lessives phosphatées et donc des ménages et des communes en charge de la mise en conformité des stations d'épuration (Bourblanc 2016 : 4). La définition et l'usage des indicateurs font donc l'objet de controverses parfois vives et de critiques pouvant être particulièrement virulentes. Cette critique peut prendre différentes formes. Elle peut tout d'abord être concentrée sur une mise en cause de la fiabilité de l'indicateur. Ainsi, pour reprendre l'exemple de la gestion des problèmes d'algues vertes sur la façade atlantique française, des représentants de la profession agricole vont chercher à remettre en cause l'indicateur Azote (Bourblanc 2009). Selon eux, par exemple, les molécules d'azote retrouvées dans l'eau ne sont pas des témoins fiables de la réalité des pratiques actuelles de fertilisation. D'une part, les concentrations importantes d'azote seraient le reflet de pratiques agricoles pouvant être anciennes. D'autre part, cet indicateur ne permettrait pas de rendre compte des mesures d'optimisation environnementale des pratiques de fertilisation dont les effets sur les taux de nitrate dans les cours d'eau ne peuvent s'observer que sur des temporalités plus longues. Ainsi l'indicateur Azote serait, selon ses détracteurs, coupable d'une double injustice : il ne permettrait ni d'identifier les vrais responsables du problème ni de reconnaître les efforts de ceux qui œuvrent pour le régler.

D'autres formes de critique soulignent différents effets pervers et indésirables possibles de l'usage des indicateurs. La critique des indicateurs relève souvent d'une critique des modalités de gestion par pilotage qu'elle permet et/ou qu'elle impose. Tout d'abord, l'utilisation d'une espèce bio-indicatrice comme indicateur indirect de l'état écologique d'un milieu peut conduire à des situations où les mesures de gestion finissent par se concentrer autant, voire plus, sur la préservation de cette espèce que sur la prise en charge des enjeux écologiques plus larges dont elle est le témoin (Lakoff 2016). Ensuite, la gestion par indicateurs peut favoriser certaines formes de pilotage plus ou moins automatiques, qui se caractérisent par des réactions à des signaux plutôt que par des actions réfléchies et négociées. Utilisés en routine, les indicateurs finissent parfois par produire des effets d'évidence et de légitimation de certaines mesures au détriment d'autres qui finissent par être oubliées voire exclues. De sorte que toutes tentatives de révision ou de renégociation d'un plan de gestion verrouillé par quelques indicateurs bien implantés peut-être particulièrement difficile. Les indicateurs peuvent alors être envisagés comme des moyens efficaces de faire taire la critique et de court-circuiter la discussion des choix. Ils s'imposent d'autant plus facilement qu'ils n'entament pas trop les intérêts des acteurs dominants et que ces derniers en maîtrisent les codes, les catégories, les modes de quantification (Le Bourhis 2015 ; Bouleau et Deuffic 2016).

Les modèles climatiques

Le modèle comme simulacre de nature

Le travail de modélisation du climat consiste à simuler le fonctionnement atmosphérique pour en prévoir les évolutions. Ce travail suppose un langage structuré qui consiste à *reproduire* la complexité fonctionnelle d'un phénomène plutôt qu'à en *représenter* les caractéristiques intrinsèques. Du simple programme pouvant être exécuté sur un ordinateur personnel aux simulations ultra-complexes de l'ensemble du système-terre nécessitant les puissances de calcul les plus avancées, les modèles prennent des formes diverses. Entre avancées mathématiques et innovations informatiques (Agar 2006 ; Armatte et Dahan 2004 ; Armatte 2005) la construction et la mise en œuvre de ces instruments de connaissance et de gouvernement n'ont cessé de se généraliser et de s'affiner en articulant formalismes logiques et théoriques d'une part et données de terrain d'autre part (Morgan et Morrison 1999). Si ces dispositifs ne doivent pas être réduits aux seules simulations informatiques (Agar 2006 ; Hastrup et Skrydstrup 2013), la diffusion des ordinateurs ainsi que des dispositifs électroniques de collecte de données à considérablement transformé les usages et la portée des pratiques de modélisation qui procèdent d'une double dynamique de substitution (partielle et orientée). D'une part, comme l'a déjà bien montré Galison dans le cas des calculateurs électromagnétiques (Galison 1997), le modèle se substitue à la nature pour devenir la nature elle-même. D'autre part, le modèle se substitue aux gouvernants pour devenir le gouvernement lui-même. La modélisation du climat consiste le plus souvent à transformer des données issues d'un passé plus ou moins lointain en scénarii permettant de se projeter vers des avenirs plus ou moins probables - en fonction de la robustesse du modèle par exemple -, mais aussi plus ou moins souhaitables - en fonction des intérêts des acteurs qui participent à cet exercice de scénarisation des interactions entre natures et sociétés. La double autorité - épistémologique et politique - des modèles repose ainsi sur leur capacité à concrétiser et à donner prise sur un phénomène élusif et sur des futurs possibles sur lesquels il s'agit d'agir. La contribution d'Antoine Doré (chapitre 6) montre bien à quel point la modélisation participe aussi bien de la reconstitution d'une population de loup plus ou moins viable que de la légitimité plus ou moins forte d'un tir sur une espèce protégée. Toutefois, et contrairement à l'indicateur dont la qualité dépend du point de vue situé de celui-ci sur la réalité dont il témoigne, les démarches de modélisation se caractérisent généralement par la quête d'une sorte de point de vue omniscient sur le phénomène visé. Ainsi, dans le cas des modèles climatiques, l'idée selon laquelle la crédibilité d'un modèle est d'autant plus grande qu'il intègre une grande diversité de processus s'est imposée, notamment chez les décideurs politiques (Dahan 2010) : « *Les modèles de circulation de l'atmosphère ont été d'abord couplés à des modèles d'océan et de glaces de mer, puis à des modèles de surface continentale dans les années 1980 et 1990. À partir des années 2000, des modèles (désormais dits "de système-Terre") intègrent les aérosols, le cycle du carbone, une végétation dynamique, la chimie atmosphérique, et la glace de terre* » (Dahan et Guillemot 2015).

Débordé sur les deux flancs

Malgré cette logique holistique, les modèles peuvent être rattrapés par leur réductionnisme à un moment ou à un autre. Ces derniers restent en effet des systèmes d'hypothèses qui obligent à résumer la nature à certains paramètres. Quelle que soit leur complexité, ils ne sélectionnent que quelques-unes des caractéristiques du réel. De sorte qu'un modèle court toujours le risque de ne pas reproduire de manière suffisamment fidèle la complexité du phénomène qu'il est supposé incarner. En tant que médiateur entre théorie et données (Morgan et Morison 1999), un modèle peut être débordé sur ses deux flancs. D'un côté, les concepts et formalismes qui le caractérisent peuvent être insuffisants pour traduire les théories les plus en pointe sur le fonctionnement du climat. D'un autre côté, les capacités de stockage de données et la puissance de calcul des ordinateurs peuvent s'avérer être des facteurs limitants dans le développement de modèles à très haute résolution permettant certaines prévisions climatiques plus robustes. De sorte que, comme le montre Paul Edwards (1999 : 439), en matière de modélisation climatique, « *Uncertainties exist not only because quantifiable, reducible empirical and computational limits, but also because of unquantifiable, irreducible epistemological limits related to inductive reasoning and modeling* ».

Les modèles climatiques sont également débordés par le local. Contrairement aux indicateurs, ils s'avèrent généralement beaucoup plus robustes à des échelles globales. Depuis plusieurs années, de nouveaux enjeux caractérisent les recherches et les politiques climatiques : leur attention pour les échelles régionales (Dahan et Guillemot 2015). Les climatologues sont alors enjoints de décrire et d'anticiper les manifestations locales d'un phénomène longtemps appréhendé comme un dérèglement global. Or, si la robustesse des modèles climatiques atteint des niveaux acceptables à l'échelle globale, celle-ci se dégrade rapidement à mesure que l'on réduit l'échelle d'analyse. La loi des grands nombres ne se vérifie plus et les facteurs à prendre en compte pour générer des approximations suffisamment robustes de ces réalités locales et régionales se multiplient. Les controverses scientifiques sur les modalités d'articulation entre théorie et données (Edwards 1999) ou sur la légitimité même des pratiques de modélisations pour produire des connaissances valides ou prendre des décisions raisonnables sont alors ravivées.

Gouverner par exploration et anticipation : la mise en discussion de futurs souhaitables

Les modèles sont probablement les instruments les plus importants des sciences et des politiques globales qui ont contribuées, ces dernières décennies, à une véritable climatisation du monde (Aykut 2020) où toute sorte d'acteurs, toute sorte d'activités, toute sorte d'enjeux, etc., est en partie réinterprétée à l'aune de ses effets sur le climat. Une grande partie des sciences et des modalités de mise à l'agenda et de prise en charge publique du climat ne pourrait exister sans celles-ci (Edwards 2013). Les simulations mathématiques assistées par ordinateur, basées sur des lois physiques et des jeux de données d'ampleur souvent considérables, permettent en effet de prolonger et d'adapter la démarche expérimentale à des échelles spatiales et sur des temporalités de très longues portées. En permettant d'articuler fonctionnement de la nature et fonctionnement de la société, ces modèles nous donnent à voir la spécificité d'un outil décisif dans les politiques d'anticipations environnementales (Granjou et al. 2017). De nombreux modèles ont en effet cet intérêt de rendre possible la simulation d'évolutions climatiques et d'interventions politiques dont on cherche à anticiper les effets et à évaluer l'efficacité. Les pratiques de modélisation participent donc d'un gouvernement par exploration et anticipation à l'articulation entre natures et sociétés, entre théories et réalités climatiques, sociales, politiques, entre passé et futur, entre savoir et pouvoir.

Ce gouvernement par exploration repose principalement sur une caractéristique particulière des modèles : leur réversibilité. Les modèles permettent de multiplier et de tester une grande diversité de scénarii sans impacter la réalité que l'on cherche à approcher. Ils restent des fictions (Barberousse et Ludwig 2000) proposant des expériences scénarisées, immersives, engageantes et objectives des réalités atmosphériques et sociales des dérèglements climatiques. En multipliant par la simulation de manière peu coûteuse différents scénarii de natures et de sociétés possibles, ils ouvrent à la diversité des choix possibles tout en sélectionnant les contraintes objectives supposées cadrer et limiter cette diversité d'expérience. En faisant émerger différents possibles sur la base d'une formalisation qui les fait a priori gagner en transparence ces dispositifs facilitent l'expression des préférences et l'émergence éventuelle d'un (in)désirable commun. Un bon modèle n'est donc pas seulement un bon modèle-simulacre de nature, il se doit aussi d'être un bon modèle-prototype, un modèle-exemple qui guide l'instauration de cette réalité future souhaitée en la rendant discutable.

Du simulacre au fétiche

Cependant, l'émergence et l'institutionnalisation d'un modèle-prototype ne sont pas sans risque lorsque cela se traduit par l'oubli et/ou l'abandon de la démarche exploratoire qui l'a fait naître et que les usagers se laissent obnubiler par la logique anticipatoire de cet instrument qui peut alors prendre la forme d'un véritable « *pilote invisible de l'action publique* » (Lorrain 2005). C'est bien ce que nous montre notamment l'importance de l'imbroglio technico-politique lié à un usage déterministe de la modélisation par certains bureaux d'études dans le sud de la France (chapitre 8). Tout d'abord, c'est l'inévitable réductionnisme sur lequel repose toute pratique de modélisation qui est critiqué. Des scientifiques critiquent notamment le réductionnisme physico-chimique des sciences et des politiques climatiques (Demeritt 2006 ; Dahan 2010) et pointent explicitement le rôle des modèles dans la généralisation d'une conception déterministe et réductionniste du climat (Hulme 2011). Les politiques publiques focalisent par exemple leur attention sur les émissions de CO2 sans prendre toujours bien en compte la diversité des sources et de leur signification politique et morale. Ainsi, certains spécialistes des politiques environnementales dans les pays du Sud soulignent par exemple au début des années 1990, la manière dont le débat sur le réchauffement climatique aggrave la fracture Nord-Sud en amalgamant les émissions « de survie » des pays pauvres aux émissions « de luxe » des pays riches (Agarwal et Narain 1991 : 3) alors que « *unsustainable consumption patterns of the rich industrialised nations are responsible for the threat of climate change* » (Parikh et Parikh 2002 : 5).

Les modèles sont tous plus ou moins porteurs d'un parti pris, d'une représentation orientée de la réalité des actions qui conviennent (Armatte 2004). Modéliser consiste en effet à paramétrer un problème, explorer des possibles et en écarter d'autres. Une telle caractéristique n'est pas propre à ces dispositifs. Elle s'applique probablement à tout outil de gestion (Gilbert et Chiapello 2013). Cependant, en raison des effets d'omniscience décrits plus haut, les modèles ont cette particularité d'être des instruments particulièrement efficaces de dissimulation des partis-pris sous-jacents à certaines interventions prescrites sur la base d'une modélisation. La double substitution qui caractérise toute démarche de modélisation conduit en effet parfois à des effets de naturalisation particulièrement puissants des phénomènes modélisés et de leur gestion et qui viennent largement contrebalancer les gains d'un formalisme gage de transparence. Une telle naturalisation peut également être exacerbée dans le cas des modèles par les niveaux de formalisme mathématiques et informatiques qui sous-tendent le paramétrage de ces instruments. Tous les choix inévitables effectués tout au long de la construction des modèles sont par définition cryptés selon un système de codification souvent inaccessible à la majorité des acteurs qui participe à la négociation des modalités de prise en charge de la problématique en question. Les modèles sont donc des instruments très transparents, car ils tracent et matérialisent l'ensemble des choix de paramétrage. Mais cette transparence n'est généralement que théorique pour la plupart des acteurs, y compris parfois pour les modélisateurs eux-mêmes qui, dans le cas de modèles climatiques forts complexes croisant dynamiques océanographiques, glaciologiques, atmosphériques, etc., ne sont véritablement capable de décrypter qu'une partie seulement du modèle. De sorte que ces instruments peuvent s'avérer tout à fait hermétiques aux controverses et échapper à la maîtrise même de leurs concepteurs pour instaurer de véritables algocraties.

Conclusion

La comparaison de nos quatre dispositifs nous permet finalement de penser l'hétérogénéité et la spécificité de leurs contributions aux manières de savoir et de gouverner en mettant en avant une grammaire commune à laquelle ils semblent tous, mais de manière différente, obéir. C'est ce que tente de résumer le tableau plus bas.

Nous avons d'abord montré qu'à chaque dispositif correspondent une épreuve et un artefact cognitifs spécifiques permettant de caractériser les manières de connaître qui lui sont associées. Alors que les opérations de dénombrement des inventaires de biodiversité supposent des classes à l'égard d'une nature pensée comme un stock d'entités discrètes qu'il s'agit d'appréhender de la manière la plus exhaustive possible, les opérations de mesure des pollutions supposent l'existence d'étalons pour appréhender précisément la variabilité d'une nature pensée comme flux. Nous avons alors montré que le format de ces épreuves, en participant largement de la spécificité des connaissances produites, participe simultanément de la spécificité des ignorances associées à chacun de ces dispositifs. Si le point de vue immergé de l'indicateur dans le milieu fait la qualité de l'indication, c'est parce qu'il écarte simultanément d'autres manières d'objectiver la qualité de l'eau. De même, si la portée heuristique des modèles tient dans leur capacité à reproduire et simuler la complexité fonctionnelle de phénomènes comme le changement climatique, leur complexification conduit fréquemment à perdre de vue la compréhension des dynamiques sous-jacentes impliquées comme la logique générale de leur mode de fonctionnement. Qu'ils opèrent par réduction à un point de vue situé ou par la construction d'un point de vue omniscient, la spécificité des manières de connaître associées à ces épreuves cognitives nous donne simultanément à voir la spécificité des manières d'ignorer sur lesquelles peut alors se brancher la critique des formes de gouvernement de la nature auxquels ces dispositifs participent.

	Inventaire	Mesure	Indicateur	Modèle
Artefact cognitif	Classe	Etalon	Indication	Scénario
Epreuve cognitive	Exhaustivité	Précision	Témoignage	Simulation
Artefact normatif	Présence/ absence	Seuil	Indication	Scénario
Epreuve normative	Patrimonialisation	Exposition	Pilotage	Exploration
	Représentation - gouvernement par enregistrement		**Représentation - gouvernement par substitution**	

Nous avons en effet montré que la consistance spécifique des modalités de gouvernement produites par ces dispositifs renvoie à la spécificité des épreuves normatives auxquels ces dispositifs sont soumis par des natures ou des acteurs plus ou moins récalcitrants. Alors que les inventaires participent de l'institutionnalisation de la nature en patrimoine et viennent légitimer des politiques de conservation faisant du marché un outil essentiel du gouvernement de la biodiversité, les mesures, en permettant d'objectiver des niveaux d'expositions aux pollutions nous donnent à voir un gouvernement par les seuils ajustés à l'importance du phénomène. Nous avons alors montré que le format de ces épreuves normatives, s'il vient légitimer des formes de gouvernements spécifiques de la nature, participe simultanément de la spécificité des contestations associées à chacun de ces dispositifs. Ainsi, les formes de pilotage permises par les prescriptions de l'indicateur viennent légitimer des formes de gouvernement plus éclairées et à l'abri de la subjectivité d'experts mandatés ponctuellement pour instruire une question particulière. Mais elles alimentent simultanément les critiques pointant la rigidité de ces indicateurs qui tournent tout seuls et leur incapacité à prendre en compte la spécificité d'une situation qui reste contingente. De même, si l'épreuve d'exploration associée aux modèles vient légitimer des politiques pouvant s'appuyer sur la prolifération et l'éventuelle mise en discussion de nature et de social souhaitable pour gouverner par anticipation, elle génère simultanément des formes de critiques pointant l'apparence démocratique associée à la logique d'exploration, le réductionnisme de modèle climatique et le caractère frauduleux d'un souhaitable commun qui naturalise en réalité des intérêts particularistes. Nous avons ainsi montré que chaque dispositif articule de manière cohérente et spécifique des manières de savoir et d'ignorer avec des manières de gouverner et de contester. C'est bien d'ailleurs ce que nous montre, la portée critique des contestations associées à nos quatre dispositifs et qui semble dépendre de leur capacité à rendre évidente la solidarité entre la spécificité des manières de produire et d'utiliser les chiffres.

La comparaison de nos quatre dispositifs nous conduit finalement à identifier deux catégories de dispositifs selon qu'ils relèvent d'une logique de représentation et de gouvernement par enregistrement, comme les inventaires et les mesures, ou selon qu'ils renvoient à une logique de substitution, comme pour les indicateurs et les modèles. Mesures et inventaires supposent en effet une activité de plein air pour que soit enregistrées, c'est-à-dire recueillies, mémorisées et restituées, des informations sur la nature avec laquelle il s'agit de se mettre en contact. Ces trois opérations, qu'elles renvoient à une épreuve d'exhaustivité ou de précision, font l'objet d'un soin particulier pour que soit produite une représentation fiable de la nature. Ce n'est qu'à l'issue de la centralisation de ces données qu'un travail d'interprétation consistant à leur attribuer un sens peut être réalisé par des experts. Les données issues des opérations d'inventaire et de mesure doivent être interprétées, organisées, confrontées, traitées par la diversité des techniques d'analyse de données qui équipent l'exercice taxinomique comme par la diversité des compétences statistiques et probabilistes permettant de faire parler des chroniques de mesures. Les bases de données constituent fréquemment ce partage des eaux entre d'un côté la fiabilité des techniques de recueils de données et de l'autre la richesse des techniques d'interprétation mobilisée par les experts allant de la plus simple agrégation de données jusqu'aux traitements mathématiques les plus sophistiqués.

Si l'utilisation des données issues des techniques d'enregistrement suppose un travail d'expertise supplémentaire consistant à produire des significations, il n'en est pas de même pour les indicateurs et modèles renvoyant davantage à une logique de substitution. Comme nous l'avons souligné à travers les exemples de l'eau et du climat, les indicateurs et les modèles s'imposent d'ailleurs comme des dispositifs privilégiés d'interprétation des inventaires et des mesures. La production d'une signification à la fois cognitive et normative de telles données chiffrées est alors déléguée à ces deux autres dispositifs de quantification plutôt qu'à des experts réputés capables de les lire et de les interpréter. L'épreuve cognitive du témoignage dans le cas de l'indicateur ou de la simulation dans le cas des modèles, nous montre comment ces dispositifs se substituent à la nature en lui attribuant simultanément un sens. Nous avons montré qu'ils se substituent également à ses modes de gouvernement par la production d'indications dans le cas des indicateurs ou de simulations dans le cas des modèles. Si les artefacts cognitifs et normatifs sont les mêmes dans le cas des indicateurs et des modèles dans le tableau plus haut, c'est que ces dispositifs ont en commun un pouvoir d'interprétation et de prescription que les techniques d'enregistrement précédentes n'ont pas intrinsèquement. L'indicateur comme le modèle, en parlant à la place de l'expert, nous tirent ainsi vers une « objectivité mécanique » (Porter 1994) et une apparente modestie, voire neutralité, politique que nos techniques d'enregistrement n'ont pas.

La comparaison de nos différentes modalités de mise en nombre nous invite ainsi à conclure en apportant deux nuances. D'une part, il s'agit de nuancer la contribution de nos dispositifs à cette fameuse « objectivité mécanique », la crédibilité des inventaires et mesures restant solidaire des réseaux d'interconnaissances et des effets de réputations entre experts, à moins, bien sûr, qu'il ne soit retraduit sous la forme d'indicateurs et de modèles. D'autre part, il s'agit d'insister sur les relations qui unissent l'ensemble de ces dispositifs sur le terrain. Nous venons d'insister particulièrement sur l'importance des articulations entre les dispositifs relevant d'une logique de représentation et les dispositifs relevant d'une logique de substitution : les indicateurs et modèles fonctionnant en effet sur la base de données générées par des dispositifs d'inventaire et de mesures. Nous avons également évoqué à plusieurs reprises les liens étroits qui pouvaient exister entre des pratiques d'inventaire et de mesure (le cas des mollusques filtreurs) et entre les indicateurs et les modèles (les modèles climatiques alimentés entre autres par des indicateurs). Au-delà de ces différentes catégories sur la base desquelles nous avons caractérisé la diversité des modalités de quantification de la nature et des manières spécifiques de connaître et de gouverner auxquelles elles renvoient, les contributions empiriques de l'ouvrage seront l'occasion de réaliser à quel point cette diversité se trouve concrètement agencée, articulée, voire hybridée en situation concrète de quantification et de gestion de la nature.

Bibliographie

Agar J. (2006), « What Difference Did Computers Make? » *Social Studies of Science* vol. 36, n°6, pp. 869-907.

Agarwal A., Narain S. (1991), « Global Warming in an Unequal World: A Case of Environmental Colonialism » in Dubash N. K. (Dir.) *India in a Warming World: Integrating Climate Change and Development,* pp. 81–91.

Alder K. (2015), *Mesurer le monde*, Paris, Flammarion (2002).

Alphandéry P., Fortier A. (2013), « Les données sur la nature entre rationalisation et passion », *Revue du MAUSS*, vol. 42, pp. 202–220.

Armatte M., Dahan Dalmedico A. (2004), « Modèles et modélisations, 1950–2000 : Nouvelles pratiques, nouveaux enjeux », *Revue d'histoire des sciences*, vol. 57, n°2, pp. 243–303.

Armatte M., Dahan Dalmedico A. (2004), « Revue bibliographique : Modèles, un panorama réflexif », *Revue d'histoire des sciences*, vol. 57, n°2, pp. 441–447.

Armatte M. (2005), « La notion de modèle dans les sciences sociales : anciennes et nouvelles significations », *Mathématiques et Sciences Humaines*, vol. 172, pp. 91–123.

Arpin I., Charvolin F., Fortier A. (2015), « Les inventaires naturalistes : des pratiques aux modes de gouvernement. Introduction », *Etudes rurales,* vol. 195, pp. 11–26.

Arpin, I., Barbier M., Ollivier G., Granjou C. (2016), "Institutional entrepreneurship and techniques of inclusiveness in the creation of the Intergovernmental Platform on Biodiversity and Ecosystem Services", *Ecology and Society*, vol. 21, n°4.

Asdal K. (2008), « Enacting things through numbers: Taking nature into account/ing », *Geoforum*, vol. 39, n°1 pp. 123–132.

Aykut S. C. (2020), *Climatiser le monde*, Versailles, Quaé.

Barberousse A., Ludwig P. (2000), « Les modèles comme fictions », *Philosophie*, vol. 68, pp. 16–43.

Beck C., Rémy E. (2015), « La loutre d'europe (*Lutra lutra*) », *Etudes rurales*, vol. 195, pp. 43–58.

Bergandi D., Blandin P. (2012), « De la protection de la nature au développement durable : Genèse d'un oxymore éthique et politique », *Revue d'histoire des sciences*, vol. 65, pp. 103–142.

Blandin P. (1986), « Bioindicateurs et diagnostic des systèmes écologiques », *Bulletin d'Ecologie*, vol. 17, n°4, pp. 211–307.

Boisvert, V., Vivien F. D. (2005), « Tiers monde et biodiversité : tristes tropiques ou tropique d'abondance ? La régulation internationale des ressources génétiques mise en perspective », *Revue Tiers Monde*, tome XLVI, n° 181, pp. 185–206.

Borraz O. (2008), *Les politiques du risque*, Paris, Presses de la Fondation Nationale des Sciences Politiques.

Boudia S., Jas N. (2019), *Gouverner un monde toxique*, Versailles, Quaé.

Bouleau G. (2016), « Pourquoi chercher la petite bête ? Les enjeux politiques de l'indice biotique en France (1964–1969) », *[VertigO] La revue électronique en sciences de l'environnement*, vol. 16, n°2.

Bouleau G., Deuffic P. (2016), « Qu'y a-t-il de politique dans les indicateurs écologiques ? », *[VertigO] La revue électronique en sciences de l'environnement*, vol. 16, n°2.

Bourblanc M. (2016), « Définir des indicateurs en milieu controversé : retour sur l'expertise scientifique « Algues vertes » en France », *VertigO - la revue électronique en sciences de l'environnement*, vol. 16, n°2.

Bourblanc M., Brives H. (2009), « La construction du caractère « diffus » des pollutions agricoles », *Etudes rurales*, vol. 183, n°1, pp. 161–176.

Bourguet M. N., Bonneuil C. (1999), « Présentation », *Revue française d'histoire d'outre-mer*, tome 86, pp. 7–38.

Boutaric F. (2007), « Les réseaux de la qualité de l'air : des associations stratèges actrices de l'action publique », *Développement durable et territoires*, [En ligne].

Bruno I., Didier E. (2013), *Benchmarking – L'Etat sous pression statistique*, Paris, La découverte.

Bruno I., Didier E., Prévieux J. (2014), *Stat-activisme – Comment lutter avec les nombres*, Paris, La Découverte.

Charvolin F. (2004), « Le programme Feederwatch et la politique des grands nombres », *Développement durable et territoires,* [En ligne].

Charvolin F. (2015), « Mesurer l'air. Une fuite de phosgène à l'usine toulousaine Tolochimie en 1973 », Ethnologie française, vol. 45, n°1, pp. 77–85.

Charvolin F., Frioux S., Kamoun L., Mélard F., Roussel I. (2015), *Un air familier ? Sociohistoire des pollutions atmosphériques*, Paris, Presses des Mines.

Chiapello E. et Gilbert P. (2013), *Sociologie des outils de gestion : Introduction à l'analyse sociale de l'instrumentation de gestion*, Paris, La Découverte.

Cronon W. (1991), *Nature's Metropolis: Chicago and the Great West*, New York, WW Norton & Co.

Dagognet F. (1993), *Réflexions sur la mesure*, Fougères-La Versanne, Encre marine.

Dahan A. (2010) "Putting the Earth System in a numerical box? The evolution from climate modeling toward climate change", *Studies in History and Philosophy of Modern Physics*, vol. 41, pp. 282–292.

Dahan A., Guillemot, (2015), « Les relations entre science et politique dans le régime climatique: à la recherche d'un nouveau modèle d'expertise ? », *Natures Sciences Sociétés*, vol. 23, pp. 6–18.

Demeritt D. (2004), « The Construction of Global Warming and the Politics of Science », *Annals of the Association of American Geographers*, vol. 91, n°2, pp. 307–337.

Denis J., Pontille D. (2020), « Maintenance et attention à la fragilité », *SociologieS* [En ligne]

Desrosière A. (2008), *Pour une sociologie historique de la quantification – L'argument statistique I*, Paris, Presses de l'Ecole des Mines.

Dodier N., et J. Barbot. (2016), « La force des dispositifs », *Annales. Histoire, Sciences Sociales* 71e année (2), pp. 421–50.

Doré A. (2013), « L'exercice des biopolitiques. Conditions matérielles et ontologiques de la gestion gouvernementale d'une population animale », *Revue d'Anthropologie des Connaissances*, vol. 7, n°4, pp. 837–855.

Edwards P. N. (1999), *A Vast Machine*, XXX, The MIT press.

Edwards P. N. (1999), Global climate science, uncertainty and politics: Data-laden models, models-filtered data, *Science as culture*, 8/4.

Ellis R., Waterton C. (2004), « Environmental citizenship in the making: the participation of volunteer naturalists in UK biological recording and biodiversity policy », *Science and Public Policy*, vol. 31, pp. 95–105.

Escobar A. (1998), "Whose Knowledge, Whose nature? "Biodiversity, Conservation, and the Political Ecology of Social Movements", *Journal of Political Ecology*, vol. 5, pp. 53–82.

Espeland W. N., Stevens M. L. (1998), « Commensuration as a social process », *Annual review of sociology*, vol. 24, pp. 313–343.

Espeland, W., Stevens, M. (2008), "A Sociology of Quantification", *European Journal of Sociology*, vol. 49, n°3, pp. 401–436.

Faugère E. (2002), « Percevoir ou mesurer? Approche anthropologique de la qualité de l'air », *Europaea*, 1 (2), pp. 365–383.

Fernandez S. (2009), *Si la Garonne avait voulu… Etude de l'étiologie déployée dans la gestion de l'eau de la Garonne, en explorant l'herméneutique sociale qui a déterminé sa construction*, thèse de doctorat, UMR G-Eau, AgroParisTech.

Fernandez S., Debril T. (2016), « Qualifier le manque d'eau et gouverner les conflits d'usage : le cas des débits d'objectif d'étiage (DOE) en Adour-Garonne », *Développement durable et territoires, vol 7, n°3.*

Fressoz J. B., Graber, F., Locher, F. et Quenet, G. (2014), *Introduction à l'histoire environnementale*, Paris, La Découverte.

Fressoz J. B. (2012), *L'Apocalypse joyeuse. Une histoire du risque technologique*, Paris, Seuil.

Galison P. (1997), *Image and Logic*, Chicago, The university of Chicago press.

Ginzburg C. (1980), « Signes, traces, pistes : Racines d'un paradigme de l'indice ». *Le Débat*, vol. 6, n° 6, pp. 3–44.

Gramaglia C., Sampaio da Silva D. (2009), « Des mollusques pour « faire parler » les rivières ? », in Houdart S., Thiery O. *Humains non humains,* Paris, La Découverte, pp. 221–233.

Granjou C., Walker J., Salazar J. (2017), "The politics of anticipation: On knowing and governing environmental futures" *Futures*, vol. 92, pp. 5–11.

Hastrup K., Skrydstrup M. (2013), *The Social Life of Climate Change Models: Anticipating Nature*, Routledge.

Hinchliffe S. (2008), « Reconstituting nature conservation: Towards a careful political ecology », *Geoforum*, vol. 39, pp. 88–97.

Hulme M. (2011), "Reducing the Future to Climate": A Story of Climate Determinism and Reductionism »", *Osiris*, vol. 26, n°1, pp. 245–266.

Jas N. (2015), « Une histoire d'accomodements : la constitution d'une expertise internationale sur les additifs et contaminants alimentaires dans les années 1950 », in Boudia S. Henry E., *La mondialisation des risques,* Rennes, Presses universitaires de Rennes.

Keck F. (2021), *Les sentinelles des pandémies,* Paris, Seuil.

Keck F., Lakoff A. (2013), Sentinel Devices, *Limn*, vol. 3.

Lakoff A. (2016), "The Indicator Species: Tracking" " Ecosystem Collapse in Arid California »", *Public Culture*, vol. 28, n°2, pp. 237–259.

Le Bourhis J.-P. (Dir.) (2015), *Air intérieur : actions publiques et jeux d'acteurs*, Rapport Curapp/Crape.

Lemieux C. (2012), « Peut-on ne pas être constructiviste? », *Politix*, vol. 4, n° 100, pp. 169–187.

Le Roux T. (2011), *Le laboratoire des pollutions industrielles. Paris, 1770–1830*, Paris, Albin Michel.

Lorimer J. (2008), "Counting Corncrakes: The Affective Science of the UK Corncrake Census", *Social Studies of Science*, vol. 38, pp. 377—405

Lorrain D. (2005), « Les pilotes invisibles de l'action publique. Le désarroi du politique ? » in Lascoumes P. et Le Galès P. (Eds.), *Gouverner par les instruments*. Paris, Presses de Sciences Po, pp. 163–97.

Mallard A. (2000), « L'écriture des normes », *Réseaux*, vol. 18, n°102, pp. 37–61.

Mallard A. (2003), « Les instruments de la qualité mesurable » in Dubuisson-Quellier et Neuville (Eds.), *Juger pour échanger*, pp. 93–122.

Manceron V. (2015), « "Avant que la nature meure"...inventorier », *Ethnologie française*, vol. 45, pp. 31–43.

Massard-Guilbaud G. (2010), *Histoire de la pollution industrielle. France 1789–1914*, Paris, EHESS.

Morgan M. S., Morisson M. (1999), *Models as Mediators: Perspectives on Natural and Social Science*, Cambridge New York, Cambridge university press.

O'Connell J. (1993), « Metrology: The Creation of Universality by the Circulation of Particulars », *Social Studies of Science*, vol. 23, n°1, pp. 129–173.

Ollitrault S. (2004), « Des plantes et des hommes de la défense de la biodiversité à l'altermondialisme », *Revue française de science politique*, vol. 54, n°3, pp. 443–463.

Oreskes N., Conway E. M. (2012), *Les marchands de doutes*, Editions Le Pommier (2010).

Parasie S. Dedieu F. (2019), « À quoi tient la crédibilité des données citoyennes ? », *Revue d'anthropologie des connaissances*, vol. 13, n°4, pp. 1035–1062.

Parikh, J., et Parikh K. (2002), *Climate change : India's perceptions, positions, policies and possibilities*, Indira Gandhi Institute of Development Research, Mumbai.

Pépy E. A. (2015), « Décrire, nommer, ordonner », *Etudes rurales, vol.* 195, pp. 27–42.

Pessis C., Topçu S., Bonneuil C. (2013), *Une autre histoire des « trente glorieuses »*, Paris, La Découverte.

Porter T. (1994), « Making Things Quantitative », *Science in context*, vol. 7, Issue 3, pp. pp. 389–407.

Rémy E., Estades J. (2007), « Nez à nez avec des nuisances odorantes. L'apprentissage de la cohabitation spatiale », *Sociologie du travail*, vol. 49, pp. 237–252.

Riaux J. (2008), *Décret sécheresse : de la règle à la pratique. Analyse socio-anthropologique de l'infrastructure matérielle de l'action publique en France*, Rapport Cemagref.

Rose, N. (1991), "Governing by numbers: Figuring out democracy", *Accounting, Organizations and Society*, vol. 16, n°7, pp. 673–692.

Schaffer S. (1992), « Late Victorian metrology and its instrumentation: a manufactory of Ohms » in *Invisible Connections : instruments, Institutions and Science*, Cozzens S. E. et Bud R. (dir.) Washington, SPIE, pp. 23–56.

Scott J. C. (1999), *Seeing Like a State: How Certain Schemes to Improve the Human Condition Have Failed* New Haven, Yale University Press.

Supiot A. (2015), *La gouvernance par les nombres*, Paris, Fayard.

Theys J., Kalaora B. (1992), *La terre outragée. Les experts sont formels*, Paris, Les éditions autrement.

Thomas F. (2006), « Biodiversité, biotechnologies et savoirs traditionnels. Du patrimoine commun de l'humanité aux ABS (access to genetic resources and benefit-sharing) », *Revue Tiers Monde*, vol. 188, n°4, pp. 825–842.

Wise N. (1995), *The values of precision*, Princeton, Princeton University Press.

Les centres de calculs de la nature. De l'État aux réseaux transnationaux pour établir des prises mesurées sur l'environnement

Julien Weisbein

La quantification est l'un des vecteurs de l'étatisation du monde (Desrosière 1993, Scott 2021). Produits du nombre, les États sont aujourd'hui pilotés par celui-ci, tant les nombres se retournent contre eux. De nombreux secteurs font en effet désormais la part belle aux chiffres, indicateurs et autres modèles qui permettent des formes de plus en plus standardisées de gouvernement, autorisant tant à voir des évolutions ou des tendances qu'un pilotage panoptique de celles-ci, mais figeant l'action publique dans des procédures automatisées et souvent contre-productives (Bruno, Didier 2013). Or la littérature, abondante sur l'importance des statistiques dans la fabrique des politiques publiques, questionne assez peu la nature. Ce qui est mesuré et calculé, ce sont avant tout des phénomènes humains qui permettent, à partir de métriques élémentaires, de fabriquer de l'unité et de la commensurabilité. À l'inverse, l'État n'a pas su et ne peut pas tout mettre en nombres dans la nature. Il convient en effet de souligner les nombreuses difficultés à modéliser des milieux complexes et le fait que les interactions et les situations du monde naturel résistent à leur mise en indicateurs (Rumpala 2009, Guillemot 2009, Vanoli 2013, Doré 2013, Weisbein 2015). Il est par ailleurs difficile de mettre sur un même plan des données chiffrées portant sur des entités hétérogènes (milieux, espèces, types de pollutions, énergies…). Il existe ainsi dans certains domaines de l'action environnementale des résistances à l'opération métrologique, ce qui explique en creux l'inertie des indicateurs écologiques (Bouleau, Deuffic 2016). Pourtant les questions environnementales en appellent peut-être plus que d'autres à un effort d'objectivation quantitative et ce, en raison de leurs caractéristiques propres : l'importance des controverses scientifiques ou sociales qui les entourent et donnent d'autant plus d'importance aux enjeux de connaissance ; les conflits de temporalité entre le court terme des activités économiques et le long terme, parfois le très long terme, de la préservation des ressources qu'elles révèlent ; leurs déclinaisons multiples selon des secteurs préexistants ; et plus généralement le fait que l'action publique qui s'est instituée autour d'elles depuis les années 1970 s'avère au total instable, hétéroclite et fragile.

Or dans l'action publique, compter ne suffit pas. Un réseau sociotechnique complexe se déploie en effet autour de la mesure : il s'agit de recenser des entités avant de les compter certes, mais également de transporter les données recueillies, de les agréger en séries, de les compiler dans des bases de données, de les traduire en indicateurs, de les mettre en formes graphiques (tableaux, graphes, cartes), de les commenter, de les publier, etc. Derrière chaque nombre et chaque indicateur se cache en fait tout un enchaînement d'actes et d'acteurs dans une trajectoire arborescente à bien des égards. Pour en rendre compte, Bruno Latour (2005) parle de « centres de calcul » qui entremêlent à la fois des procédures (accumuler des connaissances), mais aussi des échelles (articuler des lieux de production et de traitement des données). C'est ce que l'on verra au sujet des choses de la nature et de leur mise en formes statistiques. En effet, notre contribution documente une transformation assez forte concernant les usages politiques du nombre, à travers le passage d'une production centralisée et nationalisée du nombre comme élément de totalisation et de légitimation des États vers une mise en réseaux transnationaux des bureaucraties métrologiques.

Les opérations principales, les instruments et les acteurs ne sont pas tout à fait les mêmes à chacune des zones de ces réseaux comme dans les étapes des trajectoires que ceux-ci dessinent. On peut toutefois schématiser la chaîne qui se noue autour de ces opérations comme suit : l'échelon local compte, l'échelon national agrège et modélise les données et l'échelon international les fait circuler. Cela ne veut pas dire que chacun monopolise ces diverses fonctions : on modélise également au niveau local ou international et l'État national fait également voyager les chiffres. Il n'y a surtout pas vraiment de centralité ni de division stricte des tâches dans des montages qui restent essentiellement multipolaires et distribués. S'y révèlent toutefois des problèmes d'interopérabilité entre les systèmes, suscitant des tensions et laissant transparaître un réseau perclus de discontinuités et de frottements que nous tenterons d'illustrer à partir de plusieurs enjeux relatifs à l'environnement en les suivant aux échelles (internationales, nationales et locales) par lesquelles ils sont mis en chiffres.

Des Léviathans connexionnistes dédiés à l'environnement ?

En appréhendant les lieux divers où se pensent et se construisent les nomenclatures statistiques utilisées dans la politique d'éducation et de formation de la Commission européenne, J.-L. Derouet et R. Normand (2009) en viennent à retracer ce qu'ils appellent un « Léviathan connexionniste » constitué d'un vaste réseau transnational d'agences de régulation et de mesure en interdépendances. Cette formule semble également mobilisable pour la mise en nombre de la nature à l'échelle mondiale et ce, sur plusieurs problématiques comme la défense de la biodiversité, la question climatique ou bien la prise en compte des actifs environnementaux dans la comptabilité nationale.

Développement durable et information environnementale

L'institutionnalisation au niveau international du concept de développement durable s'est accompagnée très tôt d'une valorisation de l'information environnementale. Le point 8 de l'Agenda 21 du Sommet de Rio en 1992 appelle ainsi à ce « que les décideurs passent des approches sectorielles étroites vers l'intégration des problèmes environnementaux dans une politique de développement durable qui exige des changements dans la collecte de l'information, les techniques de gestion et de planification ». De nombreux textes et déclarations (chapitre 40 de l'Agenda 21, Convention d'Aarhus, *L'avenir que nous voulons*) vont ultérieurement rendre ce principe opératoire en demandant aux États de fournir des informations quant à l'état de leurs ressources naturelles selon des méthodologies standardisées de collecte et de traitement afin de rendre évaluables les données produites et comparables les politiques publiques dont elles procèdent. L'espace international se caractérise donc avant tout par un travail de mise en circulation des données rendu possible par une mise en relation et en réseaux des organisations techniques qui les produisent. S'instituent ainsi des forums transnationaux de politiques publiques animés par diverses communautés professionnelles (statisticiens, économistes, écologues, climatologues, cartographes, informaticiens…) afin de donner corps à ces Léviathans connexionnistes dédiés à la nature. On peut l'illustrer par trois d'entre eux.

Premier exemple, les indicateurs de développement durable (IDD) définis pour opérationnaliser le principe «d' information pour la prise de décision » (chapitre 40 de l'Agenda 21) procèdent d'un travail de construction de vastes réseaux institutionnels et épistémiques visant à établir une surveillance à distance de l'état des ressources naturelles ou des milieux. La Commission du Développement durable instituée à Rio a pour mandat de suivre la mise en œuvre de l'Agenda 21, ce qui nécessite qu'elle dispose d'indicateurs sur la situation de l'environnement dans chaque pays. Ainsi, elle entreprend dès 1995 à la fois de lister les indicateurs les plus probants, mais également de les rendre opératoires par des comparaisons entre pays, ce qui suppose alors un travail d'homogénéisation des données. Également relayé par l'OCDE à la fin des années 1990, ce travail a permis l'institution d'un véritable système expert international, c'est-à-dire la combinaison d'un agencement spécifique de connaissances et d'un cadre institutionnel rendue possible par une densification des connexions entre les nœuds de ce réseau transnational (Rumpala 2009). Le cas spécifique du champ institutionnel global des politiques de protection de la biodiversité est emblématique de la solidité de ces ensembles malgré l'hétérogénéité des acteurs qui les composent. S'y nouent en effet de véritables « coalitions calculatoires » (Demortain 2019 p. 962) entendues comme des réseaux débordant parfois les frontières de l'action publique et qui influencent la conduite des politiques publiques par un travail collectif de calcul : des ONG de protection de l'environnement comme l'Union internationale pour la conservation de la nature (UICN), le World Wide Fund for Nature (WWF) ou BirdLife International s'allient en effet à des scientifiques pour influencer fortement ces politiques et leurs divers instruments (aires protégées, paiements pour services environnementaux, mesures compensatoires aux projets d'aménagement, etc.) en jouant sur les métriques et les outils de mesure nécessaires pour connaître et appréhender la biodiversité (Gaidet, Fouilleux 2018). Les ONG ont su ainsi créer de grandes bases de données d'inventaires biologiques et en inférer des indicateurs scientifiquement validés afin de répondre à la demande des services onusiens pour établir des diagnostics chiffrés de l'état de la biodiversité. Par ailleurs depuis 2001, le « Global Biodiversity Information Facility » (GBIF), un consortium international visant à promouvoir et coordonner la mise à disposition libre et gratuite via Internet des informations sur la biodiversité, a permis une interconnexion de plus de 11.000 bases de données nationales (Archambeau et al. 2013). On le voit ainsi avec ce premier exemple, la mise en chiffres de la nature est indissociable de son inscription dans des jeux de pouvoir qui permettent à des acteurs jusque-là extérieurs de prendre pied dans une action publique très sélective.

La modélisation numérique du climat, deuxième exemple, a su bénéficier depuis les années 1960 des progrès des puissances de calcul informatique, du développement des satellites tout comme de l'essor des géosciences. Comme pratique scientifique, elle doit également à la présence d'organisations internationales qui ont su créer un vaste réseau mondial de recueil et de mesure des données, notamment des réseaux d'observation en altitude (Guillemot 2009). Mais l'irruption du changement climatique d'origine anthropique dans l'espace des relations internationales a contribué à reconfigurer en profondeur la communauté épistémique des sciences du climat. Ce nouvel enjeu doit en effet au travail du Groupe intergouvernemental d'étude du climat (GIEC) créé en 1988 qui a su faire émerger un régime hybride de production des données scientifiques, entre les impératifs de la science et les contraintes des orientations politiques (Aykut, Dahan 2015). Il a aussi eu pour effet de transformer les milieux nationaux en charge de modéliser le climat et qui sont placés en interface croissante avec les travaux du GIEC (Dahan Dalmedico, Guillemot 2006). En France, deux pôles se sont constitués dès les années 1970 autour de la numérisation du climat, à Météo France et au CNRS, mais selon des modalités assez différentes en fonction des disciplines scientifiques, des formations, mais aussi des cultures propres à chaque communauté (avec une approche d'ingénierie à Météo France et une recherche plus fondamentale au CNRS). Chaque organisme construit alors son propre modèle, selon la conception qu'il a de la bonne science. La nécessité de participer aux simulations du GIEC a toutefois eu pour effet d'homogénéiser les pratiques, les deux organismes s'étant désormais dotés d'un modèle couplé, mais surtout d'intéresser de plus en plus de chercheurs à cette cause onusienne qui y voient des opportunités tant intellectuelles que professionnelles.

L'exemple de la comptabilité nationale offre un troisième exemple particulièrement significatif de cette prétention de certaines organisations internationales à ré-agencer, sous l'injonction de la protection de l'environnement, les bureaucraties statistiques nationales - non sans certaines résistances de la part de ces dernières (Bérard 2019). Déjà très active dans une entreprise d'harmonisation des systèmes nationaux de comptabilité des économies, l'ONU entreprend dès les années 1980, sous l'égide du PNUE et avec la Banque mondiale (BM), d'intégrer l'environnement et la soutenabilité dans les comptes des nations, en procédant notamment à des activités de normalisation statistique. Il s'agit de penser un PIB ajusté à la problématique de la raréfaction des ressources naturelles qui commence alors à prendre dans l'agenda onusien depuis le premier sommet de la Terre. De nombreuses communautés épistémiques se nouent alors autour de cet enjeu, comme la conférence des statisticiens européens de la Commission économique pour l'Europe des Nations unies (CEENU), le Bureau de statistique des Nations unies ou bien l'unité *Indicators and Environmental Valuation Unit* du département Environnement de la BM. Mais si les agrégats statistiques qu'elles proposent ne sont que complémentaires aux comptes nationaux, leur travail laisse entrevoir une véritable « obsession des indicateurs » (Bérard 2019 p. 287) qui invite d'autres acteurs à y participer. Ainsi dans de nombreux pays, ces travaux sont relayés par des communautés de statisticiens, qu'ils soient universitaires ou exerçant dans des administrations. En France par exemple, une Commission interministérielle des comptes du patrimoine naturel (CICPN) est instituée en 1980 sous l'égide du Premier ministre Raymond Barre et contribue activement à ces réflexions en proposant un stock d'indicateurs (Vanoli 2013, Lavoux 2015).

On pourrait multiplier les exemples thématiques, comme la lutte contre la pollution atmosphérique (Chang, Allemand 2019), on retrouverait ce double travail exercé par les échelles internationales sur les administrations nationales de rapportage réglementaire et de standardisation des outils de mesure et des métriques.

L'UE comme point de fixation

Dans ces diverses opérations de normalisation par le haut des systèmes statistiques nationaux afin que ceux-ci reconnaissent et traitent l'environnement, l'Union européenne (UE) se caractérise par un fort volontarisme qui justifie que l'on s'y attarde un peu. La mise en nombre de la nature à l'échelle du continent a tout d'abord été rendue possible par le développement d'une réflexion et d'un appareil statistique propre à l'UE. A la fin des années 1980, le contexte d'approfondissement de la construction européenne aboutit à une demande accrue de statistiques fiables à l'échelle communautaire et en 1987, la Commission européenne crée un service dédié, Eurostat, qui remplace la précédente Office statistique des Communautés européennes. Cette nouvelle institution déploie désormais une stratégie de mise en réseau des services statistiques nationaux, en retravaillant éventuellement les données lorsqu'elles sont difficilement comparables et en poussant constamment pour l'adoption d'une méthodologie unifiée quant à l'usage des indicateurs. Le Système statistique européen (SSE) qui en découle se caractérise alors par « une organisation quasi-militaire des travaux d'harmonisation statistique » (Franchet 2014 p. 17) animés par la Commission, mais qui laissent toutefois une certaine latitude aux bureaucraties nationales.

La nature n'échappe pas à ce Léviathan connexionniste européen qui y engage un véritable volontarisme pour piloter le changement économique et social, instituant les stratégies de développement durable en méta-instruments de l'action publique (Rumpala 2011). Mandaté par la Commission européenne dans le cadre de la Stratégie de l'UE en faveur du développement durable adoptée au sommet de Göteborg, Eurostat a créé en 2001 une task force sur les IDD afin de contribuer aux réflexions onusiennes en la matière et produire un appareillage commun de la mesure à l'échelle européenne. Elle se réunit neuf fois entre 2002 et 2005 pour élaborer une liste de 155 indicateurs, reprise par une communication de la Commission en février 2005. De même, les réflexions sur le « PIB vert » sont largement reprises et prolongées dès 1994 par la Commission européenne qui y dédie une communication, y engage plusieurs programmes de recherche (GREEned National STAtistical and Modelling Procedures, GREENSTAMP ou Environmental Valuation in Europe, EVE) et lui donne même un caractère obligatoire pour tous les États membres en 2013. C'est également le cas pour la qualité de l'air pour laquelle la Commission a besoin des règles de mesurages, rapportages et vérifications (MRV) des États pour déployer sa politique Air (Chang, Allemand 2019). Enfin en matière climatique, la stratégie de leadership dont tente de se doter la Commission à la fin des années 1990 est également passée par un travail métrologique, à la fois de définition d'objectifs chiffrés de réduction des émissions de gaz à effet de serre, mais aussi de mise en marché du carbone : dans un moment de forte critique des anciens instruments de type *command and control*, il s'agissait alors de favoriser une régulation indirecte et plus souple par les prix, les accords volontaires et les arrangements contractuels (Dezalay 2007, Aykut 2014). Là encore, l'appareil statistique communautaire a été sollicité lorsqu'il a fallu modéliser les attendus de la mise en marché des droits à polluer.

Thierry Lavoux (2003) a pu souligner que l'information environnementale est ainsi devenue l'instrument principal de régulation des questions environnementales à l'échelle de l'UE, entre la logique réglementaire classique et la délégation aux forces du marché. S'y nouent des réseaux amples faits de dispositifs en amont (métrologies, réseaux de mesures) comme en aval (statistiques, indicateurs), avec comme point de fixation l'Agence européenne pour l'environnement (AEE). Très active et régulièrement critiquée pour ses relations trop étroites avec les ONG de défense de l'environnement dont de nombreux responsables la rejoignent, subissant souvent les rivalités institutionnelles propres à l'espace communautaire (notamment face à Eurostat avec laquelle elle est en situation de concurrence), cette agence traduit surtout les formes du travail politique spécifique de l'UE : importance accordée aux données et technicisation des enjeux, fonctionnement en réseaux transnationaux et ouverture à la société civile ou au Parlement européen lorsqu'il faut politiser les questions. En effet, l'AEE collecte et rend disponible les informations environnementales en provenance du rapportage des États membres pour le territoire européen. Elle publie notamment (tous les cinq ans) un rapport exhaustif sur l'état de l'environnement en Europe et les perspectives en la matière. Elle anime surtout depuis 1994 le réseau européen d'information et d'observation pour l'environnement (Eionet). Celui-ci se présente avant tout comme un « réseau de gens » (*a network of people*) entièrement dédié à la collaboration et au partage. Pour ce faire, l'agence coopère étroitement avec les points focaux nationaux, généralement situés dans les agences nationales pour l'environnement ou dans les ministères de l'Environnement de chaque pays. Ces interfaces sont chargées de coordonner les réseaux nationaux, qui rassemblent les experts et autres organismes participant à la fourniture d'informations sur l'environnement. De nombreux échanges de données, d'instruments et d'humains (meetings, publications conjointes, échanges de personnels…) donnent ainsi corps à l'Eionet. Mais surtout, l'AEE a su dépasser la simple présentation agrégée des données nationales en établissant des scénarios prospectifs de l'état de la nature en Europe qui seront repris par d'autres acteurs de la gouvernance communautaire (Parlement européen et Commission, ONG, médias, juges) et vont contribuer à politiser le travail de l'agence.

Coordonner et faire tenir un réseau transnational suppose toutefois un travail important d'homogénéisation de ses constituants et de la façon dont ils opèrent. À cet égard, la directive 2007/2/CE du 14 mars 2007 dite Inspire (pour *Infrastructure for Spatial Information in the European Community*) est révélatrice de la nature tant technique que politique que revêt cet enjeu (Sibille 2010). Ce texte établit, dans une logique essentiellement bottom-up, une infrastructure d'information géographique sur l'environnement pour l'UE afin de mutualiser les diverses données nationales ou issues de programmes comme Galileo et de présenter ainsi des états des lieux unifiés de l'état de la nature en Europe. Cela passe par une mise en réseau de l'ensemble des Systèmes d'information géographiques (SIG) des États membres et donc une standardisation des protocoles et des architectures informatiques. Une annexe décrit et priorise 34 types de données géographiques, dénotant surtout une conception assez extensive de ce qui est entendu par environnement. La directive s'accompagne par ailleurs de règlements fixant un cadre méthodologique unifié concernant les conditions de mise à disponibilité des données. Elle demande ainsi à chaque État membre de désigner un point de contact qui sert d'interface avec les services de la Commission ainsi que de fournir chaque 15 mai à ceux-ci un rapport basé sur un ensemble d'indicateurs à documenter. Elle contribue de la sorte à une réorientation des bureaucraties statistiques nationales. En France par exemple, l'État a réorganisé le Conseil national de l'information géographique (CNIG) pour l'adapter au statut de structure de coordination nationale pour la mise en œuvre des dispositions de la directive. La composition de cette instance a ainsi été revue pour accueillir davantage de représentants des collectivités territoriales ou d'acteurs économiques consommateurs de données géographiques. Mais surtout, des pratiques informationnelles jusqu'alors éparpillées selon les services de l'État ont été homogénéisées en raison des critères d'Inspire (Leobet 2013).

Ainsi l'échelle internationale, onusienne comme européenne, peut être analysée comme celle d'une mise en circulation ordonnée de chiffres relatifs à la nature et d'un travail de mise en forme de ceux-ci dans des indicateurs ou des modèles. Mais ces données agrégées ne peuvent transiter de façon fluide et continue qu'à la condition que rien ne vienne perturber ces flux d'information, qu'il s'agisse de problèmes d'interopérabilité technique, de questions de conversion et d'emboîtement des métriques ou bien d'enjeux proprement politiques. Autant de conditions qui sont rarement réunies…

Le relais national : l'exemple de la France

Car ces divers Léviathans connexionnistes dédiés à l'environnement prennent appui sur des relais nationaux – et donc sur l'action publique environnementale telle qu'elle s'y institutionnalise. Il s'agit, à cette échelle, d'organiser les divers réseaux de mesure pour les rendre interopérables, mais également d'agréger ce qui en sort afin de satisfaire aux exigences de commensurabilité issues des espaces internationaux. Interface entre les versants internationaux et locaux du Léviathan connexionniste, l'État-nation doit tout particulièrement travailler à l'articulation de ces deux échelles d'action, c'est-à-dire tout autant intégrer, relayer comme créer des métriques et des espaces de calcul. Or dans le cas de la France, on peut constater un décalage, pour ne pas dire une certaine désynchronisation, des processus : même si la création de l'AEE est contemporaine d'un véritable moment réformateur sur les questions environnementales dans l'hexagone (Lavoux 2003 p. 180), les deux échelles ne s'emboîtent pas vraiment lorsqu'on se penche sur cette question de la mise en nombres de la nature.

Un travail d'organisation à double polarité longtemps contraint

Le fait de compter les ressources naturelles a, en France, une longue histoire : les politiques agricoles font depuis toujours de leur mise en nombres une condition première de leur exploitation. Avec le souci de leur préservation et l'invention de l'« environnement » toutefois, ce changement tant symbolique qu'institutionnel n'entraîne pas automatiquement une transformation statistique. Dans son analyse de la genèse du ministère de l'Environnement dans les années 1960, Florian Charvolin (2003) montre en effet que des enjeux qualitatifs (comment dénommer le domaine que ce ministère inédit était destiné à prendre en charge) l'emportent très largement sur des aspects quantitatifs (visant à décompter les atteintes à l'environnement et à évaluer le périmètre des problèmes à traiter). Les heurts de l'information environnementale en France en attestent par ailleurs (Lavoux 2015, 2016, Leobet 2013). Si un Groupe interministériel d'évaluation de l'environnement (GIEE) est créé en 1972 et si 1974 voit la première publication du ministère de l'Environnement portant sur l'état de l'environnement, l'effort de quantification se limite pendant longtemps à une compilation de données éparpillées (notamment produites par le ministère de l'Agriculture) et manquantes sur certains milieux (air, déchets, sols) et ce, en l'absence d'un service dédié à cette tâche - seuls cinq agents composent la Division des données et des statistiques du ministère et leurs rapports ne sont tirés qu'à 3000 exemplaires. Tout au long des années 1970–1980, on peut donc davantage parler de bricolage que de l'institution d'une administration et d'une doctrine en charge de la production du chiffre sur les dommages infligés à la nature. Si une agence, l'Institut français de l'environnement (IFEN), voit le jour en 1991 et déploie (en dépit de la modestie de ses ressources administratives, avec une vingtaine de postes et un budget de 15 millions de Francs, soit environ 3 millions d'euros) un travail statistique plus nourri et davantage diffusé, elle est réintégrée en 2004 dans le giron du Ministère et perd sa liberté de ton en même temps que son autonomie (Lévêque, Mounoloub 2004). Pour Thierry Lavoux (2016), cette recentralisation de la production des données traduit les contraintes de l'action publique environnementale (court-termisme, transformation rapide des enjeux, poids des controverses, difficulté à se tourner vers l'avenir...) et va amoindrir l'action d'objectivation de la nature puisque les liens antérieurement établis entre l'IFEN et les milieux producteurs de données extérieurs à la statistique publique (universitaires, chercheurs, consultants, associations naturalistes) vont être coupés. Surtout, l'agence perd sa capacité à faire parler les chiffres pour mieux problématiser la cause environnementale et la défendre des critiques d'autres ministères, notamment celui de l'Agriculture.

D'autant plus que les doctrines théoriques qui traversent et travaillent l'État ont des incidences pratiques sur les métriques que celui-ci met en œuvre. Le néolibéralisme tend notamment à reconfigurer l'action publique environnementale, que ce soit à travers la façon dont sont cadrés les problèmes comme par la sélection des instruments pratiques pour les résoudre (Gautreau, Noucher 2013, Petitimbert 2016, Barone, Mayaux, Guerrin 2018, Guimont, Petitimbert, Villalba 2018). Ainsi en est-il d'abord de l'obsession de transversalité et de décloisonnement qui aboutit, dans le domaine environnemental et ses mesures, à des approches plus intégrées ou « écosystémiques » (Lascoumes, Bonnaud, Le Bourhis, Martinais 2014, Bouleau, Carter, Thomas 2018). Ainsi en est-il également des inventaires naturalistes, très impactés par la culture du résultat et du chiffre issue du Nouveau management public (NMP) et qui donnent corps à ce que Clémence Guimont et Rémy Petitimbert (2017) appellent une « approche fixiste de la biodiversité », c'est-à-dire une représentation du vivant comme un ensemble d'espèces stables dans le temps. Celle-ci tend surtout par la profusion des chiffres et leurs usages comptables à établir des bilans du vivant sectorialisés (selon les espèces) et prospectifs (à un moment *t* comme *t+1*) en décalage avec l'érosion plus systémique de la biodiversité dans les territoires qui est dès lors minimisée par une action qui se concentre sur quelques espèces rares et menacées au détriment de la biodiversité ordinaire (Petitimbert, Guimont 2018). Par ailleurs, les politiques de compensation en configuration néolibérale font de plus en plus de place aux partenariats public/privé et aux consultants extérieurs qui contribuent activement aux outils techniques pour mesurer et résoudre les problèmes (Petitimbert 2018). De même, l'effort visant à quantifier la nature endommagée se dédouble à travers une objectivation chiffrée de l'efficacité de l'action administrative de sa protection que réalisent les indicateurs de suivi de performance (Bonnaud, Martinais 2018, Guimont 2018). S'ensuit, paradoxalement au regard des préceptes de la doxa néolibérale, une bureaucratisation accrue des administrations centrales comme locales en charge des politiques environnementales.

L'articulation parfois problématique avec le niveau européen en matière environnementale doit toutefois être soulignée pour montrer les frottements de ce Léviathan connexionniste lorsqu'il se déploie en France[1]. Ainsi, l'IFEN et l'AEE, pourtant nées de manière quasi-simultanée et dédiées aux mêmes tâches, vont connaître des trajectoires différentes, la première se bureaucratisant et se recentrant sur la statistique publique là où la seconde saura s'ouvrir à d'autres publics et politiser son action (Lavoux 2015 p. 202–204). Marc Leobet (2013) témoigne également que si Inspire a su homogénéiser les arborescences informatiques de l'information environnementale, les méthodes des communautés professionnelles de la mesure en France (en matière d'eau notamment) sont restées inchangées. Charlotte Halpern (2011) conteste plus généralement l'idée d'une recomposition instrumentale de l'action publique environnementale française qui serait induite par le contexte de l'UE. Elle montre plutôt un « sentier de dépendance instrumental national » : l'administration de l'environnement en France s'est constituée en secteur seulement par les divers instruments qu'elle a mobilisés et elle a changé davantage par des innovations instrumentales domestiques que par une supposée influence européenne. Les nombreuses résistances sectorielles de certains enjeux environnementaux par rapport à leur institutionnalisation à l'échelle européenne, comme les énergies naturelles renouvelables (Bocquillon, Evrard 2016), en témoignent par ailleurs. Dans le domaine qui nous intéresse, les métrologies de l'environnement,

---

1 Cela vaut également pour le niveau supérieur, à l'instar du portail GBIF qui, vu de France, comporte des lacunes et des biais (Archambeau et al. 2013).

on peut tout particulièrement illustrer ces frottements par la mise en œuvre de la Directive-cadre sur l'eau (DCE) en France (Bouleau 2017). Celle-ci déstabilise en effet les réseaux traditionnels d'acteurs en charge de la gestion des eaux douces au sein des Schémas d'aménagement et de gestion des eaux (SDAGE) par l'imposition de nouvelles pratiques intégrées et participatives (Notte, Salle 2011, Bouleau, Carter, Thomas 2018), mais également par l'obligation de quantifier un « bon état écologique » de la ressource, c'est-à-dire un débit nécessaire au maintien de la vie aquatique et compatible avec les prélèvements humains. Ce principe, pourtant étranger à la culture épistémique des praticiens et scientifiques tant en hydrologie, en hydrobiologie et en écologie aquatique, doit alors au travail de la Direction générale (DG) Environnement qui a favorisé les expertises gestionnaires, facilement transposables en programmes d'action, au détriment des consensus scientifiques (Loupsans, Gramaglia 2011). Or si les SDAGE mentionnent bien cet impératif de bon état écologique de l'eau et s'y convertissent aisément, les façons d'en définir des critères opérationnels restent indéterminées et très controversées ; ils s'articulent alors aux régulations territoriales préexistantes, prenant de la sorte des formes plurielles (Mazeaud 2011).

C'est donc avant tout dans sa trajectoire autonome d'institutionnalisation et de développement que le ministère de l'Environnement va déployer des bureaucraties techniques pour mesurer l'état des milieux naturels dont il a la charge et compter les atteintes qui leur sont faites (pollutions, dégradations, etc.). En standardisant les outils de mesure, en créant des observatoires et des agences locales, en produisant des données de plus en plus cumulatives pour traduire l'« état de l'environnement » sous forme d'indicateurs, le ministère de l'Environnement met en instruments et en normes les moyens de sa protection, ce qui alimente sa capacité d'action face aux autres ministères (Lavoux 2015). Mais on retrouve au niveau national les mêmes tendances décrites dans l'espace mondial : le ministère va moins créer qu'homogénéiser divers réseaux de surveillance et de points locaux de collecte (associations, sociétés savantes, laboratoires scientifiques) et ce, à travers un travail d'étalonnage des appareils et des méthodologies de mesure (construction de plateformes numériques pour recueillir et organiser les données, soutien financier aux associations naturalistes pour le recensement des espèces, etc.). L'exemple de la question atmosphérique est particulièrement probant à cet égard (Boutaric 2014). Le ministère de l'Environnement est en charge de la définition et de la mise en œuvre de la politique nationale de surveillance, de prévention et d'information sur l'air. Pour cela, il anime le réseau local des Associations agréées de surveillance de la qualité de l'air (AASQA) et peut s'appuyer sur divers organismes scientifiques nationaux. Laboratoire national de référence requis par les directives européennes, le Laboratoire central de surveillance de la qualité de l'air (LCSQA) est notamment chargé de la coordination scientifique et technique sur cet enjeu : il établit un protocole métrologique de recueil afin de garantir une homogénéité et une comparabilité spatio-temporelle des données sur le territoire national et européen ; il audite les AASQA ; il fait remonter les données locales produites par celles-ci dans la base nationale de données de qualité de l'air GEOD'AIR et les traite ; il effectue également leur rapportage à destination de l'AEE selon les modalités que cette dernière impose. Les inventaires d'émissions polluantes obéissent à cette même logique de centralisation technique autour d'un organisme national, le Citepa, et de standardisation des procédures de mesure en conformité avec les canons européens (Chang, Allemand 2019). On le voit, ces bureaucraties techniques nationales jouent un rôle important dans la robustesse des données qui prend alors plusieurs formes (garantir la qualité, l'exactitude et la traçabilité des mesures par la mise en place de procédures de raccordement aux étalons de référence nationaux et européens, contrôler le travail de recueil des données réalisé par les acteurs locaux).

Un travail d'agrégation de données

Au-delà de ce travail organisationnel concernant les producteurs locaux de mesures (qui passe souvent, en plus de l'étalonnage, par la voie réglementaire et budgétaire), le niveau national se caractérise également par un travail d'agrégation et de traitement de ces données à travers deux modalités principales, la définition d'indicateurs et la modélisation. Les acteurs sont ici des métrologues, pour la plupart statisticiens, dont les débats portent essentiellement sur les conventions statistiques d'agrégation et de pondération des données ou sur les marges d'erreur possibles (Levrel 2008, Vanoli 2013). Cela contribue à faire rentrer les choses de la nature dans le domaine de l'abstraction et les coupent des attaches passionnées qui les relient à certains acteurs (Alphandéry, Fortier 2013). Mais cela n'est pas sans tensions entre les exigences de généralité propre à l'espace national (produire « l'état de l'environnement en France ») et la singularité des situations locales (Lavoux 2015 p. 201–202). Une logique renouvelée de remédiation des milieux naturels en ressort également qui consiste à sortir de la logique antérieure de plaintes qui commandait jusque-là la protection de certains milieux et enjeux (eau, air, bruit). Les indicateurs et les modèles agissent ici comme les substituts fonctionnels des plaignants (Zittoun 2007 p. 163) et font exister l'action publique environnementale de manière automatique, par des procédures indépendantes de toute pression extérieure au périmètre de l'État (par des associations, des plaignants individuels ou le poids de l'opinion publique).

Les indicateurs ne sont pas de simples aides à la décision, mais contribuent à (re)problématiser un enjeu d'action publique et à le visibiliser, piloter des systèmes société-nature complexes ainsi que donner un contenu concret et opérationnalisable à l'impératif de développement durable. Véritables prises sur le monde, ce sont d'abord des traducteurs qui réduisent la complexité attachée à un enjeu en un continuum simple. Appariés à des cartes, des diagrammes, des tableaux et autres graphiques, ils donnent littéralement à voir un problème, son assise spatiale comme ses tendances historiques. Ce sont aussi des agenceurs qui reconfigurent l'espace social de celui-ci en mettant en lien des acteurs avec des solutions, comme ils transforment les espaces jugés légitimes de ces dernières (Aguilera et al. 2021). La lente et difficile définition des indicateurs environnementaux en France va ainsi contribuer à renforcer le poids du ministère de l'Environnement face à d'autres segments de l'administration (Lavoux 2015). Mais surtout en produisant un « état de l'environnement » au niveau national comme plus ponctuellement régional, celui-ci saura faire avancer la cause de la protection de la nature face aux dommages d'origine anthropiques. Plus généralement en simplifiant et en rendant des situations complexes appréhendables par des profanes, des instruments comme l'empreinte écologique (Vanoli 2013), les cartes de bruit (Zittoun 2007), les indicateurs de développement durable (Levrel 2008, Rumpala 2009, Vanoli 2013) ou les indicateurs de pollution de l'atmosphère (Boutaric 2014) ont contribué à transformer de nombreuses configurations d'action publique environnementale à l'échelle nationale, comme la lutte contre le bruit, la biodiversité ou la question atmosphérique.

La modélisation consiste, elle, à construire des « fictions contrôlées » (Zittoun 2007 p. 170) grâce aux capacités de calcul sans cesse grandissantes des ordinateurs. Elle permet de jouer sur un problème en l'agrandissant, en le rétrécissant, en le projetant dans un temps moyen ou long. Cela tend ainsi à réduire l'incertitude inhérente à l'action publique.

On peut reprendre l'exemple de la qualité de l'air pour l'illustrer. La modélisation permet d'y étudier et de scénariser la répartition des polluants sur un territoire, d'acquérir une meilleure compréhension des phénomènes locaux de pollution, d'anticiper les épisodes de pollution et de calculer la population exposée. En plus du LCSQA, le ministère de l'Environnement peut ainsi compter sur le consortium PREV'AIR, qui réunit Météo France, l'Ineris, le CNRS et le LCSQA. Celui-ci est chargé du développement, de la maintenance et de l'exploitation de la plateforme de prévision et de cartographie de la qualité de l'air à l'échelle nationale : il affiche sur son site Internet des modélisations de l'état de la qualité de l'air pour le jour même, le lendemain et le surlendemain. Par ailleurs, ces données de modélisation sont exploitées dans un rapport annuel édité par le ministère de l'Environnement.

Pour autant, la modélisation et les indicateurs n'aboutissent pas à un pilotage automatique de l'action publique environnementale, les choix découlant de manière optimale des données et de leurs orientations. Le monde déborde des modèles mathématiques ou des agrégats statistiques censés en rendre compte. Apparaissent ici d'abord des effets de liste (par exemple l'IFEN identifie 307 IDD en 2001) qui aboutissent à une sorte de saturation informationnelle, liée à la profusion comme à l'incohérence des données et que même les tableaux de bord et autres indicateurs synthétiques d'autres indicateurs (comme l'empreinte écologique) ne permettent pas de corriger. D'autant plus qu'il existe des controverses, des marges de jeu, d'interprétation ou des biais dans la sélection et le traitement de ces données (Zittoun 2007, Levrel 2008, Vanoli 2013, Boulanger 2017). Ainsi en est-il tout particulièrement des modélisations climatiques qui supposent un travail préalable d'épuration des données impures issues des sites d'observation et de recueil, que l'on bricole afin de les rendre harmonieuses et cohérentes avec les modèles de prévision du climat (Guillemot 2009). On le voit, la normalisation du chiffre qu'opère l'appareil statistique national par la stabilisation des façons de le produire n'amoindrit pas les incertitudes que doivent affronter les décideurs lorsqu'il s'agit de les évaluer.

Les dispositifs locaux de mesure

Le dernier niveau, celui de la mesure, se caractérise par la mobilisation d'instruments transportés sur le terrain. C'est donc à cette échelle-là qu'on réalise directement des prises sur la nature et qu'en sort un chiffre brut.

Il faut alors rentrer dans la fabrique concrète des instruments de mesure et leurs usages pour voir comment celles-ci sont définies, mesurées et comptabilisées. Il faut également prendre en compte les pratiques professionnelles de ceux qui les accomplissent. Or la simplicité apparente des instruments est indissociable de la complexité de leur réalisation. Cela pose à nouveau tant la question de la robustesse (ou non) des données collectées que de celle de l'existence de nombreuses incertitudes qui se logent à cette étape. D'autant plus que c'est à ce niveau que les acteurs potentiellement intéressés à la production du chiffre sont les plus nombreux.

L'inflation des réseaux de surveillance

C'est à l'échelle locale que la nature est directement mesurée par les services de l'État. Après avoir été longtemps le fait des relais locaux du ministère de l'Agriculture ou bien découlant parfois d'impératifs d'aménagement pour lesquels les naturalistes sont conviés par l'administration (comme dans le cas de la côte aquitaine dans les années 1960 : Charvolin 2015), le pilotage de ces opérations se fait de plus en plus par les bureaucraties régionales en charge de l'environnement. En retraçant l'institutionnalisation des Directions régionales de l'environnement (DIREN), Pierre Lascoumes et Jean-Pierre Le Bourhis (1997) notaient déjà l'importance que revêtait la capacité à objectiver la nature pour des jeunes administrations régionales, alors dénuées de prolongements départementaux ou d'un corps spécifique d'ingénieurs. En effet, n'étant pas propriétaires des questions écologiques, les DIREN doivent nouer des coalitions pour pouvoir peser. Et c'est notamment à travers des actions de production et de diffusion d'informations sur l'état de l'environnement et les risques que prend corps un double répertoire, à la fois horizontal (en partenariat avec les collectivités locales ou les associations) et vertical (car sectorisé puisque les DIREN ont explicitement en charge la production de données sur l'eau, les zones naturelles, les ZNIEFF, les ZICO, les zones humides ou Natura 2000 ainsi que la réalisation de la cartographie des risques environnementaux)[2]. Sont ainsi mis en place des Observatoires régionaux de l'environnement, en partenariat avec les collectivités locales. Si la production directe des données (mesures, observations régulières de l'état d'un milieu) n'est

---

2 Lascoumes et Le Bourhis calculent que l'effort de production de connaissances occupe jusqu'à 40 % de l'activité des DIREN (1997 p. 140).

pas toujours l'apanage des DIREN puisqu'elle est réalisée par d'autres services techniques (comme le CEMAGREF, le BRGM, le CETE ou le CAUE), celles-ci se rattrapent sur des opérations de traitement (agrégation des données produites, mise en séries, traitements statistiques) et d'intégration (synthèse dans des cartographies locales, suivi de l'état des ressources ou des milieux).

L'inflation au niveau local des études d'impact (Soubeyran 2000), des inventaires naturalistes (Arpin, Fortier, Charvolin 2015, Guimont, Petitimbert 2017), des études préalables aux zones vertes et bleues (Alphandéry, Fortier, Sourdril 2012), des cartes du bruit (Zittoun 2007), des observatoires départementaux de l'eau (Grandgirard, Barbier 2006), des indicateurs de qualité de l'air (Boutaric 2014) ou des émissaires de pollutions atmosphériques (Chang, Allemand 2019) témoigne de cette généralisation des dispositifs de mesure de la nature sur le territoire français, que ce soit pour connaître et évaluer la biodiversité, amoindrir la pollution atmosphérique comme sonore ou anticiper les dommages environnementaux d'un projet d'aménagement. Ceci découle essentiellement des incitations, et même de la pression, des pouvoirs publics, nationaux comme locaux, à obtenir des chiffres directement utilisables dans leur action publique. Les dix-huit AASQA ont par exemple pour mission la mise en œuvre de la surveillance et de l'information sur la qualité de l'air, la mesure de la qualité de l'air (à travers près de 670 stations), la diffusion des résultats et des prévisions, ainsi que la transmission immédiate aux préfets des informations relatives aux dépassements ou à la prévision des dépassements des seuils d'alerte, qu'elles peuvent accompagner de recommandations. Elles participent donc, activement, mais indirectement, à la police de l'air dans les territoires.

À travers ces processus, l'approche est donc essentiellement comptable, visant à produire des données objectives, dénuées d'incertitudes et de controverses et permettant une approche gestionnaire et prescriptive de la nature (Alphandéry, Fortier 2013, Arpin, Charvolin, Fortier 2015, Guimont, Petitimbert 2017). On le voit ainsi dans les différents métiers de la gestion territoriale de l'eau ou de la surveillance des milieux aquatiques qui évoluent de plus en plus vers des formes bureaucratiques ajustées aux impératifs de l'action publique (Bouleau, Gramaglia 2015, Richard-Ferroudji 2015). À travers ces dynamiques, les collaborations techniques sont nombreuses et dépassent le périmètre des réseaux conventionnels de mesure. Dans le domaine de la compensation par exemple, les politiques de biodiversité enrôlent les consultants privés spécialisés en ingénierie écologique qui avancent leurs méthodologies de la mesure (Petitimbert 2018). Pour l'air, les AASQA rassemblent en leur sein plusieurs collèges (associations, industriels, pouvoirs publics) qui, chacun, peuvent intervenir dans les choix techniques. De même, l'introduction de l'approche écosystémique en matière de gestion des eaux douces et salées s'est accompagnée de la collecte d'une information plus diversifiée portée par des acteurs jusque-là périphériques - même si les acteurs établis ont gardé le pouvoir du dernier mot en termes de choix retenus ou d'agrégation des données et des indicateurs (Bouleau, Carter, Thomas 2018).

Refermer des boîtes noires techniques ou coproduire des indicateurs participatifs ?

La compétence technique de l'agent qui mesure a une incidence sur la valeur de la donnée produite, mais également sur son interprétation (Zittoun 2007 p. 167, Guillemot 2009 p. 280). C'est donc insister sur la capacité politique des experts. La question qui se pose est en effet de savoir si le poids de ces bureaucraties métrologiques va tendre à une dépolitisation de la mise en œuvre territoriale des politiques environnementales.

Alphandéry et Fortier soulignent à ce sujet les tensions existant entre deux registres de production de la donnée sur le vivant : une approche gestionnaire et scientifique visant à l'objectivité et à la généralité ; et une approche plus fondée dans le registre du proche et de la familiarité (Alphandéry, Fortier 2013). Dans l'ensemble, la première modalité l'emporte dans l'action publique territoriale et le chiffre y tend à se substituer à la réalité qu'il est censé décrire. Par exemple, les instruments techniques de définition de la compensation écologique tendent à occulter les enjeux politiques du problème de l'érosion de la biodiversité (Petitimbert 2018). Cela se voit également à travers un mouvement de professionnalisation subi par les associations de protection de la nature et la réduction concomitante des marges de manœuvre des collecteurs de données qui doivent se plier à des protocoles de plus en plus stricts (Alphandéry, Fortier 2011). Une association environnementaliste de surfeurs comme la Surfrider Foundation Europe a su ainsi produire des données reconnues sur la qualité de l'eau côtière qui lui a permis d'intégrer les réseaux de politique publique dédiés à cet enjeu, mais ce au prix d'une conversion de la structure aux contraintes de la production scientifique et de l'action publique qui a pu éroder sa capacité critique (Weisbein 2015b).

Au-delà de ces divers publics concernés par la mesure (écologues, fonctionnaires, militants associatifs, naturalistes), qu'en est-il plus généralement de la participation du grand public ? La notion d'information environnementale telle qu'elle est façonnée depuis le début des années 1990 comme toute l'économie des infrastructures de production et de circulation des données pointe en effet vers la mise en publicité des données environnementales, principalement par Internet. Cela amène toutefois à questionner l'usage des données par le public, son aptitude à mettre en débat le nombre ainsi qu'à participer à sa production ; c'est, en somme, soumettre à l'examen les « promesses des indicateurs participatifs » (Sébastien, Lehtonen, Bauler 2017). Le calcul peut en effet être discuté dans des arènes de politiques publiques, notamment dans des moments de conjoncture fluide (réformes, crises) ou dans des secteurs mous (Demortain 2019). Or la littérature disponible s'avère prudente sur ce point. En matière de protection de l'environnement, Paul-Marie Boulanger estime que la participation des citoyens aux IDD permet une « déparadoxisation » de la décision dans l'action publique environnementale, c'est-à-dire d'en masquer le caractère arbitraire tout en maintenant en place le cadre expert qui l'a rendue possible (Boulanger 2017). En analysant la gestion future de bassins versants situés en Bourgogne, Sandrine Petit et Marie-Hélène Vergote (2017) avancent également que les asymétries d'informations et de compétences restent prégnantes parmi ceux qui entreprennent collectivement de penser des indicateurs – c'est aussi le cas de la mise en débats de la mise en œuvre des directives européennes en matière d'eaux douces et salées qui favorise les acteurs déjà établis sur ces enjeux (Bouleau, Carter, Thomas 2018). Ce prisme des formes expertes de métrologie se confirme enfin pour les opérations de production citoyenne de données, jugées souvent peu crédibles pour être utilisées (Parasie, Dedieu 2019). Et même l'Open data, s'il tend à modifier la gouvernance informationnelle de l'environnement par la mise en ligne massive de données sur la nature, ses usages restent assez mesurés de l'autre côté de l'écran d'ordinateur (Gautreau, Noucher 2013).

Conclusion : pilotage à distance, centralisé ou distribué ?

L'enjeu de tous les processus décrits dans ce chapitre est de créer des réseaux transnationaux de mesure à partir de structures hétérogènes, ce qui suppose tant un travail technique sur l'interopérabilité des systèmes statistiques internationaux, nationaux et locaux que symbolique pour « s'assurer de ce qui vaut » (Bidet, Jany-Catrice 2017 p. 19). Pour autant, cette capacité d'action à distance n'entraîne pas l'érection d'une puissance déposée dans une seule autorité. Dans un schéma réticulaire, le pouvoir ne passe en effet pas par une centralité, mais par la capacité à en maîtriser les connexions. Les centres de calculs décrits plus haut s'avèrent ainsi très multipolaires avec une activité qui se déploie sous une forme essentiellement distribuée. Et leur seul espace d'intervention concerne la mise en compatibilité des données et des savoirs qui restent, eux, établis aux échelles inférieures, nationales et locales. On peut reprendre les différents exemples et strates des Léviathans connexionnistes pour conclure sur cette question de la répartition du pouvoir.

Pour Yannick Rumpala (2009), les IDD prennent corps dans un réseau transnational visant à établir une surveillance à distance des politiques nationales, selon la forme foucaldienne du gouvernement du changement, mais tout en laissant une grande latitude d'action à ses nœuds et par l'effet d'entremêlements et d'interpénétrations entre ceux-ci. En France par exemple, ce travail sur les méthodologies est réalisé par le département des Etudes et Synthèses de l'IFEN dans les années 1990, en lien avec le ministère de l'Environnement et le Commissariat général du Plan, afin de sélectionner les IDD pertinents, c'est-à-dire ceux qui sont cohérents avec ceux retenus par l'UE. Mais après 2013, la définition de leur nombre et de leur arborescence se réalise selon le schéma de la gouvernance à cinq issue du Grenelle de l'environnement, attestant bien de cette distribution des pouvoirs ouverte par le réseau. Autre exemple, les tentatives de construire un PIB vert par l'ONU, l'OCDE, la BM ou la Commission européenne ne s'accompagnent d'aucune imposition, mais de guides de bonnes pratiques ou de conseils méthodologiques que les bureaucraties statistiques sont libres de suivre ou pas ; mais surtout, les expérimentations menées dans certains pays (comme le projet *Wealth Accounting and the Valuation of Ecosystem Services*, WAVES, de la BM) favorisent les arrangements institutionnels locaux et s'appuient sur des coalitions hétéroclites réunissant gouvernements, ONG, *think tanks* et universités. Finalement, la lenteur des réflexions sur l'intégration de la nature dans le calcul de la richesse des nations s'explique par le caractère très éclaté de ce réseau ainsi que par une division internationale du travail intellectuel partagée entre statisticiens, comptables nationaux, économistes, écologues ou géographes (Bérard 2019).

Ce schéma rend particulièrement bien compte du cas de l'UE. Celle-ci s'éprouve dans des formes quantifiées, des chiffres, du nombre qui permettent à la fois de mesurer l'Europe institutionnelle et de montrer qu'elle est grande, forte et imposante, mais de manière différente du modèle classique de la puissance, dans un schéma deleuzien marqué par la multiplicité des connexions qui la relient à son environnement (Bérard 2017). Certes « verdies », les politiques communautaires restent tributaires des rapports de force entre États membres et du style de gouvernement davantage horizontalisé qui a cours à Bruxelles. Les coulisses de la métrologie statistique déployée par l'AEE laissent ainsi entrevoir de nombreuses négociations interinstitutionnelles quant au choix des indicateurs ou des données (Lavoux 2003). Surtout, la Commission européenne tente de plus en plus de remplacer la gouvernance administrative de l'environnement par une gouvernance participative, tant pour contourner les résistances nationales que pour enrôler la société civile dans un grand projet légitimant. Si la capacité de l'UE à intervenir en matière d'environnement se renforce par la directive Inspire, cela n'aboutit pas à un système centralisé fondé sur des mécanismes coercitifs de régulation (Sibille 2010). Parce qu'elle suppose une collaboration forte entre administrations centrales et locales, la mise en réseau des SIG européens modélisant l'environnement s'ajuste en effet bien à la forme politique de la « gouvernance européenne » promouvant des formes d'horizontalité entre les divers acteurs politiques de l'UE, mais maintenant une capacité verticale de régulation par les incitations. De fait, le nombre n'a aucune force politique en soi. Si le monitoring opéré par l'AEE du travail de protection de l'environnement réalisé par les États membres permet à la Commission d'épingler les retardataires, comme en 2013 pour la part des ENR dans le modèle énergétique français très en-deçà des engagements pris par la France qui les situaient à 23 % (Bocquillon, Evrard 2016 p. 43), les effets relèvent plutôt du *naming and blaming* que de la contrainte règlementaire et de la coercition. Les effets des indicateurs ne se font dès lors surtout sentir que dans le travail de diplomatie environnementale des États membres, lorsqu'il s'agit d'afficher des objectifs que l'on juge réalistes ou de peser sur les minimas à atteindre.

C'est enfin aux échelles nationales et locales que la distribution des capacités d'actions métrologiques est la plus prononcée et que l'interaction entre la mesure et son agrégation statistique est la plus explicite. Ici, la dimension totalisante et instituante prêtée à l'appareillage statistique lorsqu'il s'applique aux populations semble moins probante quand on prend en compte les éléments de la nature. Outre des frottements avec l'échelon supérieur, notamment européen, lorsqu'il s'agit d'importer les étalons de mesure qui en résultent, l'État doit en effet agréger et homogénéiser des systèmes experts locaux sans cesse croissants, établir des indicateurs ou des modèles parfois éloignés des réalités du terrain et surtout les rendre de plus en plus publics et ouverts. Le surplus de simplification qui en résulte n'épuise pas pour autant les incertitudes de l'action publique environnementale, la figeant même parfois dans une seule production du chiffre pour le chiffre.

Bibliographie

Aguilera T., Artioli F., Barrault-Stella L., Hellier E., Pasquier R. (2021), dir., *Les cartes de l'action publique. Pouvoirs, territoires, résistances*, Villeneuve-d'Ascq, Septentrion.

Alphandéry P., Fortier A. (2013), « Les données sur la nature entre rationalisation et passion », *Revue du MAUSS*, n°42, pp. 202–220.

Alphandéry P., Fortier A. (2011), « Les associations dans le processus de rationalisation des données naturalistes », *Natures Sciences Sociétés*, n°19, pp. 22–30.

Archambeau A.S., Chenin E., Lecoq M.-E., Roca Ristol P., Vignes Lebbe R. (2013), « Le GBIF : ouvrir l'accès aux données primaires sur la biodiversité », *Netcom*, 27(1/2), pp. 154–164.

Arpin I., Charvolin F., Fortier A. (2015), « Les inventaires naturalistes : des pratiques aux modes de gouvernement », *Etudes rurales*, n°195, pp. 11–26.

Aykut S. C., Dahan A. (2015), *Gouverner le climat ? Vingt ans de négociations internationales*, Paris, Presses de Sciences-Po.

Aykut S. C. (2014), « Gouverner le climat, construire l'Europe : l'histoire de la création d'un marché du carbone (ETS) », *Critique internationale*, n° 62, pp. 39–55.

Barone S., Mayaux P.-L., Guerrin J. (2018), « Que fait le *New Public Managment* aux politiques environnementales ? », *Pôle Sud*, n°48, pp. 7–25.

Bérard Y. (2017), « Micropolitique d'un être collectif. Variation sur l'institution européenne », *SociologieS* [En ligne]http://journals.openedition.org/sociologies/6570

Bérard Y. (2019) « Une nature qui compte ? Retour sur le 'tournant environnemental" du Système de comptabilité nationale (années 1980-années 2010) », *Revue française de science politique*, vol. 69, n°2, pp. 281–303.

Bidet A., Jany-Catrice F. (2017), « Quantifier les qualités », *Revue Française de Socio-économie*, n°19, pp. 19–26.

Bocquillon P., Evrard A.(2016), « Rattraper ou devancer l'Europe ? Politiques françaises des énergies renouvelables et dynamiques d'européanisation », *Politique européenne*, n°52, pp. 32–56.

Bonnaud L., Martinais E. (2018), « Le New Public Managment au concret : nouvelles recettes pour vieux problèmes ? Le cas de l'inspection des installations classées », *Pôle Sud*, n°48, pp. 27–42.

Boulanger P.-M. (2017), « Indicateurs de développement durable et participation citoyenne : une entreprise paradoxale », *Participations*, n°18, pp. 147–175.

Bouleau G. (2017), « Écologisation de la politique européenne de l'eau, gouvernance par expérimentation et apprentissages », *Politique européenne*, n° 55, pp. 36–59.

Bouleau G., Gramaglia C. (2015), « De la police de la pêche à celle de l'environnement : l'évolution d'une activité professionnelle dédiée à la surveillance des milieux aquatiques », in Arpin I., Bouleau G., Candau J., Richard-Ferroudji A., dir., *Activités professionnelles à l'épreuve de l'environnement*, Toulouse, Octarès, pp. 73–90.

Bouleau G., Carter C., Thomas A. (2018), « Des connaissances aux décisions : la mise en œuvre des directives européennes sur l'eau douce et marine », *Participations*, n°21, pp. 37–64.

Bouleau G., P. Deuffic, 2016, « Qu'y a-t-il de politique dans les indicateurs écologiques ? », *VertigO* [En ligne], vol. 16, n°2. http://journals.openedition.org/vertigo/17581.

Boutaric F. (2014), *Pollution atmosphérique et action publique*, Paris, Editions Rue d'Ulm.

Bruno I., Didier E., *Benchmarking. L'État sous pression statistique*, Paris, La Découverte, 2013.

Chang J.-P., Allemand N. (2019), « Le rôle du MRV dans les inventaires nationaux d'émissions de polluants atmosphériques », *Annales des Mines – Responsabilité et environnement*, n°96, pp. 72–75.

Charvolin F. (2015), « La naturalisation de la côte aquitaine. Terre de mission pour l'administration et les naturalistes (1964–1969) », *Etudes rurales*, n°195, pp. 59–78.

Charvolin F. (2003), *L'invention de l'environnement en France. Chroniques anthropologiques d'une institutionnalisation*, Paris, La Découverte.

Dahan Dalmedico A., Guillemot H. (2006), « Changement climatique : Dynamiques scientifiques, expertise, enjeux géopolitiques », *Sociologie du travail*, vol. 48, n° 3, pp. 412–432.

Demortain D. (2019), « Les jeux politiques du calcul. Sociologie de la quantification dans l'action publique », *Revue d'anthropologie des connaissances*, 13(4), pp. 953–972.

Derouet J. L., Normand R.(2009), « La mesure experte dans le gouvernement européen de la Formation Tout au Long de la Vie », in Cantelli F., Roca i Escoda M., Stavo-Debauge J., Pattaroni L. (dir.), *Sensibilités pragmatiques. Enquêter sur l'action publique*, Bruxelles, PIE Peter Lang, pp. 419–436.

Desrosières A. (1993), *La politique des grands nombres. Histoire de la raison statistique*, Paris, La Découverte.

Dezalay Y. (2007), « De la défense de l'environnement au développement durable. L'émergence d'un champ d'expertise des politiques européennes », *Actes de la recherche en sciences sociales*, n° 166–167, pp. 66–79.

Doré A. (2013), « L'exercice des biopolitiques. Conditions matérielles et ontologiques de la gestion gouvernementale d'une population animale », *Revue d'anthropologie des connaissances*, 7(4), pp. 837–855.

Franchet Y. (2014), « Développement de la statistique de l'Union européenne : une action coopérative multinationale en réseau », *Statistique et Société*, vol. 2, n°1, pp. 15–19.

Gaidet N., Fouilleux E. (2018), « Entre alliances et métriques. Dynamiques de débat sur les politiques globales de protection de la biodiversité », *Revue française de science politique*, vol. 68, n°4, pp. 669–690.

Gautreau P., Noucher M. (2013), « Gouvernance informationnelle de l'environnement et partage en ligne des données publiques », *Netcom*, 27(1–2), pp. 5–21.

Grandgirard A., Barbier R. (2006), « Les Observatoires de l'eau, des outils au service de l'évaluation ? », *Développement durable et territoires* [En ligne], Dossier 8 http://journals.openedition.org/developpementdurable/3308

Guillemot H. (2009), « Comment évaluer un modèle numérique du climat ? Circulations et dialogues entre simulations et observations dans les pratiques des modélisateurs », *Revue d'anthropologie des connaissances*, vol. 3, n°2, pp. 273–293.

Guimont C., Petitimbert R., Villalba B. (2018), « La crise de biodiversité à l'épreuve de l'action publique néolibérale », *Développement durable et territoires* [En ligne], vol. 9, n°3. http://journals.openedition.org/developpementdurable/12958

Guimont C., Petitimbert R. (2017), « Instruments de l'action publique et approche fixiste de la biodiversité : le cas des inventaires naturalistes », *Norois*, n°244, pp. 77–89.

Guimont C. (2018), « La perte de biodiversité au prisme du *New Public Managment* : les angles morts des indicateurs écologiques », *Pôle Sud*, n°48, pp. 43–56.

Halpern C. (2011), « L'Union européenne, vecteur d'innovation instrumentale ? Les logiques d'instrumentation de la politique française de l'environnement (1971–2006) », *Politique européenne*, n°33, pp. 89–117.

Lascoumes P., Bonnaud L., Le Bourhis J.-P., Martinais E. (2014), *Le développement durable. Une nouvelle affaire d'État*, Paris, PUF.

Lascoumes P., Le Bourhis J. B. (1997), *L'environnement ou l'administration des possibles. La création des Directions Régionales de l'Environnement*, Paris, L'Harmattan.

Latour B. (2005), *La science en action*, Paris, La Découverte.

Lavoux T. (2016), « L'histoire chaotique de l'information environnementale en France », *Annales des Mines – Responsabilité et environnement*, n°81, pp. 12–17.

Lavoux T. (2015), « Evaluer pour décider : la difficile émergence de l'information dans la politique française de l'environnement », in Rémy Barré, Thierry Lavoux, Vincent Piveteau, dir., *Un demi-siècle d'environnement entre science, politique et prospective. En l'honneur de Jacques Theys*, Versailles, Quae, pp. 189–206.

Lavoux T. (2003), « L'information environnementale : nouvel instrument de régulation politique en Europe ? », *Revue internationale de politique comparée*, 10(2), pp. 177–194.

Leobet M. (2013), « The French experience of environmental data sharing », *Netcom*, 27(1/2), pp. 174–180.

Lévêque C., Mounoloub J.-C. (2004), « L'Institut français de l'environnement en question : déceptions et espoirs », *Nature, Sciences, Sociétés*, 12(3), pp. 325–326.

Levrel H. (2008), « Les indicateurs de développement durable : proposition de critères d'évaluation au regard d'une approche évolutionniste de la décision », *Revue française de Socio-Economie*, n°2, pp. 199–222.

Loupsans D., Gramaglia C. (2011), « L'expertise sous tensions. Cultures épistémiques et politiques à l'épreuve de l'écriture de la directive-cadre européenne sur l'eau », *L'Europe en Formation*, n° 361, pp. 87–114.

Mazeaud A.(2011), « Quel est le bon débit de l'eau ? Les régulations territoriales sur les usages de l'eau à l'épreuve de la DCE », *Pôle Sud*, n°35, pp. 59–75.

Notte O., Salle D. (2011), « La prise à témoin du public dans la politique de l'eau. La consultation directive-cadre européenne sur l'eau en Adour-Garonne », *Politique européenne*, n°33, pp. 37–62.

Parasie S., Dedieu F. (2019), « A quoi tient la crédibilité des données citoyennes ? L'institutionnalisation des capteurs citoyens de pollution de l'air en Californie », *Revue d'anthropologie des connaissances*, vol. 13, n°4, pp. 1035–1062.

Petit S., Vergote M.-H. (2017), « Compter l'eau ou conter l'eau ? De l'utilisation participative des indicateurs », *Participations*, n°18, pp. 123–146.

Petitimbert R. (2018), « La professionnalisation des consultants de la compensation : traductions instrumentales et enjeux de légitimation », *Natures Sciences Sociétés*, n°26, pp. 203–214.

Petitimbert R. (2016), « Quantifier pour manager. L'émergence des paiements pour services environnementaux au sein des politiques publiques environnementales françaises », *Développement durable et territoires* [En ligne], vol. 7, n°1. http://journals.openedition.org/developpementdurable/11203

Petitimbert R., Guimont C. (2018), « Les conséquences politiques de la traduction néomanagériale de la compensation : l'impensé systémique », *Développement durable et territoires* [En ligne], vol. 9, n°3. http://journals.openedition.org/developpementdurable/12781

Richard-Ferroudji A. (2015), « Les professionnels de la gestion territoriale des eaux : des médecins de famille plutôt que des spécialistes pour soigner les milieux aquatiques », in Arpin I., Bouleau G., Candau J, Richard-Ferroudji A., dir., *Activités professionnelles à l'épreuve de l'environnement*, Toulouse, Octarès, pp. 189–207.

Rumpala Y. (2011), « De l'objectif de « développement durable » à la gouvernementalisation du changement. Expressions et effets d'une préoccupation institutionnelle renouvelée en France et dans l'Union européenne », *Politique européenne*, n° 33, pp. 119–153.

Rumpala Y. (2009), « Mesurer le "développement durable" pour aider à le réaliser ? La mise en indicateurs entre appareillage de connaissance et technologie d'accompagnement du changement », *Histoire & Mesure*, XXIV-1, pp. 211–246.

Scott J. (2021), *L'œil de l'État. Moderniser, uniformiser*, détruire, Paris, La Découverte.

Sébastien L., Lehtonen M., Bauler T. (2017), « Les indicateurs participatifs tiennent-ils leurs promesses ? », *Participations*, n°18, pp. 9–38.

Sibille B. (2010), « Voir l'Europe pour la faire. Un système d'information géographique dans la "gouvernance européenne" », *Politique européenne*, n°31, pp. 147–172.

Soubeyran O. (2000), « Définir les politiques. L'étude d'impact de l'aménagement à l'environnement », in Renard D., Caillosse J., de Béchillon D., dir., *L'analyse des politiques publiques aux prises avec le droit*, Paris, LGDJ, pp. 183–206.

Vanoli A. (2013), « Comptabilité nationale, statistiques et indicateurs du développement durable : état de l'art et des réflexions », in Franck-Dominique Vivien, Jacques Lepart, Pascal Marty, dir., *L'évaluation de la durabilité*, Versailles, Quae, pp. 239–265.

Weisbein J. (2015), « Le gouvernement du Golfe de Gascogne à l'épreuve de la marée noire du *Prestige* », in Bertrand Vayssière, dir., *Penser les frontières européennes au XXIème siècle. Réflexion croisée des sciences sociales*, Bruxelles, PIE Peter Lang, pp. 177–198.

Weisbein J. (2015b), « Capter et (co)produire des savoirs sous contraintes : le tournant expert de *Surfrider Foundation Europe* », *Politix*, n°111, pp. 93–117.

Zittoun P. (2007), « La carte parisienne du bruit. La fabrique d'un nouvel énoncé de politique publique », *Politix*, n°78, pp. 157–178.

Quantifier la valeur de la nature en économie : esquisses théoriques

Gaël Plumecocq et Géraldine Froger

Pour Malthus, « si [...] nous voulons faire de l'économie politique une science positive fondée sur l'expérience et susceptible de donner des résultats précis, il faut prendre le plus grand soin d'embrasser seulement, dans la définition du terme principal dont elle se sert, les objets dont *l'accroissement* ou la *diminution* peuvent être susceptibles *d'évaluation* » (Principes d'Économie Politique (1820), nos italiques). Cette posture illustre l'épistémologie économique qui se construit à partir du XIXe siècle. Celle-ci a deux implications : d'abord l'économie, en particulier la science économique se construit sur une approche fondamentalement quantitativiste ; ensuite, elle est définie comme une science de la valeur, au sens où elle étudie les objets (biens) et/ou actions (services) auxquels les individus attribuent une valeur. C'est de cette double exigence de quantification, d'une part épistémologique (la Science doit quantifier) et d'autre part pratique (nécessité d'outils de mesure de la valeur), que naît, en économie, l'opération réductionniste qui rabat le bien-être à la richesse (économique), elle-même assimilée à la somme des valeurs (monétaires), finalement exprimées par les prix (marchands). Cette mise en correspondance est effectuée de manière privilégiée par le marché, qui fait coïncider prix et valeur, tout en fournissant un instrument de quantification des valeurs économiques[1]. À ce stade, il

[1] Il convient dès à présent d'apporter une précision sémantique importante. *La* valeur (singulier et sans qualificatif) réfèrera ici à la notion abstraite de « ce qui vaut » dans l'absolu. *Les* valeurs (pluriel) renvoient à l'idée que la valeur (notion absolue) embrasse une pluralité de dimensions de la vie (*la* valeur *esthétique* ou *la* valeur *économique*, par exemple), plus ou moins abstraites et de nature potentiellement différentes (dimension de décomposabilité de la valeur) et/ou à celle d'un classement relatif des valeurs (dimension de hiérarchie) (cf. Raymond et al. 2019, et en

convient de replacer la valeur économique, exprimée dans un langage monétaire, dans l'ensemble plus large des valeurs sociales, construites en dehors du marché, renvoyant à d'autres mécanismes d'évaluation et formulées dans d'autres langages d'évaluation. L'objectif de ce chapitre est de montrer comment le travail d'évaluation monétaire de la valeur de la nature par les économistes s'inscrit dans une pensée de l'autonomie du marché à l'égard de la sphère sociale.

La prise en compte de la nature dans l'analyse économique connaît en effet une difficulté majeure : la nature fournit des biens et services « hors-marché » (filtration des eaux, séquestration du carbone, biodiversité…) auxquels ne correspondent pas des prix marchands desquels on pourrait déduire leur valeur économique. Confrontés aux limites des marchés[2] les économistes sont conduits à fabriquer des outils d'évaluation *ad hoc* s'ils veulent donc sauver le principe de leur discipline. La « mise en nombre » de la nature par les économistes consiste ainsi à reconstruire la « fonction de demande » pour les biens environnementaux concernés, c'est-à-dire à établir une correspondance entre une quantité de valeur et un volume de biens ou des services via des fonctionnalités économiques ou sociales de la nature. Cette conception est sujette à de multiples débats théoriques, méthodologiques et épistémologiques en économie. De nombreux travaux ont rendu compte de ces débats liés à la construction de la valeur économique (Harribey 2013; Barnaud et Antona 2014; Levrel et al. 2016) ou de la diversité des approches méthodologiques visant à évaluer et quantifier sa valeur économique (Hausman 2012; Muradian et Pascual 2012). D'autres ont plus particulièrement examiné le fonctionnement et les effets d'une approche en particulier (Milanesi 2011; Hausman 2012). D'autres, enfin, ont cherché à identifier le domaine de validité des évaluations économiques (Kallis et al. 2013; Spangenberg et Settele 2016). Si certains auteurs ont insisté sur le caractère historicisé (Gómez-Baggethun et al. 2010; Milanesi 2011), politique ou institutionnel (Vatn 2005; Martinez-Alier

particulier les pp. 1178–1179). En ce sens, *les* valeurs renvoient implicitement à l'existence d'un *système* de valeurs, de sorte que chacune des valeurs embrassant une pluralité de dimensions peuvent elles-mêmes être décomposées (la valeur économique peut renvoyer à une valeur d'échange ou à une valeur d'usage).

2 D'une part, il n'existe pas de marché pour chacun des biens ou servies environnementaux. D'autre part, les imperfections de marché font que, même lorsqu'ils existent, prix et valeur ne correspondent pas parfaitement (Harribey 2013).

2008; Spash 2011) des opérations de quantification de la valeur de la nature, peu de travaux ont analysé la construction pratique de cette dimension politique. Dans cette perspective, les opérations techniques de quantification ont ainsi vocation à qualifier et quantifier ce qui compte ou non, mais également à ordonner et hiérarchiser, c'est-à-dire à commensurer (Espeland et Stevens 2003). La mobilisation de conventions statistiques nécessite ainsi de construire socialement l'espace qu'il performe (Muniesa et Callon 2013; Henneguelle 2022).

Pour autant, la nature du projet politique à l'œuvre dans la monétarisation de la nature reste indéfini. D'une part, il est souvent justifié par la nécessité d'informer les décisions politiques (par exemple en matière d'infrastructures publiques) (Laurans et Mermet 2014). Mais, d'autre part, il peut conduire à « marchandiser » la nature (Gómez-Baggethun et al. 2010). L'évaluation monétaire de la nature et, plus particulièrement des services rendus gratuitement aux sociétés humaines par les écosystèmes et la biodiversité, constitue donc un objet de renégociations constantes, entre science et politique (cf. chapitres 5 et 7), mais aussi de recomposition de l'espace commun entre politique et marché (Linhardt et Muniesa 2011; Mermet et al. 2014). Nous considérons donc qu'elle constitue une trajectoire au sens de Strauss (1992), c'est-à-dire un processus de renégociations des règles de production de la quantification par des acteurs percevant la situation de manière différente. En ce sens, la valeur n'est pas le résultat de ce processus, mais elle est le principe qui lui donne consistance et logique.

Ce chapitre entend montrer que les règles de quantifications qui entretiennent des perceptions plurielles prennent racine dans des désajustements théoriques de de l'économie, et en particulier de la science économique. Ces désajustements surviennent parce que celle-ci se trouve confrontée à un objet qui déborde de son périmètre de validité. Ce chapitre propose donc une analyse conceptuelle de l'équipement institutionnel nécessaire à l'entreprise de quantification économique de la valeur de la nature. Il mobilise la littérature en économie écologique pour penser (i) comment la valeur économique est révélée dans différents processus d'évaluation, (ii) comment les différentes valeurs révélées sont articulées entre elles, et enfin (iii) comment la nature de la quantification sélectionne des modalités particulières de validation de la valeur. Ce faisant, il ne s'agit plus de considérer la valeur comme le résultat d'une quantification économique, mais comme un processus d'évaluation au cours duquel s'élabore, s'institue ou au contraire se réinvente un rapport social à la nature, c'est-à-dire comme une trajectoire. En mettant en évidence le caractère conventionnel des règles par lesquelles sont mises en œuvre les évaluations et par lesquelles les valeurs sont finalement quantifiées, ce chapitre vise à ré-encastrer le travail des économistes participant à la fabrique de ces règles dans le monde social. À cet effet, nous mobilisons les divers cadres conceptuels, méthodes et approches de l'évaluation économique à des fins d'illustration, les considérant comme un ensemble homogène en ce qu'ils visent à quantifier la valeur de la nature en cohérence avec la théorie économique.

Ontologie de la valeur et quantification

De par sa dimension systémique et multi-échelles, la nature constitue un bien commun. Les décisions qui touchent à la nature renvoient alors à des enjeux collectifs, dont la dimension axiologique apparaît d'autant plus fondamentale (Vatn 2005) : décider, c'est confronter ses actes avec ses représentations éthiques, mais aussi se mettre d'accord sur ce qu'il convient de faire collectivement. Il existe différentes traditions intellectuelles conceptualisant la valeur. Chacune implique différents rapports à la quantification (1.1). Mais la manière particulière dont la science économique quantifie la valeur (au moyen de prix) la requalifie dans un registre marchand. Mobilisant les outils d'analyse conventionnels, mais aussi ceux fournis par l'observation des processus économiques (notamment le couple marché-prix), les économistes réduisent cette diversité conceptuelle à l'idée d'une valeur d'échange, fondamentalement instrumentale (1.2).

La dimension évaluative de la valeur

Mettre en évidence les valeurs individuelles et collectives en jeu dans une décision particulière nécessite d'abord de concevoir, à un niveau ontologique, d'où vient la valeur en tant que concept. Spangenberg et Settel (2016) identifient différentes conceptions de la valeur en lien avec trois traditions philosophiques concurrentes. Dans la tradition platonicienne, les valeurs sont dites « idéelles », dans le sens où elles sont liées à des idéaux non hiérarchisés *a priori* (la justice, la vérité, l'égalité, la beauté...). Dans la tradition naturaliste, les valeurs « objectives » sont données par les propriétés naturelles des objets indépendamment de toute évaluation. Enfin, les valeurs « subjectives » découlent d'évaluations individuelles et/ou collectives.

Mais il convient de distinguer (Kenter et al. 2019; Raymond et al. 2019) dans l'approche• par les valeurs elles-mêmes (concept, échelle à laquelle se place l'individu qui exprime une valeur et échelle de la valeur exprimée elle-même, l'intention, le cadrage, les justifications) :

- un niveau procédural qui renvoie aux dispositifs techniques (élicitation des valeurs, agrégation, intégration, relations de pouvoir) ;
- et un niveau épistémique (niveau d'abstraction, degrés de constructivisme, normativité, rationalité).

Les conceptions idéelles et objectives de la valeur opèrent principalement au niveau des valeurs elles-mêmes. Cela implique qu'à ce niveau ontologique, elles ne peuvent pas faire l'objet de débat. Au mieux, un observateur peut inférer la hiérarchie de valeurs idéelles d'un individu d'après les choix qu'il fait, ou déduire les valeurs objectives en appliquant des méthodes d'observation empiriques. Pour autant, cela n'interdit pas la survenue de désaccords : telle action peut ne pas favoriser la hiérarchie des valeurs (idéelles) qui lui a donné un fondement ou être critiquée au motif qu'elle procède à un renversement de ces valeurs ; telle procédure d'observation peut distordre la valeur (objective) ou sélectionner de « mauvais » attributs de cette valeur. Ces désaccords surviennent aux niveaux procédural ou épistémique, c'est-à-dire dans la dimension subjective de la valeur.

En opérant aussi aux niveaux épistémiques et procéduraux, la conception subjective de la valeur se distingue autant qu'elle englobe les conceptions idéelles et objectives. En effet, le triple mouvement de construction-activation-révélation de la valeur dans l'action implique nécessairement une dimension subjective qui prend la forme d'un jugement de valeur : dans quelle mesure telle action répond-elle à la hiérarchie personnelle des valeurs (idéelles) du (des) décideur(s) ? Est-ce que les descripteurs empiriques sélectionnés sont les plus pertinents au regard de la valeur (objective) ? La valeur subjective, constituant ainsi le lieu d'élaboration des jugements de valeurs apparaît donc comme ontologiquement différente des conceptions idéelles et objectives : ces dernières sont immanentes, alors que la première est construite dans et par une évaluation.

Motifs d'évaluation et quantification : valeurs intrinsèque, inhérente et d'usage

Évaluer, en tant que technique d'objectivation de la valeur, exclue certaines méthodes et approches (niveau procédural), sélectionne le sens des valeurs (niveau épistémique) et finalement, les valeurs elles-mêmes (niveau des valeurs). Les choix pré-analytiques (périmètre de l'évaluation, groupes ou individus inclus ou non, langage d'évaluation(s)…) nécessaires à l'évaluation sélectionnent ainsi les comportements ou les rapports à la nature, autant qu'elle les justifie ou les met en forme. Ainsi, au niveau des valeurs elles-mêmes (ontologie), il convient de distinguer les principes sur lesquels se fondent les jugements de valeur. Spangenberg et Settel (2016, p. 102) s'appuient sur Kant et ses *Fondements de la métaphysique des mœurs* pour distinguer les principes qui relèvent du prix et de ceux qui relèvent de la dignité : « toute chose possède soit un prix, soit une dignité. Tout ce qui a un prix peut être remplacé de manière équivalente par une autre chose; à l'inverse, tout ce qui se trouve au-delà du prix et par conséquent n'admet pas d'équivalent, possède une dignité » (notre traduction). Trois motifs d'évaluation peuvent alors être distingués :

- La valeur intrinsèque est attribuée de manière transcendantale à partir du moment où l'objet d'évaluation est réputé disposer de certains attributs (être un être vivant, être un sujet moral…). Elle est indépendante du contexte d'évaluation et ne peut pas faire l'objet de négociation. En conséquence, la valeur intrinsèque est elle-même consubstantielle de l'attribut qui la justifie : elle existe indépendamment de l'évaluation, sans mesure.
- La valeur inhérente est attribuée à un objet unique dont il peut être fait usage (au sens large, par exemple, un usage contemplatif) mais qui est évalué pour sa propre préservation. Comme la valeur intrinsèque, la valeur inhérente n'est quantifiable sous aucune forme : quand elle existe, on peut simplement dire que l'objet « a de la valeur » ; quand elle n'en a pas, sa valeur n'existe pas (par abus de langage, elle est nulle).
- Lorsque des substituts existent, la valeur inhérente peut devenir une valeur d'usage. Cette notion, et notamment sa distinction avec la valeur d'échange, a été longtemps travaillée par les économistes (Douai 2009; Harribey 2013; Parks et Gowdy 2013; Spangenberg et Settele 2016). Cette dernière ne concerne que les biens et services effectivement échangés sur les marchés et évalués

monétairement au moyen de prix. Plus largement, la valeur d'usage peut renvoyer à l'ensemble des usages possibles des différents objets, indépendamment des institutions par lesquelles leur valeur est exprimée. Les économistes ont ainsi tendance à rabattre toute la valeur aux valeurs d'échange, et considérer que les prix (ou quasi-prix) se confondent avec la valeur (Harribey 2013).

Mesurer la valeur d'échange hors-marché

Pour les économistes, la valeur subjective que les individus attribuent à la nature est nécessairement quantitative. Elle prend la forme d'un prix (ou d'un quasi-prix), sur le modèle de la valeur d'usage, en dilatant le périmètre du cadre théorique par lequel celle-ci peut être évaluée : le marché.

Le marché comme institution de révélation, d'agrégation et de validation de la valeur

En situation d'évaluation, les économistes se trouvent d'abord confrontés à deux défis : d'une part, comment révéler la valeur que les individus attribuent à un bien ou à un service ? ; et, d'autre part, à quel point ces valeurs sont-elles partagées ? Le cadre historique dans lequel ces questions sont adressées est celui du marché. Lors d'interactions marchandes, la monnaie, en tant qu'unité de compte et moyen d'échange, établit un langage dans lequel traduire les désirs de consommation, en même temps qu'un moyen de commensuration permettant de fournir une métrique reposant sur un espace social conventionnellement accepté (Espeland et Stevens 2003). Pour les économistes, en effet, tout se passe comme si les individus pesaient leurs désirs de consommer tel bien ou service en termes de consentement à payer : plus un bien est désiré, plus les individus sont prêts à payer pour l'acquérir. Dans le même temps, le langage monétaire en ramenant les désirs dans une unité commune permet l'agrégation : les prix marchands constituent une expression de la volonté générale (ici entendue comme l'agrégation des désirs individuels exprimés en termes de consentements à payer) par addition des consentements à payer.

Dans ce cadre d'analyse, l'évaluation individuelle, comprise comme une délibération personnelle entre une (intention de) dépense monétaire et les avantages psychologiques liés aux fonctionnalités des biens ou services monétairement acquis, est solidaire de la manière dont la science économique pense l'articulation des différentes valeurs individuelles. Le consentement à payer est l'agent qui révèle la valeur économique que les individus attribuent aux différents biens et services ; les prix réalisent l'articulation des différentes valeurs économiques individuelles. Cette articulation dépend des outils de calcul utilisés par les individus dans leurs décisions, des manières de qualifier et de rendre comparable différents biens. Mais comme la monnaie est le numéraire de référence de la valeur économique, cette articulation prend la forme d'une agrégation. Ce faisant, la pensée économique symétrise progressivement les notions de préférences et de valeur (Vatn 2005; Hausman 2012; Gustafsson 2013) en réduisant les secondes aux premières. Cette correspondance permet alors d'appliquer les traitements mathématiques formels des préférences individuelles (axiomatiques de la théorie du consommateur) à la valeur, de sorte que les prix expriment quantitativement celle-ci.

Cette conception de la valeur économique est fondée sur l'idée de valeur d'échange, c'est-à-dire que seuls les biens (ou services) qui font l'objet d'un échange marchand sont réputés « posséder » une valeur (économique). Elle fait du marché l'institution incontournable de validation de la valeur économique : si une chose est échangée, c'est parce qu'elle vaut suffisamment pour être produite et acquise (*i.e.* qu'elle (équi)vaut le sacrifice (monétaire) consenti pour l'une et l'autre)[3]. Si le cadre analytique du marché est si puissant, c'est parce qu'il règle, dans un même mouvement et par la quantification, les opérations de révélation, d'articulation et de validation de la valeur.

L'évaluation hors marché

Deux conditions sont nécessaires pour pourvoir transférer aux situations hors-marché le formalisme du marché. Il faut (i) justifier théoriquement la correspondance (par analogie ou par métaphore) des décisions mettant en jeu la nature avec les situations marchandes, et (ii)

---

[3] La notion de sanction ou de validation de la valeur renvoie à l'existence d'une institution (*ad hoc* ou non) qui rend manifeste la nature de la valeur. Harribey (2013) met, par exemple, en évidence que la valeur travail chez Marx renvoie à des rapports de force qui déterminent le niveau du taux de salaire. Celui-ci entérine des rapports sociaux. Symétriquement ces derniers valident socialement la valeur qui en résulte (cf. également Orléan (2015)).

construire les techniques capables de mimer ce cadre d'évaluation et de décision.

La notion de « préférence révélée » (Samuelson 1938; Houthakker 1950) qui complète mathématiquement (intégrabilité des fonctions d'utilité) l'approche parétienne par la demande fondée sur la notion d'utilité conçue comme ordonnancement des préférences, fournit précisément cet argument théorique. En effet, si la théorie parétienne et la théorie des préférences révélées ne s'opposent pas quant aux difficultés d'observer la fonction d'utilité, même ramenée à de simples propriétés (« ordinales ») de classement, « la première fonde l'étude des phénomènes observables sur des principes qui ne le sont pas; [la seconde] prétend revenir sur cette construction différenciée en formulant des principes premiers qui soient eux-mêmes observables » (Mongin 2000, p. 1129). La théorie des préférences révélées introduit donc un changement, si ce n'est épistémologique, du moins épistémique, fondamental au regard de la conception et de la quantification de la valeur de la nature : la valeur (*i.e.* les préférences) peu(ven)t être déduite(s) de l'observation des choix ou des actions individuelles réductibles à un espace mathématique dans lequel les prix évaluent les valeurs relatives des choses.

Si la nature échappe en partie à ce cadre marchand, la théorie économique du marché fournit des outils analytiques pour construire des techniques d'élicitation[4] des valeurs que les individus lui attribuent (Muradian et Pascual 2012). On distingue ainsi :

(i) Les méthodes dites de « préférences révélées » qui approchent les évaluations par les dépenses que les individus consentent pour l'usage d'un bien ou d'une aménité environnementale. Dans certains cas, il s'agit de mesurer les dépenses de fréquentation (coûts de déplacement ou prix hédoniques) ou les coûts subits en cas de dommage (coûts de remplacement).

(ii) Les méthodes de « préférences élicitées » visant à faire exprimer les préférences individuelles par un facilitateur (un évaluateur) qui dispose d'une expertise particulière et qui décide, dans une certaine mesure, de nombreux choix pré-analytiques (caractérisation du problème environnemental, choix de l'échantillon des individus, éventuellement choix des critères

---

4 Par « élicitation », on entend les processus qui permettent d'expliciter et de formaliser les préférences ou les valeurs individuelles.

décisionnels à évaluer…). Deux approches entrent dans cette catégorie :

- Selon que la métrique monétaire est exclusivement privilégiée, on retrouve alors les méthodes contingentes ou méthodes de modélisation des choix. Celles-ci visent à placer les individus dans une situation de choix entre différents scénarios dont chacun cherche à reconstruire une équivalence avec un consentement à payer (à recevoir) pour compenser un avantage (un dommage) écologique dû à l'amélioration (la détérioration) de caractéristiques de biens environnementaux.
- Ou selon qu'elles recourent à de multiples langages d'évaluation (quantitatifs ou non), comme les méthodes multicritères. Celles-ci visent à reconstruire les préférences des individus en explicitant les jugements individuels sur différentes caractéristiques des biens environnementaux qui sont objets d'évaluation, dans différentes situations (options politiques, scénarios…). Divers algorithmes permettent ensuite d'ordonner les préférences individuelles ou les choix de décision possibles.

(iii) Les approches de « préférences élaborées » renvoyant essentiellement aux techniques délibératives (jury citoyen, forum, conférences de consensus, focus groups…). Elles « ne visent pas seulement à faire en sorte que les parties prenantes [à la délibération] reconnaissent les besoins et les points de vue d'autrui, ce qui est le cœur de la dimension communicationnelle. [Elles] s'aident aussi mutuellement à clarifier les enjeux du problème collectif auquel elles font face et de quelle manière elles devraient l'appréhender » (Vatn 2005, p. 350, notre traduction). La particularité de ces approches est qu'elles peuvent se combiner aux deux précédentes (évaluations monétaires délibératives et évaluations multicritères délibératives). Dans ces approches, c'est la confrontation des points de vue qui permet une élaboration collective de la valeur de la nature, elle-même fonction des critères sélectionnés, des caractéristiques du problème et éventuellement des langages d'évaluation retenus.

Ces trois approches de « formalisation » de la valeur de la nature s'opposent finalement dans la manière dont elles conçoivent les rapports entre quantification et action. Dans les approches des valeurs révélées, la valeur procède de l'action elle-même, puisque c'est dans la fréquentation de la nature que prend corps la valeur. Il s'agit alors, par construction, d'évaluer les valeurs d'usages directs, en rabattant la multi-dimensionnalité des usages et des valeurs qui les sous-tendent à une valeur d'échange. Dans les approches des valeurs élicitées, l'évaluation précède l'action : c'est parce que la nature est « menacée », parce qu'elle fait face à des risques, qu'elle est constituée en cause, ou qu'elle est support d'enjeux, qu'il apparaît nécessaire de la rendre visible (monétarisation) ou de connaître les préférences en matière environnementale (multicritère). La quantification (cardinale dans le cas des techniques monétaires ; ordinale dans celles multicritères) apparaît alors utile dans la mesure où elle permet d'exprimer la valeur dans un registre formel actionnable. À une conception instrumentale de la valeur correspond donc la volonté des évaluateurs de l'opérationnaliser. Enfin, dans les approches des valeurs élaborées, action et valeurs sont co-déterminées : la délibération, en tant que processus, permet de réévaluer les unes et/ou les autres en fonction des opinions d'autrui. En permettant l'expression d'une gamme plus large de langage d'évaluations, elle met potentiellement en jeu une plus grande diversité de valeurs (y compris idéelles).

L'économie a ainsi dérivé du cadre analytique marchand, les outils techniques permettant de révéler la valeur, exprimée monétairement ou non, que les individus attribuent à la nature. Cet abandon nécessite de penser séparément les opérations de révélation, d'articulation et de validation de la valeur. Les deux dernières sont liées aux techniques de révélation de la valeur mises en œuvre. Les deux sections suivantes détaillent les implications des choix de quantification en matière de révélation de la valeur, sur les opérations d'articulation et de validation.

Procédures techniques d'articulation et de validation

Dans cette section, nous présentons les défis techniques que pose la reconstruction de l'agrégation de valeurs plurielles. Ils renvoient à des procédures d'agrégation permettant de traiter quantitativement les incommensurabilités de motifs d'évaluation (valeurs idéelles) de différents individus. Les « institutions articulatrices de valeurs » (Vatn 2005) traitent ce problème différemment, selon que les valeurs sont cardinales (comme c'est le cas des évaluations monétaires) ou ordinales (évaluations multicritères). Dans le premier cas, l'agrégation est dite complete ; dans le second, elle est partielle.

Les méthodes monétaires : articulation par agrégation et conditions théoriques de validation

L'une des fonctions élémentaires de la monnaie est celle d'équivalent commun. Le fait que les valeurs environnementales soient élicitées dans une forme monétaire permet donc de les agréger facilement. Une fois attribuée la valeur par différents individus à la nature sous forme monétaire, le traitement économétrique permet d'identifier les caractéristiques individuelles significativement associées à différents niveaux de consentement à payer (ou à recevoir, selon les études). Ces informations sont plus difficiles à obtenir dans le cas où il s'agit d'observer les comportements sur des marchés connexes à la nature (méthodes des coûts de fois attribuée, des prix hédonistes ou des dépenses de protection), mais elles sont fondamentales dans les méthodes directes (évaluations contingentes). La valeur, ainsi exprimée sous forme quantitative, et cette forme ayant un sens (niveau épistémique de la valeur) cardinal (un consentement à payer de 30 € représente un désir de préservation 3 fois supérieur à un consentement à payer de 10 €), donne prise à une agrégation mathématique de la forme :

$$Valeur\,économique = \sum_i (n_i \times v_i),$$

avec n_i la taille de la population comprenant la caractéristique i

et v_i la valeur moyenne des consentements à payer calculés pour la population comprenant la caractéristique i.

Cette manière d'articuler les différentes valeurs postule (par reconstruction technique), plus qu'elle n'observe le groupe social comme lieu d'élaboration et de partage des valeurs : celui-ci est réduit à un ensemble de caractéristiques (niveau de revenu, genre, catégorie socio-professionnel, lieu de résidence…). La valeur n'est donc pas validée au sein de ces groupes ou dans des relations sociales, comme dans le cas du marché où la rencontre entre acheteur et vendeur sanctionne les anticipations de valeurs des uns et des autres. Au contraire, la validation de cette valeur passe par la manière dont elle est mobilisée comme instrument de justice dans la conduite des décisions publiques. L'instrumentation de la valeur estimée renvoie alors à l'idée qu'il serait nécessaire de pondérer les décisions d'aménagement par l'expression de préférences pour la nature[5],

[5] Cet argument s'enracine dans l'idée pigouvienne que les externalités, distordant le prix juste, brouillent les informations qui permettent une prise de décision optimale.

comme c'est le cas avec les analyses coûts-bénéfices. Elle peut aussi être justifiée par l'établissement de compensations monétaires pour les coûts cachés liés aux pratiques plus destructrices de la nature, mais plus rentables, que les pratiques vertueuses (logique du coût d'opportunité). De fait, la validation des méthodes d'évaluations monétaires repose sur leur instrumentation dans les décisions en vue de garantir le bien commun : (i) la valeur estimée permet-elle d'améliorer la prise de décision (administration de la justice) ? ; (ii) les méthodes permettent-elles d'obtenir la meilleure estimation (robustesse) ?

(i) L'instrumentation des méthodes d'évaluation monétaire est surtout liée à l'histoire des marées noires[6]. Celles-ci ont en effet été utilisées pour calculer les montants des dommages et compenser monétairement les préjudices subis. Pour Kallis et al. (2013) les évaluations monétaires peuvent être utilement conduites si *(i)* elles améliorent la situation environnementale évaluée ; *(ii)* elles réduisent les inégalités et permettent une redistribution des rapports de pouvoirs ; *(iii)* elles n'obèrent pas l'expression de langages d'évaluation non monétaires ; et *(iv)* elles ne favorisent pas les dynamiques d'appropriation privée des biens communs. Si ces auteurs montrent que ces conditions sont bien satisfaites dans le cas de la marée noire de Chevron-Texaco en 2011, la comparaison de différentes décisions de justice en la matière (cf. Fourcade (2011), pour les cas de l'Amoco Cadiz en Bretagne en 1978 et de l'Exxon Valdez en 1989 sur les côtes de l'Alaska ; cf. Bouteloup (2015), pour ceux de l'Amoco Cadiz et de l'Erika en 1999, en Bretagne) révèle que les choix méthodologiques (y compris des méthodes), plus que l'ampleur écologique des dommages, détermine surtout les montants des indemnisations. En particulier, la définition du périmètre des parties prenantes à l'évaluation influe de manière déterminante sur l'ampleur de la valeur monétaire accordée à la nature. Les choix méthodologiques se révèlent donc fondamentaux. C'est ainsi que le recours juridique a été conditionné à un rapport

---

6 La controverse Friedman/Weisbrod concernant la rentabilité des parcs nationaux américains dans les années 1960 constitue une instrumentation plus ancienne : pour Friedman (1962) l'insuffisance des droits d'entrée ne permettaient pas de rentabiliser les coûts d'entretien des parcs qui devaient donc être fermés. Weisbrod (1964), en prenant en compte les consentements à payer pour conserver la possibilité d'un usage a permis de peser sur la décision du maintien de ces espaces protégés.

d'expertise définissant les conditions théoriques d'application des méthodes (Arrow et al. 1993; Hausman 2012).

(ii) Le test de validité du processus d'évaluation (révélation, aritculation) renvoie à un ensemble de critères théoriques permettant de valider les techniques d'administration de la valeur, c'est-à-dire des opérations de révélation et d'articulation des valeurs. Diamond et Hausman (1994) établissent ainsi les conditions que les études d'évaluation de la valeur monétaire de la nature (et en particulier des évaluations contingentes) doivent satisfaire. Ainsi, lorsque les études donnent des résultats prédits par la théorie économique, ceux-ci peuvent être considérés comme valides (Kling et al. 2012) : la valeur monétaire estimée correspond-elle au montant d'un paiement effectif (validité des critères) ? ; peut-elle être atteinte par différentes méthodes d'évaluation (validité de convergence) ? ; est-elle comparable aux niveaux de prix prédits par la théorie économique (validité de construction) ? ; et couvre-t-elle de manière adéquate le domaine sur lequel l'évaluation porte (validité de contenu) ? Kling et al. (2012) suggèrent que ces tests ne sont pratiquement jamais validés simultanément. Certains de ces tests ne sont même presque jamais satisfaits. Par exemple, le problème des « mises de protestation » (déclarer un consentement à payer nul pour protester contre l'exercice même qui consiste à formuler une posture éthique dans le langage monétaire) a nécessité des ajustements dans la formulation de l'élicitation des consentements à payer de manière à « piéger » les enquêtés pour déclarer des préférences pour la nature. Milanesi (2011) note ainsi que l'on ne demande pas des consentements à payer pour préserver telle espèce, mais pour soutenir tel programme de telle association pour protéger cette espèce. Hausmann (2012) juge ainsi les évaluations contingentes « sans espoir », considérant que « les études récentes par les experts les plus reconnus continuent d'échouer aux tests basiques de vraisemblance [… de sorte que] "pas de chiffre" reste préférable à une estimation de la valeur par évaluation contingente » (p. 54, notre traduction).

Évaluations multicritères : ordonnancement des valeurs (faiblement) incommensurables et conditions techniques de validation

Traditionnellement, en économie, l'équivalent commun utilisé pour exprimer l'ensemble hétérogène des valeurs est la monnaie. Ce faisant, les valeurs sont exprimées dans le langage de la valeur d'échange, ce qui « constitue une erreur catégorielle, telle que mesurer le poids d'un objet mathématique, la longueur d'un litre d'eau ou évaluer la valeur artistique d'un film à l'aune du prix du billet de cinéma » (Spangenberg et Settele 2016, p. 108, notre traduction). On pourrait envisager d'exprimer ces valeurs dans un autre langage, au moyen d'un autre équivalent, comme par exemple celui de l'énergie. Plusieurs problèmes se posent alors : la quantification de la valeur ne dispense pas d'exprimer un jugement de valeur (alors qu'elle est supposée dans les méthodes monétaires) ; cette quantification de la valeur est partielle, dans le sens où chaque langage d'évaluation couvre une dimension exclusive des autres (Gómez-Baggethun et Martín-López 2015).

Les évaluations multicritères permettent de prendre en compte ces deux limites dans la mesure où elles reposent sur des évaluations par jugements de valeurs. Elles juxtaposent ainsi des évaluations portant sur différents enjeux/intérêts/aspects de situations problématiques. Martinez-Alier et al. (1998) parlent de « comparabilité faible » : le conflit n'est pas réductible à une seule valeur, mais les options peuvent être faiblement comparées, selon leurs effets sur plusieurs variables d'intérêt, en vue d'aboutir à un « choix rationnel fondé sur le jugement pratique » (p. 283, notre traduction). Elles permettent de formaliser les préférences individuelles en vue d'une décision, en prenant en compte la complexité de la situation dans laquelle cette décision est attendue. Deux pistes sont alors envisageables. L'une, privilégiée par l'approche « délibérative » (Rauschmayer et Wittmer 2006) sera développée dans la partie suivante. L'autre est celle de l'aide multicritère à la décision (Froger 2005) visant à mettre en nombre, et surtout en mots, la nature de manière à formaliser un ensemble pertinent de préférences individuelles.

L'aide multicritère à la décision est un outil matriciel basé sur un tableau de performances qui vise à spécifier des options possibles selon un ensemble pertinent des critères d'évaluation (économiques, écologiques, sociaux…) et l'ensemble des conséquences des options sur ces critères. Celles-ci peuvent être évaluées à l'aide de différentes métriques : quantitative et monétaire, comme par exemple le revenu (valeur instrumentale), quantitative et non monétaire, comme la séquestration de carbone (valeur objective) et qualitative, comme l'impact estimé sur la biodiversité (valeur subjective : bon, modéré, mauvais…). Un exemple peut être formalisé comme suit : soit un nombre fini, n, d'options, scénarios, réalisables noté a_i, ($i = 1, 2, \dots n$) ; un nombre fini, m, de points de vue ou de critères notés j (j = 1, 2, …, m), considérés comme pertinents (ils doivent être aussi lisibles et non redondants). L'option a_1 est considérée comme meilleure à l'option a_2 selon le j-ème critère si la performance de a_1 est meilleure que celle de a_2 sur ce critère. Cette formalisation privilégiant la représentation d'une multiplicité de langage d'évaluation, se distingue des évaluations monétaires sur au moins trois points :

- Les valeurs objectives (quantifiées) qui renseignent la matrice sont une condition insuffisante pour la prise de décision. Elles permettent cependant d'informer les jugements de valeur (sur chacun des critères renseignés), constituant un préalable à la prise de décision. Finalement, le jugement de valeur comme unité de base permettant la décision est fondamentalement qualitatif, de sorte que la quantification apparaît comme accessoire.
- Par définition, un jugement de valeur ordinaire est ordinal alors que l'évaluation monétaire est cardinale. Si l'évaluation monétaire établit des rapports de commensurabilité entre les objets évalués, les jugements de valeur permettent seulement de classer les préférences. Cela pose évidemment la question des seuils à partir desquels deux alternatives sont jugées comme indifférentes (ou l'une est préférée à l'autre). Cela questionne aussi la cohérence des relations de préférences (y compris, en termes d'indépendance préférentielle)[7].
- L'évaluation monétaire s'inscrit dans un cadre utilitariste dans lequel la logique marginaliste s'applique : la décision apparaît justifiée, selon ce principe, lorsque l'utilité marginale est maximisée. Cela nécessite de disposer d'une situation de référence (construite, par exemple, dans les évaluations contingentes). En conséquence, les évaluations monétaires ne permettent qu'une évaluation de flux. Les évaluations multicritères, au contraire, permettent aussi d'exprimer les valeurs de stocks (valeurs de réserve ou patrimoniale) (cf. chapitre 5).

---

7 L'indépendance préférentielle s'applique lorsque chacun des critères est indépendant des autres pour chaque valeur possible. Par exemple, une préférence non indépendante peut être : « je préfère une voiture bleue, à moins que ce soit une voiture de sport ». Les deux critères (couleur et type de voiture) sont co-dépendants, dans la mesure où le critère « couleur » dépend de celui « type de voiture ».

Décider à l'aide d'évaluations multicritères nécessite de discriminer des options considérées comme bonnes pour un ensemble de critères et mauvaises pour d'autres pour un groupe d'individus, alors que d'autres options, jugées comme mauvaises pour ce premier groupe, sont qualifiées de bonnes selon un autre groupe. L'abandon d'un langage unique d'évaluation comme la monnaie (valeur instrumentale) ou l'énergie (valeur objective), pose des problèmes d'agrégation. Deux formes peuvent alors être mobilisées : l'agrégation complète ou l'agrégation partielle. La première consiste à décider de règles d'agrégation des jugements de valeur[8] ; la seconde à centrer-réduire l'ensemble des variables quantitatives, de sorte à projeter l'ensemble des valeurs objectives (au sens de valeur numérique) prises par un critère donné, dans un espace de 0 (valeur observée la plus faible pour ce critère) à 1 (valeur la plus grande). Il est alors possible de procéder à une sommation des valeurs numériques ainsi calculées. Cette opération consiste donc à transcrire les valeurs objectives et/ou les jugements de valeurs dans un espace de grandeurs relatives sans unité, mais néanmoins numérique.

L'agrégation partielle repose sur un paradigme quantitatif différent, refusant notamment toute commensuration entre les différents critères. À cet effet, et même si plusieurs procédures existent (Munda 2008), la philosophie de l'agrégation partielle permet de compter le nombre de critères pour lesquels une option est jugée comme meilleure qu'une autre, puis de procéder à une comparaison deux à deux des différentes options, en fonction des critères qui « votent » pour chaque option. Il est alors plus ou moins aisé de reconstruire le classement complet des différentes options. Ces méthodes souffrent de plusieurs défauts techniques, notamment lié à l'arbitraire dans les choix pré-analytiques (Giampietro et Ramos-Martin, 2005), en particulier dans le périmètre des intérêts pris en compte (sélection des parties-prenantes), dans la manière dont le problème est décomposé en critères (représentation du problème), dans le système de pondération et éventuellement dans les choix des

8 De ce fait, les jugements sont traduits en quantités ordinales selon une échelle prédéfinie (0 correspond à « mauvais » et 5 correspond à « très bon »). L'agrégation complète, comme dans le cas de la méthode Dexi (Bohanec et al. 2008), consiste à définir des *règles* d'agrégation pour transcrire le jugement global correspondant à la coprésence de deux jugements donnés sur deux critères différents : par exemple, 0 sur le critère 1 et 4 sur le critère 2 donne une valeur de 3 comme jugement ordinal sur les deux critères considérés conjointement. Ces règles d'agrégation définissent l'importance relative des critères entre eux, c'est-à-dire un système de pondération.

seuils d'indifférences (rapport de force entre les parties prenantes), et dans le choix de la méthode d'agrégation elle-même. Ce dernier choix n'est pas anodin, dans la mesure où (*i*) les différentes méthodes de traitement d'un même problème ne donnent pas nécessairement les mêmes classements ; (*ii*) elles ne permettent pas de satisfaire l'ensemble des critères de cohérence de la décision (circularité dans les classements, indépendance préférentielle, solutions dominées meilleures que celle en tête de classement lorsqu'on les compare deux à deux…) (Munda 2008).

L'articulation et la validation dans les processus délibératifs

Quantifier la valeur de la nature, lorsque celle-ci n'est pas médiée par les institutions marchandes, suppose de décomposer les opérations de révélation, d'articulation et de validation sociale de la valeur. La section précédente a montré comment les évaluations monétaires et multicritères fonctionnent pour ré-agencer ces trois opérations, en prenant appui sur des traditions de théories économiques mettant en jeu différentes conceptions de la quantification des valeurs. Pour autant, chacune de ces approches vise à fournir des outils techniques de quantifications de manière à « objectiver » la décision. Elles présentent un schéma articulant décision et technique d'évaluation dont le principe fondamental est que l'information la plus fiable permet de prendre la meilleure décision. Cependant, chacune échoue au test de validation (essentiellement technique) des valeurs (re-)produites et, de fait, souffre d'un défaut de légitimité. Le paradigme délibératif, en ré-agencent les opérations de révélation, d'articulation et de validation de la valeur de la nature, tout en mettant l'accent sur la dimension essentiellement sociale de la valeur dont il est possible d'identifier les conventions constitutives.

La délibération comme ré-agencement des opérations de révélation, d'articulation et de validation

Les approches délibératives (Vatn 2005; Zografos et Howarth 2008) renversent à la fois le schéma qui articule procédure technique et décision, et ré-agencent les opérations de révélation, d'articulation et de validation de la valeur de la nature. Elles privilégient l'expression des jugements de valeur par les individus ou par les groupes sociaux eux-mêmes. Les différentes techniques d'évaluation quantitative (monétaires ou multicritères) peuvent ainsi être mobilisées comme objets intermédiaires pour faciliter l'élicitation et/ou la mise en commun des jugements. Au moment où ils sont exprimés (ou dans un second temps, selon les approches) ces jugements sont confrontés à ceux des autres au moyen de techniques de médiation de la discussion. Ceux-ci sont éventuellement exprimés dans des langages différents et renvoient à des niveaux différents de valeurs (plus ou moins générales) et/ou sont porteurs de sens différents. La discussion, à travers la reformulation, la sélection et/ou l'hybridation, vise ainsi à élaborer simultanément et de manière conjointe les valeurs qui prévalent au niveau du groupe. Elle permet aussi, en les soumettant à l'examen d'autrui, de réviser, d'affermir et de valider les valeurs individuelles. En ce sens, si le résultat des processus délibératifs n'est pas quantitatif, il constitue bien une évaluation, puisqu'il permet d'élaborer un jugement collectif sur ce qu'il convient de faire dans une situation donnée et pourquoi.

L'un des intérêts des approches délibératives réside en ce qu'elle ne présuppose rien de la manière dont valeurs individuelles et valeurs sociales s'articulent. Celles-ci peuvent être « distinctes, mais avec des coïncidences ; les valeurs sociales peuvent être considérées comme des sous-ensembles des valeurs individuelles agrégées ; les valeurs sociales peuvent être comprises comme (partiellement) prédictives des valeurs individuelles ; ou comme (partiellement) prédites par les valeurs individuelles ; ou les valeurs sociales peuvent être appréhendées comme en interaction dynamique avec les valeurs individuelles » (Kenter et al. 2019, p. 1448, notre traduction). Les approches quantitatives offrent des procédures techniques d'articulation des valeurs individuelles aux valeurs sociales (agrégation ou algorithmes de classement). Elles ne peuvent donc concevoir l'articulation des valeurs individuelles et sociales que comme sous-ensemble réduit de l'agrégation des premières ou comme (partiellement) déterminé par elles. Au contraire, si les approches délibératives privilégient l'interaction dynamique (et réciproque) entre valeurs individuelles et sociales, elle n'exclut pas les autres modalités d'articulation.

De plus, les opérations de révélation, d'articulation et de validation sont consubstantielles de la décision dans la mesure où, comme le schéma d'élicitation de la valeur idéelle le suggère (cf. section 2.1), c'est dans la décision que se manifestent les valeurs individuelles. Pour Raymond et al. (2014), en effet, le paradigme délibératif se différencie des approches instrumentales (évaluations monétaires et dans une moindre mesure multicritères) dans son rapport à la décision. Alors que dans les approches instrumentales le décideur se confond avec l'utilisateur final de l'évaluation, la plupart du temps parce qu'il est investi d'un mandat légitime (que lui confère sa maîtrise technique), dans le paradigme délibératif, le décideur est un participant (ou facilitateur) à part entière de la délibération valeurs. La manière dont la délibération est elle-même conduite garantit (ou non) la légitimité de la décision, c'est-à-dire la conformité entre la prise de décision et les valeurs sociales qui l'ont informée.

Une convention d'évaluation non quantitative

Alors que l'évaluation monétaire requalifie nécessairement l'expression des valeurs de la nature dans des termes instrumentaux (valeurs d'usage et valeurs d'utilité), alors que les évaluations multicritères se heurtent à des difficultés procédurales (liées notamment à la computation des comparaisons deux à deux), la délibération permet de boucler de manière cohérente les dimensions procédurales, épistémiques de l'évaluation et les valeurs elles-mêmes (Kenter et al. 2019; Raymond et al. 2019), elle garantit ainsi la légitimité de la décision aux yeux des participants. Le principe qui sous-tend la légitimité des institutions articulatrices de valeurs (évaluations monétaires, multicritères, délibératives), et qui garantit l'adéquation de la décision aux valeurs exprimées (de nature technique pour les premières, sociale ou politique pour la troisième), c'est-à-dire l'institution de la validation sociale de la valeur, est ce que nous appellerons une « convention d'évaluation » : « la coordination s'établit [en effet] sur la base d'accords implicites quant à la manière d'évaluer les biens, les personnes, les évènements… Ces modèles d'évaluation se déclinent sous de multiples formes : du plus local […] au plus général […] » (Biencourt et al. 2001, p. 216).

Pour Orléan (2015), la monnaie constitue une convention de portée générale puisque la préférence pour la liquidité d'une masse critique d'individus donne lieu, par adoption mimétique, à l'idée tacite que la valeur est « naturellement » exprimée monétairement. Au contraire, la faiblesse supposée des approches délibératives réside dans le fait que les procédures techniques permettent de garantir une validité plus générale de la convention d'évaluation. De fait, les modalités de représentativité sont fondamentalement différentes : la validité des opérations d'agrégation dans les évaluations monétaires passe par une représentativité statistique ; alors que celle comprise dans les évaluations multicritères et délibératives passent par une représentativité sociale et/ou politique (Raymond et al. 2014; Murphy et al. 2017). La première repose sur des conventions statistiques (normalité des distributions garantissant la puissance des tests statistiques appliqués et la validité des extrapolations). Les secondes nécessitent d'expliciter et/ou de discuter les choix conventionnels de représentativité : diversité des points de vue, des intérêts, des positions d'acteurs, équilibrage des pouvoirs relatifs, etc. (Giampietro et Ramos-Martin, 2005).

Or, « la coordination n'est possible que si les acteurs partagent les mêmes jugements évaluatifs concernant la situation, ce qui implique de partager les mêmes modes *d'engagement* avec les êtres humains et non-humains impliqués dans cette situation, et également de les évaluer » (Centemeri 2015, p. 303, nos italiques). Cette perspective qui rompt à la fois avec l'ambition épistémologique de maintenir coûte que coûte le formalisme de la théorie économique standard et celle d'équiper la décision avec des informations quantifiées, change l'ontologie des valeurs pour renvoyer aux « préférences, principes et qualités associées aux relations [avec la nature], qu'elles soient interpersonnelles ou médiées par des politiques ou des normes sociales » (Chan et al. 2016, p. 1462, notre traduction). Celles-ci sont ainsi fondamentalement relationnelles, et donnent naissance à une pluralité de modes de rapports avec la nature, dont la portée peut-être plus ou moins locale ou générale (Centemeri 2015; Kenter et al. 2019; Raymond et al. 2019) : relations isolationnistes (sur le mode du détachement), rapport destructeur (domination), vénération (dévotion), nature comme moyens de subsistance (gestion), préservation de la nature sauvage ou mécénat (tutelle), partenariat avec la nature ou recherche de relation équilibrée (échange ritualisé), préservation ou exploitation (usage) (Muradian et Pascual 2012). Chacun de ces modèles relationnels identifie ainsi différents principes pouvant servir de base à une convention d'évaluation de portée très générale et mobilisable dans les approches délibératives.

Conclusion

Dans ce chapitre, nous avons examiné la manière dont l'économie appréhende, en la quantifiant, la valeur. En construisant une épistémologie quantitative, l'économie, et en particulier la science économique, a progressivement fait du marché une institution paradigmatique dans laquelle révélation, articulation et validation de la valeur sont agencées pour exprimer monétairement la valeur. Rompant avec les conceptions idéelles qui prévalent en philosophie ou en sociologie, la valeur économique est ainsi conçue comme fondamentalement objectivée par le marché. Mais l'expression de la valeur de la nature échappe (au moins partiellement) au cadre marchand dans la mesure où celui-ci s'avère défaillant (quand il existe). Conserver le cadre théorique économique de la quantification nécessite de requalifier la valeur économique (valeur d'utilité marginale) dans une optique subjective mettant en avant sa dimension évaluative. Les deux alternatives formelles proposées (évaluations monétaires et évaluations multicritères) n'offrent pas de solutions techniques (agrégation pour les premières ; algorithmes de classement pour les secondes) permettant de valider les opérations de révélation et d'articulation des valeurs de la nature.

Le paradigme délibératif priorise la cohérence entre révélation, articulation et validation de la valeur de la nature. Il nécessite d'abandonner une perspective quantitativiste de la valeur, et propose ainsi une alternative de rupture avec la théorie économique standard, au moins de trois points de vue. D'abord, la dimension délibérative inscrit ces approches dans une conception relationnelle : la valeur est collectivement élaborée, à la fois comme rapport social et comme rapport à la nature. Ensuite, le paradigme délibératif met l'accent sur les dimensions épistémiques et procédurales de la valeur, au lieu des dimensions substantielles et finalisées. Enfin, et en conséquence, il s'écarte d'une conception instrumentale de la rationalité individuelle, au profit d'une conception fondamentalement argumentative permettant l'expression d'une gamme étendue de valeurs et de langages d'évaluation.

Bibliographie

Arrow K., Solow R., Portney P. R., Leamer E. E., Radner R., Schuman H. (1993), *Report of the NOAA Panel on contingent valuation*. National Oceanic and Atmospheric Administration (U.S. Department of Commerce).

Barnaud C., Antona M. (2014), « Deconstructing ecosystem services: Uncertainties and controversies around a socially constructed concept », *Geoforum*, 56, pp. 113–123.

Biencourt O., Chaserant C., Rebérioux A. (2001), « L'économie des conventions : l'affirmation d'un programme de recherche » in Batifoulier P. (dir.), *Théorie des conventions*, pp. 193 – 218.

Bohanec M., Messéan M., Scatasta S., Angevin F., Griffiths B., Krogh P. H., Žnidaršič M., Džeroski S. (2008), « A qualitative multi-attribute model for economic and ecological assessment of genetically modified crops », *Ecological Modelling*, 215, pp. 247–261.

Bouteloup C. (2015), *Agir pour la reconnaissance du dommage écologique des marées noires : attachements, stratégies et justification. Cas de l'Amoco Cadiz et de l'Erika*, Thèse de doctorat, Paris, AgroParisTech.

Centemeri L. (2015) « Reframing problems of incommensurability in environmental conflicts through pragmatic sociology: From value pluralism to the plurality of modes of engagement with the environment », *Environmental Values*, 24, pp. 299–320.

Chan, K. M. A., Balvanera P., Benessaiah K., Chapman M., Díaz S., Gómez-Baggethun E., Gould R., et al. (2016), « Opinion: Why protect nature? Rethinking values and the environment », *Proceedings of the National Academy of Sciences*, pp. 113: 1462.

Diamond P. A., Hausman J. A. (1994), « Contingent valuation: Is some number better than no number? », *Journal of Economic Perspectives*, 84, pp. 45–64.

Douai A. (2009), « Value theory in ecological economics: The contribution of a political economy of wealth », *Environmental Values*, 18, pp. 257–284.

Espeland W. N., Stevens M. L. (2003), « Commensuration as social process », *Annual Review of Sociology*, 24, pp. 313–343.

Fourcade M. (2011), « Cents and sensibility: Economic valuation and the nature of "nature." », *American Journal of Sociology*, 116, pp. 1721–1777.

Friedman M. (1962), *Capitalism and freedom*, Chicago, University of Chicago Press.

Froger G. (2005), « Les démarches d'aide multicritère à la décision en économie de l'environnement », *Liaison Energie-Francophonie*, 66–67, pp. 46–53.

Giampietro M., Ramos-Martin J. (2005), « Multi-scale integrated analysis of sustainability: a methodological tool to improve the quality of narratives », *International Journal of Global Environmental Issues*, 5, pp. 119–141.

Gómez-Baggethun E., de Groot R., Lomas P. L., Montes C. (2010), « The history of ecosystem services in economic theory and practice: From early notions to markets and payment schemes », *Ecological Economics*, 69, pp. 1209–1218.

Gómez-Baggethun E., Martín-López B. (2015), « Ecological economics perspectives on ecosystem services valuation », in Martínez-Alier J. et Muradian R. (Ed.), *Handbook of ecological economics*, pp. 260–282.

Gustafsson J. E. (2013), « Value-preference symmetry and fitting-attitude accounts of value relations », *The Philosophical Quarterly*, 63, pp. 476–491.

Harribey J-M. (2013), *La richesse, la valeur et l'inestimable. Fondements d'une critique socio-écologique de l'économie capitaliste*, Paris, Les Liens qui Libèrent.

Hausman J. A. (2012), « Contingent valuation: From dubious to hopeless », *Journal of Economic Perspectives*, 26, pp. 43–56.

Henneguelle A. (2022), « Socio-economics of quantification and value: The perspective of convention theory », in Diaz-Bone R. et de Larquier G. (Eds.), *Handbook of Economics and Sociology of Conventions*, pp. 1–20.

Houthakker H. S. (1950), « Revealed preference and the utility function », *Economica*, 17, pp. 159–174.

Kallis G., Gómez-Baggethun E., Zografos C. (2013), « To value or not to value? That is not the question », *Ecological Economics*, 94, pp. 97–105.

Kenter J. O., Raymond C. M., van Riper C. J., Azzopardi E., Brear M. R., Calcagni F., Christie I., et al. (2019), « Loving the mess: navigating diversity and conflict in social values for sustainability », *Sustainability Science*, 14, pp. 1439–1461.

Kling C. L., Phaneuf D. J., Zhao J. (2012), « From Exxon to BP: Has some number become better than no number? », *Journal of Economic Perspectives*, 26, pp. 3–26.

Laurans Y., Mermet L. (2014), « Ecosystem services economic valuation, decision-support system or advocacy? », *Ecosystem Services*, 7, pp. 98–105.

Levrel H., Roche P., Geijzendorffer I., Mongruel R., (2016), « Approches écologiques et économiques de l'offre et la demande de services écosystémiques », In Roche P., Geijzendorffer I., Levrel H. et Maris V., *Valeurs de la biodiversité et services écosystémiques*, pp. 103–112.

Linhardt D., Muniesa F. (2011), « Tenir lieu de politique. Le paradoxe des « politiques d'économisation » », *Politix. Revue des sciences sociales du politique*, 24, pp. 9–21.

Martinez-Alier J. (2008), « Languages of Valuation », *Economic and Political Weekly*, 43., pp. 28–32.

Martinez-Alier J., Munda G., O'Neill J. (1998), « Weak comparability of values as a foundation for ecological economics », *Ecological Economics*, 26, pp. 277–286.

Mermet L., Laurans Y., Leménager T. (2014), « Clarifying the ethical challenges that besiege biodiversity economics: Justification theory can help », in Mermet L., Laurans Y. et Leménager T. (Eds.), *Tools for what trade? Analysing the utilisation of economic instruments and values in biodiversity management*, pp. 217–250.

Milanesi J. (2011), « Une histoire de la méthode d'évaluation contingente », *Genèses*, 84., pp. 6–24.

Mongin P. (2000), « Les préférences révélées et la formation de la théorie du consommateur », *Revue économique*, 51, pp. 1125–1152.

Munda G. (2008), *Social multi-criteria evaluation for a sustainable economy*, New York: Springer.

Muniesa F., Callon M. (2013), « La performativité des sciences économiques », in Steiner P. et Vatin F. (Eds.), *Traité de sociologie économique*, pp. 281–316.

Muradian R., Pascual U. (2012), « The economics of valuing ecosystem services and biodiversity », in Sukhdev (Ed.), *The Economics of Ecosystems and Biodiversity*, pp. 183–256.

Murphy M. B., Mavrommati G., Mallampalli V. R., Howarth R. B., Borsuk M. E. (2017), « Comparing group deliberation to other forms of preference aggregation in valuing ecosystem services », *Ecology and Society*, 22.

Orléan A. (2015), *L'empire de la valeur*. Paris, Seuil.

Parks S., Gowdy J. (2013), « What have economists learned about valuing nature? A review essay », *Ecosystem Services*, 3, pp. e1–e10.

Rauschmayer F., Wittmer H. (2006), « Evaluating deliberative and analytical methods for the resolution of environmental conflicts », *Resolving Environmental Conflicts: Combining Participation and Muli-Criteria Analysis*, 23, pp. 108–122.

Raymond C. M., Kenter J. O., van Riper C. J., Rawluk A., Kendal D. (2019), « Editorial overview: theoretical traditions in social values for sustainability », *Sustainability Science*, 14, pp. 1173–1185.

Raymond C. M., Kenter J. O., Turner N., Alexander K. (2014), « Comparing instrumental and deliberative paradigms underpinning the assessment of social values for cultural ecosystem services », 107, pp. 145–156.

Samuelson P. A. (1938), « A note on the pure theory of consumer's behaviour », *Economica*, 5, pp. 61–71.

Spangenberg J. H., Settele J. (2016) « Value pluralism and economic valuation – defendable if well done », *Ecosystem Services*, 18, pp. 100–109.

Spash C. L. (2011), « Terrible Economics, Ecosystems and Banking », *Environmental Values*, 20, pp. 141–145.

Strauss A. L. (1992), *La trame de la négociation. Sociologie qualitative et interactionnisme. Textes réunis et présentés par Isabelle Baszanger*, Paris, L'Harmattan.

Vatn A. (2005), *Institutions* and *the environment*, Cheltenham, Edward Elgar.

Weisbrod B A. (1964), « Collective-consumption services of individual-consumption goods », *The Quarterly Journal of Economics*, 78, pp. 471–477.

Zografos C., Howarth R. B. (ed.), (2008), *Deliberative ecological economics. Ecological economics* and *human well-being*, Oxford, Oxford University Press.

Prendre la mesure pour prendre des mesures : l'administration des débits des cours d'eau sur le bassin Adour Garonne

Thomas Debril

Le début des années 1960 marque un tournant important dans les manières de connaître et de gérer l'eau en France. Face à la montée des pollutions d'origine industrielle, la loi sur l'eau du 16 décembre 1964 crée les Agences de bassin pour intervenir. Sur le bassin hydrographique Adour Garonne, dans le sud-ouest de la France, l'agence se lance alors dans une politique visant à diluer les polluants sur la base des informations produites par deux structures que l'État vient de créer : les services hydrologiques centralisateurs (SHC) dépendant du ministère de l'Équipement pour la gestion des crues et les services régionaux de l'aménagement des eaux (SRAE) sous la tutelle du ministère de l'Agriculture pour la gestion de l'irrigation. Les problèmes de qualités de l'eau se trouvent ainsi convertis en problème quantitatif et rabattus à la notion de débits objectifs de qualité. Pour autant, la fin des années 80, marquée, par la succession des sécheresses et l'accroissement important des surfaces irriguées, conduit à de nouvelles pénuries d'eau et à de nouvelles concentrations de polluants. L'agence enrôle alors les irriguant et EDF dans le respect de débits minimums admissibles pour répondre aux enjeux de salubrité persistants. D'un côté, elle s'engage dans la planification de nouveaux ouvrages destinés à répondre aussi bien aux enjeux de salubrité qu'aux besoins de la profession agricole et de l'autre elle finance des lâchers d'eau des barrages hydroélectriques d'EDF pour soutenir les débits en période d'étiage (Fernandez et Trottier 2012). Cette étape supplémentaire dans l'institutionnalisation de la variable débit va toutefois connaître une évolution importante au début des années 90 marqué par la montée en puissance des questions environnementales. La loi de 1992 reconnaît en effet la nécessité d'une gestion équilibrée de l'eau devant satisfaire aussi bien les usages économiques que la préservation des écosystèmes. Sur le bassin Adour Garonne, cette loi se traduit par la mise en place d'un Schéma Directeur d'Aménagement et de Gestion des Eaux (SDAGE) en 1996 qui définit les modalités d'une gestion structurelle de l'eau par la définition de nouveaux seuils, les Débits d'Objectifs d'Étiages (DOE) qui traduisent l'équilibre entre disponibilité en eau et satisfaction des usages. Le SDAGE définit ainsi le DOE comme « les débits au-dessus desquels la coexistence normale de tous les usages et le bon fonctionnement de l'environnement aquatique sont garantis et qui doivent ainsi être respectés chaque année pendant la période d'étiage avec des tolérances prédéfinies ». Ces DOE sont calculés sur la base des mesures des débits des cours d'eau réalisées le plus souvent par les DIREN qui ont repris en 1991 le réseau de mesure du ministère de l'agriculture et de l'équipement. Le SDAGE prévoit par ailleurs la mise en place de Plans de Gestion des Étiages (PGE) au sein desquels doivent être définies aussi bien l'importance des déficits en eau que les mesures destinées à y faire face et tenant aussi bien à des mesures de soutiens d'étiages visant à réalimenter les cours d'eau par des lâchers de barrages que par des mesures d'économie visant au contraire à mieux maitriser les prélèvements. Ces DOE viennent par ailleurs équiper une gestion dite de crise. Lorsque les débits des cours d'eau franchissent les seuils, en période estivale, il revient en effet aux Directions Départementales des Territoires (DDT) de proposer au préfet de prendre des mesures de restriction des prélèvements agricoles. Les modalités de cette gestion de crise trouvent leur aboutissement dans la circulaire du 18 mai 2011 qui nous montre la volonté d'assurer une gestion proportionnée et anticipatrice des débits. Si l'allongement et la multiplication des périodes d'étiage se traduisent par une concurrence accrue et des conflits d'usages croissant en matière d'accès à l'eau, comme des controverses importantes sur l'état des ressources, cette circulaire entend renforcer la surveillance des milieux et asseoir la légitimité d'une gestion anticipatrice et proportionnée de la pénurie faisant du franchissement de ces débits seuils la pierre angulaire de la gestion de l'eau.

C'est dans ce contexte, marqué par l'institutionnalisation de la variable débit, que nous voulons chercher à mieux comprendre comment la mesure des débits participe de la mise en politique publique des cours d'eau, c'est-à-dire contribue, d'abord, à la définition des contours et de la nature d'un problème comme la pénurie et cadre simultanément les solutions et la légitimité des acteurs chargés de leur mise en œuvre.

Contre le face-à-face positiviste distinguant des manières strictement scientifiques d'objectiver la nature et des manières strictement politiques de l'administrer, nous montrerons que les différentes opérations de mise en nombre des cours d'eau participent activement de leur mise en gestion. Nous nous appuierons ici sur la notion de « trajectoire », mobilisée notamment par la sociologie interactionniste (Strauss 1985)[1]. Elle nous permet en effet de caractériser le processus négocié à travers lequel se déploie une redéfinition spécifique des manières de caractériser et de prendre en charge la pénurie et nous permet de séquencer les différentes formes d'action collective qui jalonnent la transformation de ces chiffres (Doré 2013). Nous examinerons successivement trois séquences décisives dans la dynamique de la mise en nombre qui nous montrent comment est progressivement configurée une prise en charge des pénuries allant de la mesure des débits par les hydromètres en Dreal à la détermination de seuils par les bureaux d'études et enfin aux mesures de restrictions de prélèvements décidées par les préfets lorsqu'ils sont franchis.

Nous chercherons ainsi, d'abord, à mieux comprendre comment on mesure les débits des cours d'eau. Il s'agira ici de caractériser et de comprendre l'articulation des différentes opérations qui permettent de passer de la mesure située dans le temps et dans l'espace d'un écoulement à une reproduction des flux plus dynamiques que les hydromètres peuvent suivre dans leur bureau. Si, à la suite des travaux de Latour (Latour 1993), le travail de mesure peut s'apparenter à un processus de détachement permettant la conversion d'une mesure ponctuelle et située à l'affichage en continu des débits sur l'ensemble du bassin, il renvoie tout autant à un processus d'attachement se traduisant par un retour fréquent à la réalité physique du cours d'eau. C'est bien dans ce jeu en boucle que se joue la conversion d'une nature ponctuelle, personnalisée au niveau local à une nature continue, dépersonnalisée au niveau national et que l'on peut observer sur la « banque hydro », banque de données administrée par le Service Central d'Hydrométéorologie et d'Appui à la Prévision des Inondations (SCHAPI).

---

1 Et sur un travail d'enquête de terrain mené entre 2016 et 2018 qui nous a conduit à mener des entretiens semi-directifs avec les acteurs en charge de la mesure des débits, et notamment les unités hydrométriques en DREAL, les acteurs qui ont participé à la négociation d'un DOE et enfin les acteurs de la gestion de crise, en accordant une attention particulière aux agents de la DDT et aux représentants des irriguant en comité sécheresse.

Nous chercherons alors à mieux comprendre comment est déterminé un seuil, un DOE, à partir de ces débits bancarisés et dont le franchissement conduit à des modalités d'interventions contrastées. Nous montrerons ici, à la suite des travaux de Fernandez (Fernandez et Trottier 2012 ; Fernandez et Debril 2016), que la définition négociée de ce seuil dans le cadre d'une arène délibérative comme le PGE conduit à objectiver simultanément l'importance plus ou moins grande d'une pénurie et à définir simultanément ses modalités de gouvernement. Nous montrerons comment les énoncés hydrologiques produits par les bureaux d'études contribuent à la fois à institutionnaliser un problème d'eau comme un problème d'insuffisance de l'offre et à légitimer des politiques visant à la création de nouveaux barrages. Les chiffres semblent bien participer de la définition et de l'alignement des contours et de la nature des problèmes et des solutions en matière de gestion de l'eau.

Nous examinerons enfin comment la mesure des débits et la définition de seuil viennent équiper l'action publique en matière de gestion des pénuries. Nous montrerons ici, à la suite des travaux de Riaux (Riaux 2013), comment les DDT, en charge de la gestion de crise en période d'étiages, prennent appui sur le franchissement de ces seuils pour assurer une gestion planifiée et proportionnée des pénuries. Face aux difficultés tenant à la création de nouveaux ouvrages, nous montrerons que la mise en œuvre des restrictions de prélèvements dans le cadre des cellules sécheresse apparaît comme un lieu de négociations important où sont requalifiées les pénuries et retravaillées les règles de gestion (Debril et al. 2020).

Ethnographie de la mesure des débits

Quelques stations débitmétriques permettent de mesurer directement et en continu le débit des cours d'eau comme sur la Seine ou le Rhône. Néanmoins, ce procédé fonctionne mal pour les faibles vitesses et nécessite du même coup un coûteux travail de vérification des données et de nettoyage des séries pour un dispositif qui apparaît finalement mal adapté aux conditions changeantes des cours d'eau. Nous montrerons ainsi, dans un premier temps, que la mesure en continu des débits nécessite l'enchaînement de différentes opérations sociotechniques réalisées par des hydromètres de la DREAL sur le terrain pour que puisse être déléguée à des stations de mesure la saisie automatique des hauteurs et leur conversion en débits. Nous décrirons ensuite, dans un deuxième temps, la réflexivité métrologique dont font preuve les hydromètres pour entretenir le doute et consolider leurs données par un retour permanent au cours d'eau. Nous décrirons ainsi le travail de maintenance des petites mains de l'hydrométrie pour maintenir la nature et les acteurs dans les termes d'une gestion par les débits (Denis et Pontille 2012) et pour que puisse être visualisée en bureau la dynamique des écoulements sur l'ensemble du bassin.

Processus de détachement comme compromis avec l'environnement biophysique et politique

La mesure en continu des débits sur le bassin suppose un travail important des hydromètres. Si elle ne peut se faire qu'indirectement, par la mesure d'une hauteur d'eau, elle oblige les hydromètres à reconstituer un débit par la mesure pour chaque hauteur d'eau observée sur le terrain. Il s'agit ainsi, d'abord, pour les hydromètres de réaliser des tournées sur l'ensemble des stations de mesures pour jauger les écoulements, à un certain moment, et de relever la hauteur d'eau associée au débit qu'ils mesurent. S'il existe une grande diversité de méthodes pour appréhender les écoulements, une des compétences majeures des hydromètres consiste naturellement à sélectionner une technique qui soit adaptée aux conditions hydrauliques qu'ils observent au moment de la mesure. Sans entrer dans la diversité des techniques susceptibles d'être mobilisées, précisons tout de même qu'une des méthodes les plus couramment utilisées, notamment en période d'étiage, consiste à explorer le champ des vitesses sur une section transversale du cours d'eau qu'il s'agit de choisir soigneusement. En période d'étiage, les hydromètres mobilisent une perche permettant de mesurer les débits sur différentes verticales de la section et à différentes profondeurs. Les hydromètres connaissant la géométrie du cours d'eau, ils peuvent en déduire le débit associé à la section. (Photo 1). Les jaugeurs de terrains convertissent ainsi, et quelle que soit la méthode qu'ils mobilisent, le flux du cours d'eau en un couple de valeurs exprimé par le jaugeage, c'est-à-dire le débit mesuré ponctuellement sur une station, et la hauteur qui est lue par ces jaugeurs à l'échelle limnimétrique. Il s'agit ensuite de multiplier ces jaugeages pour différentes hauteurs d'eau et de déterminer ainsi une relation hauteur débit. C'est cette relation qu'exprime la courbe de tarage et qui permet de mobiliser un réseau de différentes stations qui mesurent des hauteurs d'eau grâce à des capteurs. Précisons alors que de nombreux hydromètres privilégient aujourd'hui des capteurs non pas immergés, mais aériens permettant d'éviter les incertitudes liées à l'envasement ou aux différents embâcles présents dans les cours d'eau. Ces capteurs de hauteurs sont reliés à des centrales d'acquisition qui datent et conservent de manière automatisée ces hauteurs. Elles sont dotées d'un dispositif de transmission permettant de répondre aux requêtes d'un concentrateur qui appellent les stations réparties sur le territoire et rassemblent les données. Les hydromètres disposent ainsi des fichiers hauteurs – temps et de chroniques de hauteurs en continu qu'ils peuvent convertir en débit grâce à la courbe de tarage. En déléguant aux stations une proximité spatiale et temporelle avec le cours d'eau, l'automaticité et la fréquence massive de collecte de hauteurs, une centralisation et un traitement dépersonnalisé de la donnée, les hydromètres peuvent ainsi visualiser l'évolution des débits en se connectant sur leur ordinateur.

Photo 1: opération de jaugeage par exploration du champ des vitesses (à la perche et par ADCP) dans le cadre d'une visite de terrain avec la DREAL Occitanie.

Pour autant, si le débit est calculé à partir de la hauteur, les hydromètres ne disposent pas du même nombre de jaugeages sur toutes les gammes de hauteurs, les évènements extrêmes, en hautes comme en basses eaux, étant par définition moins fréquents et du même coup moins fréquemment jaugés. Si le milieu de la courbe de tarage est a priori plus robuste parce qu'il renvoie à un nombre de jaugeages plus fréquents, il est aussi soumis plus fréquemment à de nombreux évènements, climatiques ou techniques, qui modifient la relation hauteur débit. L'importance des crues peut modifier la relation hauteur débit en changeant simplement le lit de la rivière ou en transportant d'importants matériaux qui peuvent endommager les capteurs lorsqu'ils sont immergés. On comprend aisément que la force des écoulements montagneux notamment, en transportant des sédiments, puisse transformer le lit des cours d'eau et donc la relation hauteur débit. Si les cours d'eau de plaine sont moins violents, ils sont soumis à d'autres influences. Le détarrage, c'est-à-dire une modification de la relations hauteur débit, peut être due à une évolution de la végétation. Ce n'est pas simplement la rivière qui introduit des modifications de la relation hauteur débit, mais aussi les instruments et les acteurs qui permettent d'en objectiver les caractéristiques. Le caractère périssable des données hydrométriques renvoie non pas simplement aux changements de ce qui est mesuré, mais aussi aux incertitudes des instruments qui mesurent. Si l'hydrométrie fait appel à une importante métrologie, elle doit aussi faire face à des pannes franches ou des dérives de capteurs plus difficiles à détecter. Dans cette perspective, on comprend qu'une grande part du travail hydrométrique consiste à s'assurer de l'adéquation entre le chiffre que les hydromètres peuvent lire au bureau et la réalité physique du cours d'eau auquel il renvoie.

Processus d'attachement piloté par l'hydrométrie de bureau

Les hydromètres développent une intense activité réflexive pour entretenir le doute et mettre à l'épreuve les chiffres qu'ils produisent par un retour permanent au cours d'eau et la planification de tournées de jaugeage. L'analyse des jaugeages et leur positionnement sur la courbe de tarage, apparaît en effet comme un moment fondamental de la mise en doute des chiffres. Il est vrai qu'avec la télétransmission des stations, les hydromètres ont perdu beaucoup d'informations. L'interruption des enregistrements papier sur lesquels les jaugeurs indiquaient toutes leurs observations liées à la vie de la station et la nature de leurs interventions, a conduit les hydromètres à développer de nombreux dispositifs leur permettant de ne pas perdre le contact avec le terrain, de mieux comprendre les enregistrements des débits qu'ils peuvent lire en bureau. Ils ont ainsi développé et formalisé dans des démarches qualité la fréquence minimale et les modalités concrètes de jaugeage sur le terrain. Pour l'exploration du champ des vitesses à la perche, la procédure qualité précise aussi bien le nombre de verticales minimum que le nombre de points par verticales que les jaugeurs doivent réaliser. Plus que cela, la Dreal Occitanie a par ailleurs développé un outil de traçabilité « Carnet de passage » permettant de suivre les conditions de passage, les opérations de jaugeage et de maintenance réalisées par les jaugeurs sur le terrain. En précisant de manière normative comment il faut jauger et en se dotant d'un dispositif pour suivre l'activité concrète des jaugeurs, les hydromètres se donnent ainsi les moyens de piloter les phases les plus amont de la production de donnée et d'assurer la comparabilité des opérations de jaugeage. C'est bien ici l'écart à la norme qui déclenche le doute et peut susciter la demande d'une nouvelle intervention de mesure ou de maintenance. C'est bien ce travail qui peut conduire, lors des bilans de fins d'année, à une révision plus importante des modalités d'organisation du travail de terrain visant à revoir plus fondamentalement l'organisation du travail des hydromètres pour améliorer la qualité de la donnée.

Si la télétransmission s'est accompagnée d'un souci de rattraper les données de terrain visant notamment à prescrire les modalités de jaugeages, les logiciels, en permettant de replacer le couple hauteur débit associé au jaugeage par rapport à la courbe de tarage en vigueur peuvent alors éveiller un doute. En effet, plus le point tombe loin de la courbe, plus le doute est important et plus les hydromètres soupçonnent un détarrage. Ils mènent alors une véritable enquête pour identifier les causes du détarrage. Il s'agit de remonter dans l'historique des différents jaugeages pour détecter le moment à partir duquel les points ne tombent plus sur la courbe, dater le détarrage et en identifier éventuellement la cause. La date du détarrage peut ainsi conduire à identifier une crue fréquemment à l'origine d'une modification de la relation hauteur débit. Si l'étiologie du détarrage n'est pas toujours claire, les hydromètres redessinent une courbe de tarage (Cf. Figure 1), ou une portion de courbe, plus adaptée aux nouveaux jaugeages.

> « *Déjà on regarde les jaugeages à partir de quel moment ils se mettent à partir, donc ça on le regarde sur les jaugeages, on essaye de voir entre quel et quel jaugeage il s'est passé quelque chose, on essaye déjà de commencer à identifier ce*

> *truc-là. On se fait une idée de là où il faudrait chercher et après on va chercher les enregistrements de hauteur pour voir s'il s'est passé quelque chose entre ce jaugeage-là et celui-là, s'il y a une crue on a trouvé, s'il n'y a pas de crue, il faut chercher ailleurs et des fois c'est pas simple ». Hydromètre de bureau*

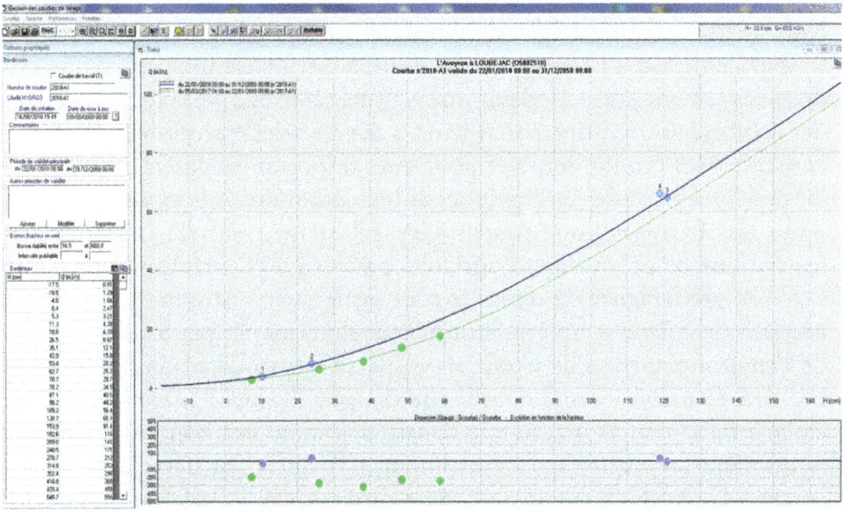

Figure 1: exemple de retarage en basses eaux (courbe bleue)

Cette mise en doute par le retour au cours d'eau conduit ainsi à retracer les courbes de tarage et à redéfinir les débits bancarisés qui font par ailleurs l'objet d'une critique portant aussi bien sur les hauteurs d'eau que sur les débits. En bureau, les hydromètres peuvent se connecter sur le concentrateur à l'aide d'un logiciel leur permettant de visualiser les hauteurs d'eau associées à différentes stations. Ils peuvent alors détecter des trous dans la chronique de données ou des données aberrantes leur permettant de soupçonner une dérive de capteur ou un défaut d'enregistrement lié par exemple à une panne d'alimentation de la station et déclencher une opération de maintenance. De même, la conversion des hauteurs en débit fait l'objet d'une attention particulière. Ce travail de vérification peut être réalisé en comparant les données dans le temps ou dans l'espace. Il peut s'agir de comparer les débits affichés entre une station en amont et en aval, de vérifier que les données hydrométriques enregistrent bien l'évolution de la situation pluviométrique pour déclencher, une nouvelle fois, un retour au cours d'eau.

Pour autant, ce travail de critique et de validation de la donnée hydrométrique prend beaucoup de temps et n'est pas fait de la même manière par toutes les unités hydrométriques qui ne disposent pas toutes des mêmes moyens. Il est vrai que notre travail intervient au moment de la réforme de l'unicité de l'hydrométrie qui se traduit pour certains hydromètres par un surcroît de travail important pouvant se traduire par un espacement des jaugeages conduisant à une incertitude croissante des données et à une correction par un éventuel retarrage plus tardif. Corriger des débits peut conduire, par ailleurs, à dévoiler des erreurs de gestion aux conséquences économiques et politiques importantes dans la mesure où le franchissement de seuil peut aussi bien conduire à de coûteux lâchers d'eau des barrages pour soutenir les débits qu'à de très impopulaires restrictions de prélèvements agricoles par les DDT. Précisons enfin que certains producteurs de données sont également gestionnaires et qu'ils peuvent du même coup être lourdement sanctionnés par les inspecteurs de l'environnement s'ils n'ont pas respecté leurs obligations de tenir le DOE. L'actualisation des courbes de tarage à la suite d'un jaugeage trop éloigné de la courbe peut alors consister à remonter non pas à date de la dernière crue qui est fréquemment à l'origine du détarrage mais à corriger la courbe à partir de la date du jaugeage à l'origine du constat de détarrage.

On comprend du même coup que le Shapi, en charge de la bancarisation des débits, puisse observer des modalités de renseignements de la banque hydro différentes et cherche à s'impliquer plus amont dans l'accompagnement des producteurs de données. Ce travail prend la forme d'une animation du réseau des hydromètres d'état et passe par l'organisation de journées thématiques et l'animation de groupes de travail permettant de mutualiser la grande diversité des connaissances et des pratiques en matière de jaugeage et de tarage notamment. Ce travail trouve son prolongement dans un effort de formalisation que donne à voir aussi bien la rédaction d'une charte qualité visant à caractériser les bonnes méthodes en matière de jaugeage, de tarage et de correction de la donnée que la rédaction d'un guide d'intercomparaison précisant le déroulement de ce type d'exercice et son intérêt dans la mesure où le débit peut être difficilement raccordé à un étalon. Le Schapi travaille enfin à la standardisation des pratiques par le développement, le déploiement et l'accompagnement d'applications pour produire, critiquer et valider la donnée. Il s'agit bien ici d'inciter à l'usage des outils nationaux participant à la rationalisation des différents aspects du travail hydrométrique en accompagnant les hydromètres d'état par l'organisation de formations qui couvrent l'ensemble des étapes de la production de données et en assurant la maintenance de la diversité des logiciels.

> *« Toute l'animation du réseau des hydromètres d'État, effectivement, c'est le SCHAPI qui est à la manœuvre. Donc, ça veut dire des journées techniques, un espace Intranet où on partage toutes les procédures, tous les guides. Ça veut dire des groupes de travail, pour faire évoluer les pratiques, que ce soit pour les jaugeages, pour les courbes de tarage, pour la critique et la validation des données, pour la maintenance, et où on se met d'accord sur l'évolution de ces procédures et de ces pratiques. Donc, c'est beaucoup d'interaction, on va dire, entre les 270 hydromètres d'État, pour essayer d'homogénéiser les pratiques et de faire en sorte qu'une donnée produite à un endroit de la France soit équivalente à une donnée produite ailleurs, voilà. » Responsable SCHAPI*

Pour autant ce travail d'homogénéisation ne consiste pas simplement à s'impliquer plus amont pour encourager à l'uniformité des pratiques, mais il passe aussi par un travail visant à soutenir les efforts pour objectiver, qualifier et quantifier les différentes incertitudes qui peuvent se cumuler durant tout le cycle de production de la donnée. De nombreux producteurs de données évoquent la pression qu'ils ressentent en matière de données et tenant à la production d'un chiffre unique. Les hydromètres évoquent à cet égard l'impératif de précision qu'ils ressentent durement, et qui n'est même parfois pas atteignable techniquement. Le Schapi s'appuie ici sur l'existence d'un groupe de travail, le groupe doppler hydrométrie (GDH), particulièrement actif en matière de calcul des incertitudes hydrométriques et visant notamment à éviter que certains hydromètres anticipent sur les usages qui vont être fait de la donnée dans leur modalité de production ou de livraison des débits. C'est bien ce dont témoigne ce chercheur du GDH évoquant le risque que les hydromètres choisissent dans une fourchette de données celle qui leur semble la plus adaptée à l'usage. Cette hydrométrie déterministe, en n'affichant pas ces incertitudes est non seulement douteuse scientifiquement, mais elle est aussi illégitime politiquement dans la mesure où elle soustrait à la discussion politique des choix par rapport auxquels elle est incapable de s'exprimer.

> *« Pour l'instant, cel qui se passe, c'est que les gens en arrivent à fausser les mesures, en anticipant une utilisation qui va être faite. C'est-à-dire que, comme on ne donne pas une fourchette, mais qu'on donne une valeur unique, dans le cadre d'un plan de prévention des risques, parfois, les gens vont donner la valeur haute de leur intervalle de confiance, et en disant que c'est ça la mesure.*

Parce qu'ils anticipent que ça sera plus sécuritaire, mais après, on se retrouve avec des données qui sont bancarisées, qui sont faussées dans un sens ou dans l'autre. Pour les étiages, peut-être qu'on va fausser dans l'autre sens, parce qu'on va vouloir se prendre une marge. Pour les poissons, on va plutôt vouloir ne pas aller taquiner le bas de la fourchette. Du coup, vous voyez, quand on est dans un cadre déterministe avec une seule valeur, on retombe souvent sur le producteur de données. On lui dit « Démerde toi coco pour me donner la valeur qui va dans le bon sens ». Membre GDH

Dans cette perspective GDH et Schapi travaillent ensemble à l'objectivation et à l'affichage des incertitudes. Il s'agit bien de purger la science de la politique en indiquant que le choix de la probabilité de tomber dans une fourchette est un choix éminemment politique qui ne revient pas aux producteurs de données. L'affichage des incertitudes apparaît ainsi comme une manière de retravailler les responsabilités et de forcer notamment le préfet à prendre ses responsabilités et à ne pas asseoir la légitimité de ses prises de décisions sur une science qui ne peut pas être équipée pour juger du niveau de risque que l'on choisit ou non de prendre. Si le calcul des incertitudes peut apparaître à certains hydromètres comme l'occasion de théâtraliser la technicité d'un métier méconnu ou au contraire comme la possibilité d'une critique pointant un manque de précision, les modalités de calcul et d'affichage de l'incertitude hydrométrique, loin d'apparaître comme productrice de défiance à l'égard du chiffre, apparaissent plutôt comme un gage de sérieux et d'honnêteté (Mauz et Granjou 2008).

La détermination d'un seuil comme naturalisation scientifique d'un projet politique : la création d'ouvrages

Si les acteurs disposent désormais des écoulements en temps réel sur les cours d'eau, nous pouvons désormais chercher à mieux comprendre comment sont déterminés les débits seuils, les DOE, à partir desquels le SDAGE de 1996 prévoit l'élaboration d'une politique structurelle de gestion quantitative de l'eau. C'est bien, en effet, sur la base de ces DOE que sont définis les éventuels déficits en eau et déterminées les solutions pour y faire face. Nous nous appuierons ici sur le cas du Lemboulas, un affluent du Tarn, situé dans les départements du Tarn-et-Garonne et du Lot à partir d'une analyse centrée sur le lancement d'un Plan de Gestion des Étiages (PGE) sur ce bassin. Nous montrerons, dans un premier temps, que le lancement de ce PGE s'inscrit dans la continuité d'une dynamique faisant de la pénurie d'eau le principal problème à résoudre et de la création de barrages la principale solution et que la rédaction du cahier des charges mobilisant les compétences des bureaux d'étude renvoie à ce cadrage spécifique des problèmes et des solutions en matière de gestion de l'eau. Nous montrerons ensuite comment les bureaux d'étude travaillent et participent de la légitimation scientifique d'un projet politico économique visant à la création de nouvelles réserves. A travers la définition de ces seuils, nous montrerons ainsi comment est négocié à la fois la nature et l'importance du problème de pénurie, mais aussi la nature des solutions pour y faire face.

La rédaction d'un cahier des charges techniques au sein du PGE : le cadrage politique de la commande

Le Lemboulas connaît un régime irrégulier avec des situations chroniques d'étiages sévères, pouvant aller jusqu'au tarissement de certains cours d'eau. Le principal usager de l'eau est l'agriculture irriguée, l'eau de la rivière et de ses affluents étant principalement mobilisée pendant la période d'étiage (Veyrac Ben Ahmed 2012). Alors que le nombre d'exploitations décroît régulièrement depuis le début des années 1980, les superficies irriguées, elles, connaissent un accroissement important et se traduisent par des revendications importantes de la profession agricole qui voient dans la création de nouveaux ouvrages un moyen fondamental de sécuriser les productions, aussi bien en termes de qualité que de quantité. Si les sécheresses de 1989, 1990 et 1991 accroissent le décrochage entre les besoins de la profession agricole et les ressources disponibles, elles contribuent à mobiliser la profession agricole autour de l'enjeu décisif que constitue l'irrigation. La chambre d'agriculture du Tarn-et-Garonne réalise ainsi en 1991 une reconnaissance topographique et foncière de cinq sites de retenues collinaires. À la demande de l'Association Syndicale Libre[2] (ASL) du Quercynol, le Conseil Général du Tarn-et-Garonne (CG 82), commandite une étude au bureau d'études SOGREAH[3] pour

---

2 Les associations syndicales libres (ASL), personnes morales de droit privé, sont des regroupements de propriétaires autour de différentes missions, dont l'aménagement et l'entretien des cours d'eau.

3 Société Grenobloise d'Études et d'Applications Hydrauliques, aujourd'hui appelée ARTELIA.

définir la faisabilité de quatre retenues collinaires dans les coteaux du Quercy. En juin 1998, la Direction Départementale de l'Agriculture et de la Forêt (DDAF) du Tarn-et-Garonne, contrainte de prendre de manière récurrente des arrêtés de restriction des prélèvements et confrontée à la grogne des agriculteurs, commandite un travail à un autre bureau d'étude, ISL Bureau d'ingénieurs conseil (ISL)[4]. Il ne s'agit plus simplement de répondre aux enjeux locaux de l'ASL par la création de retenues destinées à l'irrigation dans les coteaux du Quercy, mais de soutenir plus globalement les étiages à l'échelle du bassin versant du Lemboulas.

> *« En fait on était tous les ans en réunion sécheresse et chaque année ça posait problème parce qu'on partait sur des restrictions de prélèvement. Ça posait problème par rapport à la profession agricole qui en plus chez nous est assez véhémente. Donc il y avait pas mal de gens qui avaient investi dans du matériel d'irrigation, à qui on empêchait de pomper l'été. Ça créait des tensions annuellement. Donc avec la DDT, enfin la DDAF à l'époque, on avait travaillé ensemble. On s'était dit : il faut arriver à trouver des solutions par bassin versant pour arriver à résorber ce déficit en eau chronique ». Conseil Général Tarn et Garonne*

Cette étude vise à faire un bilan besoins-ressources et à étudier différentes options de stockage. Pour calculer les déficits, ISL estime les prélèvements moyens existants et s'appuie sur un objectif de débit à la station hydrométrique de Lunel alors fixé à 50 l/s[5]. Les calculs donnent à voir un bassin déficitaire. L'essentiel de l'étude porte sur la faisabilité de retenues supplémentaires. ISL inventorie près de treize sites, dont trois ont déjà fait l'objet d'une étude préliminaire par SOGREAH et propose trois scénarii d'aménagement qu'il compare selon leur faisabilité technique, leur capacité à soutenir les débits en étiages et les besoins d'irrigation, leur coût et leur possibilité de financement public. Pour ISL, le scénario le plus adapté consiste en la création d'un ouvrage structurant à Montpezat de Quercy. C'est en effet le scénario le plus adapté aussi bien à la satisfaction des besoins d'irrigation que des besoins de soutien d'étiages du Lemboulas, même si c'est aussi le scénario le plus onéreux.

---

4 ISL, 1998. « Etude d'alternatives en vue du renforcement des ressources en eau sur le bassin du Lemboulas ».

5 Sur certains points hydrométriques, alors qu'il n'y a pas encore de DOE, l'administration a fixé des débits de gestion utilisés pour gérer la pénurie et obliger les usagers à conserver un niveau d'eau minimum dans la rivière.

Si les différents ouvrages identifiés par les bureaux d'étude successifs peinent à se concrétiser pour des questions financières, la sortie du huitième programme de l'Agence de l'eau (2003–2006) constitue un moment décisif. Avec ce programme, l'Agence conditionne désormais l'octroi de subventions pour la création d'ouvrages à l'existence d'un PGE ou d'un SAGE incluant un volet quantitatif et à l'établissement de DOE suivant un protocole établi dans le SDAGE de 1996. Seuls les barrages permettant de soutenir le DOE sont désormais susceptibles d'être financés par l'Agence. Ces DOE font alors appel à la notion de « débit naturel reconstitué », c'est-à-dire le débit qui aurait transité dans le cours d'eau s'il n'y avait eu aucun prélèvement et aucun lâcher. Cette méthode consiste ainsi à revenir à l'hydrologie naturelle du cours d'eau ou à « désinfluencer » les débits des cours d'eau en ajoutant aux débits mesurés les débits prélevés par les usagers et en ajoutant les éventuels débits lâchés par les barrages. L'ASL du Lemboulas, regroupant l'essentiel des irriguant du département, encourage alors le CG 82 à prendre en charge la maîtrise d'ouvrage d'un PGE sur le Lemboulas. Le CG 82 jouit en effet de compétences reconnues en matière de gestion quantitative de l'eau. Composé de nombreux élus aussi irriguant, il a su mener une politique volontariste en matière de création de retenues. Le CG 82 accepte rapidement d'être le porteur de la démarche et organise une première réunion plénière le 25 septembre 2003 lors de laquelle les trois scénarii identifiés par ISL à la fin des années 1990 sont largement discutés. Le CG 82 constitue un groupe technique chargé de constituer un cahier des charges pour une nouvelle étude, à partir des travaux précédents, qu'il supervise. Le groupe technique insiste sur la nécessité de fiabiliser l'étude ISL en disposant d'informations supplémentaires et actualisées pour appréhender plus précisément les besoins en eau, notamment pour l'irrigation, en réalisant un nouveau bilan besoins-ressources et en fixant des DOE pour estimer des déficits. Il s'agit aussi d'analyser plus sérieusement dix sites de stockage déjà identifiés par les études précédentes. Le travail hydrologique que va réaliser le bureau d'étude BRLi (Bas-Rhône Languedoc Ingénierie) retenu par le CG 82 a donc un cadrage éminemment politique. C'est bien l'effectivité de ce cadrage qui est rappelé par le comité technique à BRLi lors de la réunion de janvier 2005 qui préside au lancement effectif de l'étude : BRLi devra « proposer plusieurs scénarii comparatifs corrélant volumes de ressources supplémentaires à mobiliser, niveau d'objectifs d'étiages souhaités et fréquence de satisfaction des différents usages ». La nouvelle étude connecte ainsi étroitement, dans sa commande même, les ouvrages à créer aux DOE et à la satisfaction des usages qu'ils permettent.

Foisonnement des scénarii et rationalisation d'une politique de l'offre : la justification hydrologique

BRLi s'appuie sur la station de Lunel alors administrée par la DIREN pour fixer le DOE. Pour re-naturaliser les débits influencés, il utilise un modèle qui simule les débits des cours d'eau à partir de données météorologiques. Il s'agit de calibrer les paramètres de ce modèle pour le bassin versant sur des années dont on connaît le débit naturel (non influencé) et de vérifier que les données en sortie du modèle calibré sont correctes. Ce modèle peut ensuite être utilisé pour calculer des débits naturels pour les périodes plus récentes influencées par les usages. Pour autant, et comme l'indique très clairement BRLi dans la première partie de son rapport[6], cette méthode vient butter sur des problèmes de calibration et ne permet pas de reproduire fidèlement les écoulements naturels. BRLi décide alors d'opter pour une méthode de re-naturalisation algébrique qui demande de reconstituer l'historique des prélèvements sur le bassin. BRLi collecte les données disponibles sur les surfaces irriguées, leur affecte un besoin en eau en fonction des cultures et de la météorologie des années passées et estime ainsi les prélèvements. Dans son rapport, BRLi explicite les choix de modélisation et présente les hypothèses de calcul sur les relations entre prélèvements et débits, assurant ainsi la reproductibilité de sa méthode. Il pointe également les incertitudes sur les données d'entrée du modèle concernant les surfaces cultivées et les ressources mobilisées (cours d'eau, nappes, retenues collinaires). BRLi ne travaille donc pas à l'inscription clandestine de choix politiques dans des choix techniques difficilement compréhensibles, mais apparaît au contraire tout à fait transparent quant à ses choix et aux hypothèses qu'il retient pour gérer les incertitudes. BRLi propose trois valeurs de DOE. En plus d'une valeur jugée « basse » de 50 l/s correspondant au débit de gestion retenu jusqu'alors, il propose une valeur « haute » de 230 l/s et une valeur « intermédiaire » de 100 l/s. Il calcule par ailleurs les besoins en eau nécessaires pour assurer ces différentes valeurs de DOE et couvrir les besoins des irriguant. Ce travail l'amène ainsi à calculer différentes

---

6 BRL Ingénierie, 2005, « Etude pour le confortement de la ressource en eau du Lemboulas ».

valeurs de déficits associées aux 3 propositions de valeurs de DOE selon les hypothèses retenues concernant les relations entre prélèvements et cours d'eau. Ce travail conduit ainsi multiplier les déficits potentiels et les argumentaires justifiant de leur plus ou moins grande importance. Reprenant les précédents travaux de SOGREAH de 1994 et d'ISL de 1998, BRLi présente surtout les résultats d'une analyse approfondie de faisabilité des dix sites potentiels de retenues en examinant les contraintes géologiques et géotechniques, les capacités et espérance de remplissage, les contraintes foncières, environnementales et paysagères ainsi que le coût de ces différents ouvrages. Ce travail conduit ainsi à multiplier les argumentaires en faveurs et défaveurs des différents ouvrages permettant de couvrir des déficits qui restent encore largement indéterminés. L'analyse multicritère du bureau d'étude le conduit toutefois à identifier trois barrages, les Mothes, Mirounac et les Grèzes qui cumulent une capacité de remplissage estimée alors à 2,5 M m3.

Malgré les incertitudes affichées par BRLi, il n'y a pas de controverse significative sur les hypothèses de travail qu'il retient. En juillet 2005, lors de la restitution des résultats en réunion plénière, l'essentiel des discussions concerne l'importance des ouvrages susceptibles d'être construits. Ces discussions ne conduisent toutefois pas à reprendre les ouvrages préférentiels identifiés par le bureau d'études. Alors que les déficits à combler sont encore incertains, le CG 82 poussé par l'ASL du Lemboulas décide de lancer deux avant-projets sommaires pour les retenues de Mirounac et de Buzenac qui sont les plus coûteuses, mais qui assurent la plus grande capacité de remplissage. Face aux demandes récurrentes de l'ASL pour que soient instruits de nouveaux prélèvements d'irrigations, le CG 82 propose alors que soit envisagé une augmentation du DOE à 150 l/s rejoignant ainsi non seulement les intérêts des irriguants mais aussi ceux des pêcheurs. Augmenter le DOE revient en effet à augmenter le déficit et à légitimer le financement d'ouvrages par l'Agence de l'eau. C'est bien pour couvrir ce DOE plus exigeant que le CG 82 propose d'ajouter Sainte Croix aux projets d'ouvrages.

> *« Ce qu'on entendait beaucoup pendant les réunions, c'était plutôt la profession agricole qui demandait un DOE plutôt fort, élevé parce qu'ils se disaient que plus on demandait un DOE élevé, plus on dirait qu'il y avait un déficit, et plus on irait vers la création de ressource (...) Moi je me souviens surtout avoir entendu la profession agricole, je ne me souviens pas avoir entendu un discours qui irait dans un autre sens parce qu'en même temps, par exemple la fédération de pêche qui peut être un acteur qui va dans le sens des milieux, était plutôt*

favorable aussi à un DOE élevé, parce que ça correspond à une activité qui les intéresse, c'est un côté halieutique, c'est pas un côté milieu aquatique ». Agence de l'eau.

En décembre 2008, la dernière partie du rapport de BRLi est discutée dans une réunion au cours de laquelle BRLi présente les différents scénarii d'aménagement, les besoins de l'irrigation qu'ils permettent de satisfaire et les valeurs associées de DOE qu'ils permettent de tenir.

Présentation simplifiée des scénarii d'aménagement

	Volume net total diponible	DOE proposé	Volume maximum prélevable
Scénario 0 : situation actuelle		50	583 000
Scénario 1 : Mirounac	700 000	100	795 000
Scénario 2a: Mirounac + Buzenac	1 500 000	110	1 464 000
Scénario 2b: Mirounac + Lavaissière	1 150 000	110	1 188 000
Scénario 3a: Mirounac + Saint Romain + Buzenac	2 050 000	160	1 464 000
Scénario 3b: Mirounac + Saint Romain + Lavaissière	1 700 000	160	1 188 000
Scénario 4 : Mirounac + Saint Romain + Buzenac + Lavaissière	2 500 000	180	1 648 000

Source: à partir de la partie 3 du rapport de BRLi"Etude sur le confortement de la ressource en eau du bassin du Lemboulas"

A la logique du foisonnement des scénarii produits par BRL et permettant d'aligner des valeurs de DOE, des ouvrages et des volumes, correspond une logique de sélection du scénario renvoyant à l'importance des négociations portées principalement par le CG 82 et l'ASL. Le choix du DOE et donc du déficit à combler apparaît en effet comme le résultat d'une négociation portant sur le scénario le plus réaliste en matière de création d'ouvrage. Le scénario associant trois ouvrages et un DOE à 160 l/s est celui qui est préféré parce qu'il permet de répondre aux enjeux des irriguant et du CG 82 qui privilégie les ouvrages structurants, de grande taille. Ce scénario est cependant rejeté par la DIREN et l'Agence de l'eau. La DIREN rappelle que le DOE doit être calculé en respectant la méthode d'élaboration des PGE, c'est-à-dire en calculant un $VCN_{30,}$ c'est-à-dire le plus petit débit moyen sur 30 jours, à partir des débits re-naturalisés, et correspondant à 100 l/s pour le Lemboulas. L'Agence rappelle quant à elle qu'un PGE vise à sécuriser les usages actuels et ne doit pas prendre en compte une augmentation des surfaces irriguées. Le SDAGE 2010–2015 valide finalement une valeur de 100 l/s à Lunel, conduisant toutefois à un objectif de débit deux fois plus élevé que celui qui prévalait jusqu'alors (50 l/s). Alors qu'aucun ouvrage n'est encore construit, la DDT du Tarn-et-Garonne se retrouve depuis lors confrontée à gérer des crises de manière plus fréquente.

Les mesures de restrictions sur la base du franchissement des seuils : désalignement avec le chiffre

Alors que les chiffres se sont alignés sur un projet politique dont la mise en œuvre peine à se réaliser, nous pouvons désormais montrer comment ces seuils viennent équiper la gestion de l'eau en période d'étiage. Nous montrerons alors que la gestion des pénuries à partir du franchissement de ces seuils qui connectent le temps long de la gestion structurelle et le temps court de la gestion de crise (Fernandez et Debril 2016 ; Gaudin et Fernandez 2018) n'est pas sans poser problème. Alors que la réglementation prévoit grâce à ces seuils une réponse planifiée et proportionnée de la pénurie, les DDT chargées de la mise en œuvre des restrictions de prélèvements vient butter sur une importante opposition de la part des irriguant. Nous montrerons alors comment le travail critique déployé par la profession agricole conduit à l'émergence de règles secondaires (Lascoumes 1990) qui nous montrent une requalification des situations de pénuries et une redéfinition des modalités de leurs prise en charge.

Le franchissement des seuils comme gestion proportionnée des pénuries en eau par les DDT

Dès 1999, les préfets du bassin Adour Garonne travaillent à la rédaction d'arrêtés-cadres de limitation des usages visant à garantir la cohérence et la légitimité de l'action préfectorale sur les territoires en définissant à l'avance des niveaux de restriction et des seuils de déclenchements fondés sur ces DOE. L'arrêté-cadre qui fixe les modalités de la gestion de crise sur le bassin du Lemboulas précise ainsi 4 débits de référence adossés au DOE de Lunel (vigilance, alerte, alerte renforcée et crise) sur la base desquels sont prises des mesures de restriction par le préfet et sur proposition des DDT. Ces mesures sont déclenchées à partir du moment où la moyenne sur les 3 derniers jours des débits moyens journaliers est inférieure au seuil de déclenchement défini dans le tableau plus bas. L'usage réglementé en priorité est l'irrigation. Ces seuils, en caractérisant la gravité de la situation, permettent ainsi de planifier une réponse adaptée à l'importance des pénuries.

Présentation simplifiée des seuils de déclenchement et nature des restrictions pour l'irrigation individuelle.

	Seuil de déclenchement pour Lunel	Niveau de restriction
Débit d'objectif d'étiage	100	Entrée en vigilance - Pas de restriction
Débit d'alerte : 80% (DOE)	80	2 jours par semaine
Débit d'alerte renforcé : DCR + 1/3 (DOE-DCR)	50	3, 5 jours par semaine
Débit de crise	20	Interdiction totale

Source : à partir de l'arrêté cadre préfectoral du 30 juin 2020 pour le département de Tarn et Garonne

Pour autant, la gestion de crise en période d'étiage est plus délicate que ces arrêtés ne le laissent penser, parce que la mesure des débits est particulièrement incertaine d'un point de vue hydrométrique, mais aussi particulièrement sensible d'un point de vue politique. D'un point de vue hydrométrique, en effet, la période d'étiage se caractérise fréquemment par des jaugeages moins nombreux et plus incertains. Compte tenu du faible débit des cours d'eau, l'influence d'un barrage réalisé par des baigneurs, ou d'un herbier conduisant à augmenter artificiellement le niveau d'eau prend une proportion importante dans le résultat de la mesure. De leur côté, les jaugeurs reconnaissent qu'ils sont fréquemment confrontés aux limites des instruments et que la moindre erreur prend des proportions importantes au regard des écoulements limités. Il est vrai enfin que les données de débits mobilisés pour prendre des arrêtés sont des données brutes, l'impératif de fournir quotidiennement ces chiffres interdisant le travail critique de mise à l'épreuve et de correction que nous avons déjà déplié pour les données bancarisées du Schapi. D'un point de vue politique, il s'agit aussi d'une période particulièrement sensible. Il conduit en effet les DDT à prendre des mesures de restriction de prélèvements au moment même où la demande des irriguant est ponctuellement plus importante et particulièrement cruciale pour la survie des cultures et la viabilité économique des exploitations.

On comprend du même coup l'importance de la diversité des formes de coopération entre les unités hydrométriques et les DDT. Alors que les DDT réclament fréquemment un chiffre leur permettant de faire face aux oppositions des irriguant en cellule sécheresse, les hydromètres consolident les données par un travail d'anticipation. Ce travail consiste d'abord à choisir particulièrement soigneusement le site de mesure et à équiper les cours d'eau de seuils qui permettent de stabiliser les écoulements, de pérenniser la courbe de tarage et d'assurer la sensibilité de la mesure autour des valeurs réglementaires. Pour autant, le choix du site et son aménagement ne suffisent pas nécessairement à stabiliser la mesure. D'abord parce que les hydromètres ne sont pas libres d'implanter leurs stations où ils le souhaitent. Au-delà des objectifs de la mesure associés à la spécificité des besoins des différents acteurs, au-delà des moyens contrastés dont ils disposent en termes de ressources humaines ou financières, s'ajoutent notamment les contraintes de la réglementation qui peut imposer la réalisation de mesure alors que le site n'est pas favorable à une hydrométrie de qualité. Il est vrai par ailleurs que le durcissement de la réglementation en matière de continuité écologique et ses objectifs en matière de montaison ou dévalaison piscicole interdit désormais de construire de tels seuils, voir oblige certaines DREAL à détruire les leurs. Ces seuils peuvent fuir, ou plus classiquement se boucher. Les hydromètres mobilisent alors une seconde stratégie consistant non pas à plier la rivière à leurs besoins de connaissance, mais au contraire à surveiller les variations de débits pour profiter de ce que la rivière laisse voir ponctuellement de son fonctionnement et déclencher des jaugeages dans les eaux hydrométriquement basses et politiquement intéressantes. Ils disposent par exemple d'un outil permettant de définir non seulement des stations particulièrement intéressantes, mais aussi des tranches de débits qui n'ont pas encore été jaugées. Cet outil nous montre ainsi comment est équipée la vigilance de l'hydromètre et assuré techniquement un compromis entre l'intérêt politique consistant à consolider certaines valeurs de débits et l'opportunité biophysique que le cours d'eau offre aux jaugeurs.

Pour autant, ce travail de consolidation de la donnée, en amont de la cellule sécheresse, ne semble pas en mesure d'éteindre la contestation des irriguant. Cette dernière pointe d'abord le dispositif déployé pour caractériser la sécheresse par un travail critique portant sur le réseau de mesure. Alors que les mesures peuvent être jugées non seulement incertaines, mais douteuses parce que réalisées par une administration idéologiquement marquée par des considérations écologiques, certains porte-paroles des agriculteurs mettent en avant la disponibilité de la ressource qu'ils ont pu observer eux-mêmes pour remettre en cause les valeurs de débits mobilisées par l'administration. De même le niveau des valeurs seuils fait l'objet de critiques spécifiques. Les porte-paroles de l'irrigation pointent le relèvement arbitraire de ces valeurs initialement pensées pour diluer les pollutions, mais correspondant aujourd'hui à

Photo 2: seuil en aval de la station de Lunel dans le cadre d'une visite avec l'OFB.

une montée des aspirations écologiques et rappellent l'importance des promesses qui leur ont été faites en matière de création d'ouvrage. C'est bien ce dont témoigne cet ancien président de chambre dénonçant les promesses non tenues par les services de l'état.

> *« On a beaucoup discuté sur les débits d'objectif d'étiage. En disant c'était du gaspillage et qu'on envoyait de l'eau à la mer. Qu'on dépassait la nécessité pour la salubrité par exemple. Donc c'était là-dessus qu'on s'était pas mal opposé par exemple, en disant : vous remettez les débits trop élevés d'objectif. Alors partant je disais : vous les mettez si élevés que vous vous retrouvez avec des interdictions et vous risquez de faire disparaître des exploitations. Mais à chaque fois, à chaque fois qu'on veut nous faire passer un truc, on nous annonce qu'on va faire une réserve ». Chambre d'agriculture*

La contestation peut ensuite porter sur les mesures de restriction elles-mêmes et dénoncer la sévérité des limitations de prélèvements au regard des enjeux agronomiques et économiques des exploitations parfois en grandes difficultés. Ce ne sont pas les modalités de production du chiffre, mais ses conséquences qui font alors l'objet de critiques nourries. Les représentants de l'agriculture mettent alors en avant les enjeux socio-économiques associés à leur activité en rappelant que l'irrigation est un moyen fondamental d'assurer la stabilité quantitative et qualitative des produits sur des marchés marqués par une volatilité des prix importants. Ils pointent l'importance des emplois directs et indirects induits par l'agriculture et mettent en avant la participation du monde agricole au développement territorial, l'irrigation permettant notamment la viabilité de petites structures sur le territoire. En s'engageant plus globalement dans la défense du monde agricole et en dénonçant une règlementation toujours plus contraignante, voire stigmatisante, pour les professionnels, cette contestation peut avoir le soutien de certains élus des zones rurales et déboucher sur des manifestations importantes. En dépit des efforts réalisés par les services de l'État pour asseoir hydrologiquement et juridiquement la légitimité de leurs décisions, la gestion de crise montre, en même temps que l'importance des résistances auxquelles ils doivent faire face, la manière dont ils composent avec les usagers agricoles.

Le franchissement de seuil comme gestion proportionnée de la critique : requalifier la pénurie et redéfinir les modalités de prise en charge

La prise d'arrêtés opérationnels n'est pas mécanique ou transparente. Bien au contraire, elle nous donne à voir un espace décisionnel opaque où sont aussi bien interprétés les textes généraux que requalifiées les situations particulières auxquelles ils sont supposés s'appliquer. Il est vrai que la prise d'arrêté et a fortiori les opérations de contrôles destinés à en assurer l'effectivité peuvent déclencher d'importantes réactions de la part du monde agricole. Les agents évoquent à cet égard le climat particulièrement tendu qu'ils ressentent en période d'étiage, les menaces dont ils sont l'objet comme la diversité des violences dont ils ont pu être la victime. Dans cette perspective, les cellules sécheresse apparaissent d'abord comme l'occasion d'appréhender l'importance de l'hostilité du monde agricole comme les conséquences potentielles d'une prise d'arrêté. Les agents des DDT ne s'en tiennent pas à observer les franchissements de seuils pour en déduire les mesures à prendre, mais ils recherchent fréquemment des justifications à ces franchissements. Ils peuvent alors mobiliser les pertes économiques associées aux conséquences agronomiques d'une interdiction d'irriguer en période de floraison du maïs comme l'incertitude météorologique pour brouiller la caractérisation d'une sécheresse et retarder des mesures de restriction que ni l'hydrologie ni le droit ne parviennent à légitimer totalement. Nous assistons à une interprétation et à une redéfinition des règles en matière de restriction d'usages conduisant à retarder la prise d'arrêté opérationnelle en amont ou à relâcher les contrôles plus aval. C'est bien ce dont témoignent les inspecteurs de l'environnement qui peuvent évoquer aussi bien les consignes préfectorales les encourageant à faire preuve de souplesse que l'importance des incidents passés en matière de contrôle.

> *« Quand vous avez des collègues de la DDT qui ont été faire des contrôles, ils arrivent, il y a personne. Et puis d'un coup la route se ferme derrière eux, on démonte les roues de la voiture et on les ramène à la DDT. Vous êtes que deux et vous avez trente types autour de vous, vous ne pensez pas que vous pouvez avoir la trouille à un moment donné ? Il y en a deux autres qui ont été séquestrés pendant un après-midi. Moi, à titre personnel, on m'a menacée de me noyer même s'il restait qu'une flaque d'eau en été. Je me suis retrouvée plaquée contre un mur. Ensuite vous avez, quand il y a les manifestations vous trouvez, vous entrez dans votre bureau et il y a eu du lisier épandu partout. Ça fait pas un climat d'envie d'aller prendre des coups ! Même si on aime notre boulot, à un moment donné on va être un peu prudent ». Office français de la biodiversité*

Ces négociations peuvent déboucher sur l'assouplissement des arrêtés-cadres qui peuvent formaliser ces aménagements par l'inscription de dérogations. Il peut s'agir de mettre en avant la spécificité de cultures maraîchères aux surfaces limitées qui, contrairement aux exploitations faisant du maïs ou du tournesol, nécessite une irrigation peu importante, mais quotidienne. Ces exploitations ne peuvent pas, en effet, décaler leurs tours d'eau selon les jours autorisés et se voient lourdement pénaliser lorsqu'une restriction de 3,5 jours est prise. De même, il peut s'agir d'inviter les responsables de la police de l'eau à un tour de champ pour mettre en avant les efforts réalisés par certains arboriculteurs pour investir dans des techniques économes comme le goutte à goutte, mais qui nécessite d'irriguer une heure ou deux mais quotidiennement. De même, il peut s'agir de mettre par exemple en avant des pratiques de semis de colza semences plus précoce pour éviter les attaques d'insectes et donc le recours à des produits phytosanitaires, mais qui nécessitent du même coup un apport d'irrigation. Qu'il s'agisse de prendre appui sur les spécificités des cultures, des systèmes d'exploitations et d'irrigations ou des pratiques agricoles, les porte-paroles de la profession agricoles, eux-mêmes soumis à la diversité des critiques de leurs mandants, travaillent ainsi à adapter les règles de la gestion de crise à la diversité des pratiques. Il s'agit alors de négocier des dérogations pour certaines cultures, semencières notamment, ou de définir des horaires d'interdiction compatible avec la diversité des pratiques agricoles. Ces négociations au ras du sol nous montrent ainsi comment DDT et profession agricole négocient localement une mise à distance des débits et des seuils pour faire valoir d'autres éléments permettant de caractériser la pénurie et d'autres règles pour la prendre en charge.

Conclusion

Nous avons cherché dans cette contribution à mieux comprendre la mise en politique publique des cours d'eau à partir de leur mise en nombre.

Nous avons ainsi montré, dans une première partie, que la consistance de l'argument hydrométrique renvoie à deux processus contrastés. Un processus de détachement qui nous fait passer d'une nature ponctuelle, personnalisée au niveau local construite par les jaugeurs à une nature continue, dépersonnalisée au niveau national par la courbe de tarage permettant une conversion automatique des hauteurs en débit. Un processus d'attachement qui nous montre une mise en doute systématique du chiffre par un retour permanent au cours d'eau conduisant à l'actualisation de la courbe de tarage et à la correction des débits associés. C'est bien dans ce jeu en boucle que se joue la reproduction et la proximité des écoulements bancarisés et sur lesquels peuvent s'appuyer les bureaux d'étude pour définir des seuils et les DDT pour prendre des mesures de restrictions lorsqu'ils sont franchis.

Nous avons alors décrit comment étaient déterminés, à partir de ces débits bancarisés, les seuils sur la base desquels sont gérés les cours d'eau. Nous avons montré comment les savoirs hydrauliques viennent à la fois naturaliser un problème de pénurie, légitimer une politique de l'offre, et aligner les deux termes. C'est bien ce que nous montre, en amont, la dynamique des négociations portées par les représentants de la profession agricole et les élus qui pèsent sur la rédaction des cahiers des charges et cadrent fortement le type de travail et la nature des savoirs déployés par les bureaux d'étude. C'est bien ce que nous montre plus aval, la dynamique des négociations dans les arènes délibératives conduisant à sélectionner, parmi le foisonnement des scénarii proposés par ces experts, celui qui permet de légitimer une politique tenant davantage à la création de nouveaux ouvrages qu'à la limitation des prélèvements.

Nous avons enfin montré comment la mesure des débits et la fixation des seuils viennent équiper l'administration en lui permettant de planifier une gestion proportionnée de la pénurie en période d'étiage. Nous avons toutefois décrit comment sont mises à distance les manières de connaître et de gouverner les cours d'eau par ces chiffres et comment la diversité des formes de contestations portées par la profession agricole en cellule sécheresse conduit aussi bien à requalifier la pénurie qu'à retravailler, plus ou moins clandestinement, les modes de gestion qui s'y rattachent.

Bibliographie

Barbier R., Riaux J., Barreteau O. (2010), « Science réglementaire et démocratie technique. Réflexion à partir de la gestion des pénuries d'eau », *Natures Sciences Sociétés*, vol. 18, n°1, pp. 14–23.

Debril T., Barone S., Gaudin A. (2020), « Les trajectoires négociées de l'infraction environnementale : le cas des usages agricoles de l'eau » in Leenhardt D., Voltz M, Barreteau O. (Dir.), *L'eau en milieu agricole*, Versailles, Quaé, pp. 89–101.

Demortain D. (2019), « Les jeux politiques du calcul. Sociologie de la quantification dans l'action publique », *Revue d'anthropologie des connaissances*, vol. 13, n° 4, pp. 953–972.

Denis J., Pontille D. (2012), « Travailleurs de l'écrit, matières de l'information », *Revue d'anthropologie des connaissances*, vol. 6, n° 1, pp. 1–20.

Doré A. (2013), « L'exercice des biopolitiques. Conditions matérielles et ontologiques de la gestion gouvernementale d'une population animale », *Revue d'Anthropologie des Connaissances*, vol. 7, n°4, pp. 837–855.

Fernandez S., Trottier J. (2012), « Chapitre 9. La longue construction du débit d'objectif d'étiage : l'odyssée d'une métamorphose (la gestion des cours d'eau du bassin Adour-Garonne)», in François Papy (Dir.), *Nouveaux rapports à la nature dans les campagnes*, Versailles, Quaé, pp. 153–167.

Fernandez S., Debril T. (2016), « Qualifier le manque d'eau et gouverner les conflits d'usage : le cas des débits d'objectif d'étiage (DOE) en Adour-Garonne», *Développement durable et territoires*, vol. 7, n°3, (en ligne).

Gaudin A., Fernandez S. (2018), « En attendant les barrages. Gouverner les temporalités de la gestion de la pénurie en eau dans le sud-ouest de la France », *Développement durable et territoires*, vol. 9, n°2, (en ligne).

Lascoumes P. (1990), « Normes juridiques et mise en œuvre des politiques publiques », *L'Année sociologique*, vol. 40, pp. 43–71.

Mauz I., Granjou C. (2008), « L'incertitude scientifique explique-t-elle la defiance ? Le cas de la réception des résultats du suivi scientifique du loup », in Allard P., Fox D., Picon B. *Incertitudes et environnement. La fin des certitudes scientifiques*, Arles, Edisud, pp. 383–396.

Latour B. (1993), « Le « pédofil » de Boa-Vista : montage photo-philosophique » in *La clef de Berlin*, Paris, La découverte, pp. 171–225.

Riaux J. (2013), « Ethnographie d'un dispositif de gestion publique des eaux: à propos des paradoxes de la « mesure » hydrologique », *Journal des anthropologues*, vol. 132–133, (en ligne).

Strauss A., Fagerhaugh S., Suczek B., Wiener C. (1992), « Maladie et trajectoire », in Strauss A. *La trame de la négociation*, Paris, L'Harmattan [1985].

Veyrac-Ben Ahmed B. (2012), *Les agriculteurs face aux sécheresses : adaptation des pratiques et impacts environnementaux: étude à travers l'exemple du bassin versant du Lemboulas (Bas-Quercy, Midi-Pyrénées)*, thèse de doctorat de l'université de Toulouse 2 Le Mirail.

La construction politique de la valeur de la biodiversité : le cas des écosystèmes agricoles dans la plateforme Efese

Gaël Plumecocq

Depuis le milieu des années 2000, les initiatives internationales visant à mettre un chiffre la valeur de la biodiversité ou des services écosystémiques se sont multipliées (MEA 2005; TEEB 2010; MAES 2013; IPBES 2019). Ces évaluations, comme la notion de service écosystémique, trouvent leur justification dans la mise en visibilité, monétairement ou non, des bénéfices que l'humanité tire de la nature (Laurans et Mermet 2014; Rives et al. 2016). Bien loin du postulat de neutralité axiologique, les scientifiques experts qui participent à ces initiatives assument de manière pragmatique une posture morale, voire politique : il s'agit de rendre visible la valeur collectivement attribuée à la biodiversité de manière à la prendre en compte dans les décisions politiques.

Le travail d'expertise qui a alimenté la plateforme Efese (Évaluation Française des Écosystèmes et des Services Écosystémiques), initiée en 2013 par le ministère de l'Environnement et du Développement Durable (MEDD), s'inscrit dans cette histoire. Celle-ci visait à fournir des informations quantifiées sur les services rendus « gratuitement » par les écosystèmes nationaux de manière à mieux les intégrer dans la décision publique. Cette initiative constitue un cas particulièrement approprié pour étudier la quantification de la nature à travers les (re-)négociations entre expertise scientifique et politique, elles-mêmes inscrites dans une histoire et un contexte en perpétuelle reconstruction. Ce chapitre étudiera ainsi les processus sans cesse négociés de quantification, depuis les opérations de cadrage de la commande, jusqu'aux opérations plus concrètes de production du chiffre, comme constitutifs d'une trajectoire, au sens de Strauss (1992). Dans la suite des travaux qui ont étudié les initiatives internationales de monétarisation des services écosystémiques (Levrel 2013; Pesche 2013), ce chapitre ambitionne de saisir cette trajectoire de quantification non pas seulement à travers les conventions statistiques employées, mais surtout par les équipements organisationnels, cognitifs, sémantiques et normatifs qui mettent en forme l' « objectivité » (Centemeri 2012; Salais 2012; Desrosières 2014; Henneguelle 2022). Il permet de montrer, à travers la mise en œuvre concrète de la quantification et de la monétarisation de la biodiversité, comment le chiffre, mis au service du politique (Gaidet Fouilleux 2018) procède d'un travail déjà politique. Cette dimension et politique du chiffre est particulièrement prégnante en matière de quantification de la valeur, tant celle-ci, dans son acception commune, traduit un jugement à la fois subjectif et qualitatif. Pour autant le tour de force de l'économie, en tant que science de la valeur, a été de transformer cette notion idéelle et qualitative en une grandeur quantifiée et objectivable (cf. chapitre 3). Ce chapitre révèle ainsi les tensions constitutives de la trajectoire particulière de quantification, entre science et décision, entre recherche d'objectivation et postures morales, entre commande politique et expertise scientifique.

Nous mobilisons une approche conventionnaliste (Desrosières 2011; Salais 2012; Henneguelle 2022) et en particulier les notions de conventions marchandes (l'idée selon laquelle la valeur s'exprime en termes monétaire) et industrielles (celle selon laquelle la quantification constitue un préalable à la bonne administration publique) (Boltanski and Thévenot 1991; Mermet et al. 2005). En termes de biodiversité, cette convention d'évaluation fait de la quantité monétaire un équivalent aux contreparties fournies gratuitement par les écosystèmes et qui seraient donc mal perçues dans la décision publique. La convention, en tant que dispositif cognitif collectif, renvoie ainsi à une convergence d'évaluations sur un bien commun assurant la coordination. Une originalité de notre analyse est de déconstruire l'action collective à partir de son échec : dans le cas de l'Efese, la convention d'évaluation de la biodiversité est partagée, mais ne permet pas d'assurer la production d'évaluation monétaire. En effet, en ne parvenant à atteindre aucun des objectifs scientifiques et politiques fixés, l'histoire du volet « Services agricoles » de la plateforme Efese (« Efese-agricole », dans la suite du texte) permet de montrer qu'une reconnaissance commune de la nécessité d'évaluer, même équipée par des techniques de quantification *a priori* compatibles entre elles, ne suffit pas à mener à bien l'évaluation. Elle illustre comment les problèmes pratiques que pose la fabrique de l'évaluation collective trouvent leur source dans l'actualisation de certaines ressources cognitives et règles d'organisations justifiées par des principes de justice. Si la convention d'évaluation de la biodiversité fonctionne à un niveau de coordination très général et très abstrait, le processus d'évaluation nécessite d'établir un certain nombre de procédures qui, en en levant le caractère tacite, impliquent plus ou moins directement de réviser cette convention d'évaluation de la biodiversité. La thèse que nous défendons finalement, est que, bien loin d'une conception immanente et objective, la valeur économique des services écosystémiques est le produit de multiples négociations, entre des acteurs pris dans des logiques différentes, mais participant d'une trajectoire de quantification. Ce processus résulte d'agencements politico-scientifiques qui prennent appui sur diverses conventions de valeurs et d'évaluation qu'ils contribuent à redéfinir. Dès lors, l'argumentaire selon lequel la valeur économique permet d'informer efficacement la décision ne tient plus, puisque l'évaluation elle-même apparaît comme le résultat de décisions en compromis sur ce qu'il convient de faire ou non en matière de gestion de l'environnement : la valeur ne précède pas l'action, elle en découle.

Afin de renseigner la manière dont les accords se sont faits et défaits en matière de quantification de la valeur, nous avons réalisé une vingtaine d'entretiens libres auprès des différents acteurs clés de l'Efese-agricole. Nous avons ainsi identifié les thématiques les plus pertinentes, approfondies au fil des entretiens. Cette analyse thématique permet de décrire la trajectoire de quantification de la biodiversité telle que mise en œuvre dans l'Efese-agricole. Cette trajectoire articule trois moments de négociation constitutifs de la trajectoire de quantification : au moment de la commande, objet à évaluer (écosystèmes vs. services écosystémiques), cahier des charges et règles d'organisation de l'expertise sont retravaillées (section 1) ; la conduite de l'expertise révèle des désaccords entre experts et politiques, chacun ayant des manières concurrentes de juger le bien-fondé de la quantification (section 2) ; en fin d'expertise, les difficultés de l'évaluation économique sanctionnent les défauts d'élaboration collective (section 3). Chaque étape aboutit finalement à la construction d'accords négociés sur la base de compromis ambigus, qui se double d'interpénétrations différentes quant aux rôles respectifs des politiques et des scientifiques.

Le cadrage du travail collectif par la quantification : aligner les représentations

Le travail de cadrage de l'Efese qui se déroule entre 2012 et 2014 se joue d'abord au niveau politique. La délégation du travail de quantification vient dans un second temps. Une spécificité du volet agricole de la plateforme réside dans le fait que cette commande (quantification de la biodiversité et évaluation des bénéfices pour la société) est partagée : l'INRA, institut de recherche en agriculture et en alimentation, via le Métaprogramme (MP) EcoServ sera associé à la commande de l'étude. Les experts qui ont travaillé sur le volet agricole de l'Efese ont ainsi été majoritairement sollicité via la Direction de l'Expertise scientifique collective, de la Prospective et des Études (DEPE) de l'INRA qui gère les demandes d'acteurs politiques, parmi les personnels de l'institut[1]. Le flou entourant le projet de plateforme a ainsi nécessité des clarifications progressives qui ont fait l'objet de négociations, tant ces éclaircissements ont fait surgir des enjeux politiques : qu'est-ce que la biodiversité ? comment sera-t-elle donnée à voir ? comment le travail sera-t-il organisé ? La convention d'évaluation de la biodiversité tient ainsi sur des représentations normatives très générales mais dont la mise à l'épreuve nécessite des éclaircissements de nature à questionner le bien commun poursuivi par l'action collective.

Définir la biodiversité : entre services rendus et écosystèmes

Si les différents services du Ministère de l'Environnement et du Développement Durable (MEDD) partagent le constat qu'il est nécessaire de produire des informations sur l'état de la biodiversité pour mieux en prendre soin, ils aparaissent divisés sur les conceptions qui la sous-tendent et qui prennent racine dans la formation de ses personnels et aux compétences des deux services impliquées dans l'Efese : les personnels du Commissariat général au développement durable (CGDD) sont plutôt formés à la science économique (plutôt au niveau du doctorat) voire aux SHS, tandis que ceux Direction Eau et Biodiversité (DEB) viennent plutôt formations d'ingénieurs des grands corps d'État (notamment des Eaux et Forêts). Cela

---

1 D'après la liste des auteurs du rapport final, environ 80 % des auteurs sont affiliés à l'INRA (10 % à d'autres instituts de recherche). Il n'a pas été possible de retrouver l'affiliation de 10 % des membres.

a des implications sur la manière de quantifier très différentes : les premiers ont plutôt tendance à penser qu'il faut apprécier la demande sociale pour les bénéfices que la biodiversité lui apporte ; les secondes voient la biodiversité comme un phénomène biophysique à gérer et réguler.

> *« Dès le démarrage, on a senti des tensions entre les deux équipes, une équipe à dominante…, donc, le CGDD, une équipe d'économistes, et à la DEB, plutôt une équipe avec une dimension plus sciences naturelles, et avec cette perception d'emblée d'évaluations qui priorisent [...] plutôt des valeurs…, des valeurs physiques. [...] Et côté CGDD, on est davantage sur une dimension demande ou interaction avec la société. Donc, les valeurs, en termes économiques, voire monétaires, vont nous intéresser davantage. » (Initiateur de l'Efese, personnel CGDD).*

Plus fondamentalement, ces différences renvoient à des visions normatives concurrentes de ce qui doit valoir (et comment) dans la biodiversité. Le CGDD souhaite plutôt des évaluations économiques renvoyant à des valeurs subjectives ; la DEB préfère évaluer des valeurs biophysiques, perçues comme plus objectives. Cela a des implications sur la manière d'envisager l'exercice de quantification, dans la mesure où les manières de quantifier redéfinissent les objets à quantifier, et inversement. Ainsi, les deux services ministériels mobilisent et plaident pour des conceptions de la biodiversité très différentes : une conception par services écosystémiques pour le CGDD et une conception par les écosystèmes pour la DEB. La première est plutôt substantive et cherche à mesurer des flux. Dans cette approche, il s'agit d'évaluer les *outputs* de la biodiversité, en particulier en termes de bénéfices sociaux ou économiques. On distingue généralement les services d'approvisionnement (nourriture, matériaux…), les services de régulation (filtration des eaux, régulation du climat…), les services culturels ou socio-économiques (aménités paysagères, loisirs…) et les services de support aux autres services (cycles géochimiques, formation des sols…). Cette conception est largement anthropocentrée. Si certains travaux scientifiques mobilisent des évaluations qualitatives issues de la psychologie ou de la sociologie (Gómez-Baggethun et Martín-López 2015), la majeure partie des évaluations est économique et monétaire. Au contraire, l'approche par les écosystèmes est plutôt fonctionnaliste[2] et cherche à mesurer

---

[2] L'Organisation des Nations Unies définit l'écosystème, dans la synthèse du rapport du Millenium Ecosystem Assessment comme une « unité fonctionnelle » (MEA, 2005, p.V de la préface).

des stocks (par exemple, un nombre d'espèces ou la quantité d'azote stocké dans les sols) ou des flux (par exemple, la minéralisation de composants chimiques dans sol). Il s'agit ainsi d'apprécier la manière dont les écosystèmes, compris comme un ensemble complexe, organisé et interactif composé de plantes, d'animaux, de micro-organismes et de la nature morte environnante (MEA 2005), fonctionnent. Cette approche, plus biocentrée, se prête plus à une quantification biophysique. Elle correspond mieux aux découpages administratifs et aux compétences des gestionnaires de la nature, ce qui permet d'anticiper le travail de quantification, dans la mesure où de nombreuses données étaient déjà disponibles au moment du lancement de l'Efese-agricole

> *« Souvent, je m'évertue à expliquer qu'évaluer un stock, ce n'est pas simple, pour les économistes. Mais qu'on ne sait le faire qu'en termes de flux. C'est les mêmes méthodes, mais au final, on sait qu'on dit n'importe quoi [si on évalue un stock]. Donc, je pense que c'est aussi lié un peu à la méconnaissance du cadre dans lequel s'applique l'évaluation économique. » (Membre du Groupe d'experts, économiste à l'IRSTEA).*

En conséquence, les deux formes de quantifications (économique vs. biophysique) solidaires des deux approches de la biodiversité (par les services vs. par les écosystèmes) sont d'abord imaginées comme compatibles, et même complémentaires, sans qu'elle n'aient réellement été pensées. Sans réelle négociation, la DEB imposera par la force l'approche par les écosystèmes, sans percevoir, à ce stade, les enjeux que ce choix fera peser sur le travail effectif (méthodologique) de quantification qui se jouera par la suite.

Définir les objectifs : la renégociation du cahier des charges

Les services ministériels font face à un enjeu de coordination : l'évaluation des services rendus pas les écosystèmes nationaux nécessite de découper la plateforme en études évaluant chacun des écosystèmes nationaux (montagne, ville, zones littorales…). L'enjeu, pour le MEDD, consiste à assurer que les différentes études et les chiffres produits soient commensurables entre eux.

L'objectif fixé par le Ministère consiste à établir un bilan de l'état passé et présent des écosystèmes français, d'établir des scénarios de leur(s) évolution(s) et de les évaluer en termes biophysiques et monétaires à l'échelle spatiale la plus fine possible. Cette commande adressée à l'ensemble des groupes d'experts est censée permettre, sinon une agrégation complète, du moins une mise en correspondance des services rendus globalement par la biodiversité à l'échelle nationale. Pour les scientifiques sollicités par l'INRA, cette commande apparaît d'emblée comme trop lourde dans le temps imparti. De fait, ils la retravaillent de manière à ce que celle-ci soit compatible avec les standards d'une production scientifique de qualité : allongement de la durée de l'étude de 1 à 3 ans et réduction de l'ampleur du travail. La commande consistera finalement à quantifier biophysiquement et à proposer des pistes méthodologiques pour l'évaluation monétaire des services rendus par les écosystèmes agricoles (et dans la mesure du possible, de les évaluer monétairement), puis à les spatialiser à la résolution la plus fine possible. Cette formulation introduit un flou dans la commande, dans la mesure où chacun peut avoir des appréciations différentes sur ce qu'il est possible ou non de faire en matière de monétarisation sur ce qui constitue une résolution spatiale « fine ». Celui-ci est entretenu, notamment par le co-commanditaire INRA (le MP EcoServ) de par sa position intermédiaire, à la fois comme commanditaire (rôle de mandant), mais aussi comme dispositif d'animation et de programmation scientifique interne à l'INRA (rôle de garant de l'indépendance des chercheurs). Ce rôle intermédiaire apparaît comme une condition de possibilité de l'action collective, même s'il met potentiellement en péril les objectifs qu'elle poursuit.

> *« C'est toujours comme ça, une expertise. Les ministères te demandent tout. [...]. Et souvent, on leur dit assez tôt : "Ecoutez, ça, vous nous demandez ça, on n'y arrivera pas. Il n'y a pas la bibliographie, il n'y a pas les modèles, donc... Vous pouvez le laisser dans le cahier des charges, mais sachez qu'on n'y répondra pas". Eux ont parfois besoin qu'on le mette quand même dans le cahier des charges, donc on le laisse. Mais au premier comité de suivi, on dit "On ne le fait pas". » (Directeur du Métaprogramme EcoServ, écologue à l'INRA).*

De fait, chacun des acteurs s'inscrit dans des rôles structurés par des conventions sociales propres à leurs univers professionnels, plus que par les rôles pris dans l'Efese. D'une part, le MEDD (côté commande politique) reste inscrit dans une relation de mandat. D'autre part, la DEPE (côté commande scientifique) reste garante des règles d'expertise scientifique (défense de l'indépendance) en la matière. Le premier a intérêt à clarifier au maximum les attendus de l'étude ; le second s'accommode (et bénéficie) du brouillage sémantique dans sa formulation. Finalement, ce flou dans la commande déplace l'enjeu vers l'appréciation de la légitimité du rapport de pouvoir : le travail de quantification et d'évaluation des experts doit-il être complètement subordonnée aux objectifs de la commande politique, ou l'indépendance des chercheurs peut-elle les émanciper de celle-ci ? L'action collective ne peut évidemment tenir sur l'un ou l'autre de ces situations extrêmes, de sorte qu'il apparaît nécessaire de renégocier régulièrement le périmètre et la nature de la quantification. C'est finalement parce que le Métaprogramme est en train de se constituer et que ses règles de fonctionnement sont encore en construction que son directeur peut se déplacer dans l'espace de négociation et jouer un rôle d'intermédiaire.

> *« C'est ce rôle-là, finalement, que peut-être j'ai joué, en essayant de dire aux pilotes d'Efese : "Bon, écoutez, quelque part, il faudra quand même qu'on réponde au ministère", et dire au ministère : "Écoutez, laissez-nous faire, parce qu'on pense que vous pourrez améliorer la position française dans le programme européen". » (Directeur du Métaprogramme EcoServ, écologue à l'INRA).*

Garantir l'atteinte des objectifs fixés par les uns et les autres dans le respect de l'indépendance de la recherche aurait nécessité une réactualisation permanente de la commande et un réalignement régulier du travail de quantification sur les attendus ministériels. Ce suivi a été compliqué par le fonctionnement de la gouvernance de l'Efese en général, et en particulier sur le volet agricole.

Définir une gouvernance : les enjeux de l'articulation entre expertise et politique

Du côté du MEDD, la coordination des différentes études passe par l'attribution de rôles spécifiques aux différents acteurs (opérationnalisation, conduite de l'expertise, contrôle de l'expertise…). La gouvernance d'ensemble régule les relations entre les différentes parties prenantes. D'abord, le MEDD est constitué en « Équipe Projet » composée du CGDD et de la DEB. C'est l'instance de coordination de la plateforme. Ensuite, les Groupes de Travail sont missionnés par l'Équipe Projet pour conduire les évaluations. Enfin, deux instances consultatives sont chargées de garantir la fiabilité scientifique des évaluations et leur pertinence au regard des acteurs de la société et politiques : le Conseil Scientifique et Technique (CST), composé de scientifiques indépendants ; le Comité National des Parties Prenantes (CNPP) regroupe des organisations issues de la société civile. Mais le fonctionnement de l'INRA vient percuter cette organisation, notamment parce la DEPE de l'INRA dispose de procédures routinisées lorsqu'il est saisi par une commande publique : l'expertise scientifique collective (ESCo)(INRA 2018). L'ESCo « constitue un état des lieux des connaissances produites par la science et fait le point sur les besoins de recherche à mener » (INRA 2018, p. 7).

Ces deux manières d'organiser l'expertise s'avèrent, sur certains points incompatibles. En particulier, un point de négociation particulièrement crispant a concerné la rédaction des messages-clés à destination des décideurs. Pour le MEDD il s'agit d'un dispositif essentiel de la convention d'évaluation de la biodiversité. Mais pour l'INRA, si « les résultats de l'expertise sont rendus publics et largement diffusés en vue d'éclairer la décision et le débat publics », elle n'a cependant pas vocation à « formuler de recommandations à l'attention des décideurs » (INRA, 2018, p. 7).

Non seulement cette position institue la distance avec le commanditaire politique, mais en plus elle marque le refus d'endosser un certain rôle politique sur la base même de l'expertise à produire. Tout se passe comme si les scientifiques, soit n'avaient pas conscience du rôle politique du chiffre, soit considéraient que sa dimension politique ne nécessitait pas d'explicitation. Il y a en fait une ambiguïté inhérente au processus de quantification, qui joue à deux niveaux (Allain et al. 2018) : au premier niveau, le chiffre renvoie à l'indicateur comme manière de quantifier un phénomène (quantification) ; au second niveau, il renvoie à l'indicateur comme valeur associée à cette quantification du phénomène dans une configuration spatio-temporelle particulière (chiffre). Une dimension politique importante de l'indicateur se joue dans cet écart. Les scientifiques de l'Efese-agricole ont refusé d'interpréter les chiffres produits alors même que la quantification renvoie à des choix méthodologiques dont les usagers du chiffre n'auront pas nécessairement conscience. Pour les politiques, une quantification qui résulterait d'un processus de validation social serait mécaniquement utile et pertinente pour la décision, sans voir que le travail de quantification constitue aussi un travail politique, de par les opérations de qualification et de sélection opérées dans les choix méthodologiques.

> *« Mais notre contrainte, c'était de leur dire [à la DEPE de l'INRA], il faut absolument qu'il y ait des temps d'échange avec les parties prenantes, de manière à garantir la légitimité, en fait, de vos résultats, de faire en sorte que vos résultats soient admis, acceptés par les parties prenantes, dans le cadre d'un consensus. Et donc, le jour où on publiera un document, qu'on puisse être sûr que les résultats de ce document puissent être utilisés à notre niveau, au niveau de l'administration centrale […] dans des éléments de langage, dans un discours d'un directeur, etc., d'un ministre, qu'on puisse les utiliser sans risque que ça soit*

contredit dans les minutes qui suivent par des parties prenantes. » (Initiateur de l'Efses, personnel du CGDD).

« En gros, nous, on se refuse à donner des messages. On sort une synthèse, donc on fait un résumé. [...] Donc, on n'a pas de messages spécifiques à faire, autres que le résumé. Et dans la philosophie qu'ils avaient mise en place dans Efese, ils voulaient des messages, quelques phrases, ou même une seule phrase, produits par les groupes d'experts, à destination des politiques. Et ça, ce n'était pas jouable, philosophiquement, pour nous. [...]. Alors, ça a coincé, j'allais dire à bas bruit, avec [l'initiateur de l'Efese, personnel du CGDD], sur cette question-là. Parce qu'on n'était pas mûr pour les faire, on traînait, etc. On se méfiait. » (Directeur de la DEPE, économiste à l'INRA).

Finalement, au moment du lancement du travail d'expertise en 2014, la commande reste floue, les rôles des différentes instances sont définis sur la base de principes opératoires à large spectre et la gouvernance introduit des rapports complexes et mal définis entre les différentes parties prenantes. Le MEDD a ainsi eu recours des dispositifs matériels pour contrôler l'expertise et assurer la coordination des études.

La dimension épistémique de la quantification : élaborer un cadre conceptuel

La mise en œuvre du travail de quantification dans le volet agricole de l'Efese montre que les renégociations des objectifs de l'étude (le cahier des charge) et des règles de fonctionnement de l'action collective (la gouvernance) a permis aux experts de s'émanciper des règles de fonctionnement voulues par le MEDD. La suite de l'histoire de l'Efese, à partir de 2014, est marquée par l'ambition du MEDD de construire une espace de coordination entre les différentes évaluations des différents écosystèmes. Cette construction repose notamment sur un cadrage conceptuel permettant d'harmoniser les évaluations. Ce cadre conceptuel a largement été retravaillé par les experts de l'INRA de sorte que les indicateurs quantifiés produits s'inscrivent dans des procédures de validation et de légitimité très différentes de celles envisagées par le MEDD. Il constitue une étape d'équipement sémantique, condition fondamentale pour pouvoir pratiquer les évaluations (Pesche 2013).

Cadrer la quantification pour commensurer

Avec les renégociations du cahier des charges et de la gouvernance spécifique au volet agricole, l'Équipe projet du MEDD se trouve confrontée à un enjeu de mise en cohérence des évaluations : comment faire en sorte que les évaluations produites dans les différents groupes de travail sur chacun des écosystèmes nationaux puissent être, sinon agrégés, du moins mis en regard les unes les autres. En termes quantitatifs, on parlera d'enjeux de commensurabilité. Ceux-ci renvoient autant à la capacité de quantifier qu'à celle d'agréger les chiffres produits. Mais quantifier ne garantit pas la commensurabilité. Autrement dit, la construction de cet espace de commensurabilité n'est pas uniquement statistique ou technique, elle est plus fondamentalement sémantique, voire social (cf. chapitre 7, voir aussi Espeland et Stevens, 2003; Henneguelle, 2023). Il convient dès lors d'assurer non seulement qu'il y a un sens à attribuer une valeur à un objet (avec une métrique adaptée, par exemple), mais également que le tout composé de l'ensemble des objets évalués est suffisamment homogène pour que l'agrégation des valeurs individuelles reste cohérente au niveau agrégé. L'Efese-agricole a mobilisé essentiellement deux dispositifs : un cadre conceptuel transversal à l'ensemble des écosystèmes et la formalisation du plan du rapport final, dès le début de l'étude. Nous centrerons les analyses sur le premier, qui assure un cadrage cognitif constituant la matrice intellectuelle dans laquelle quantification et évaluation sont censées se déployer. Le cadre conceptuel est nécessaire pour assurer la commensurabilité (harmonisation) sémantique. Il s'agit notamment de stabiliser le vocabulaire utilisé pour (dis-)qualifier les objets évalués.

> *« Alors, il y a quelque chose qui était logique, dans la position du ministère, c'est qu'ils souhaitaient avoir un cadre commun à l'ensemble des 6 volets, de façon à pouvoir faire une synthèse des 6 écosystèmes sur lesquels ils avaient demandé une évaluation. Ça, ça parait assez logique, qu'il y ait une coordination entre les différentes études. Sauf qu'elle était imposée… […] Le ministère est arrivé avec ses propres concepts, son propre schéma conceptuel, son propre vocabulaire, avec même un glossaire de vocabulaire scientifique, donc leurs propres définitions, et c'était non discutable. Si je vais au bout de ma pensée, je ne sais pas comment vous l'écrirez, et peu importe, le ministère a mélangé sa posture d'administration en soutien des politiques et une posture scientifique. » (Directeur de la DEPE, économiste à l'INRA).*

De nombreux cadres conceptuels existent (Pesche 2013). Il aurait été facile au MEDD d'en choisir un. Au contraire, les initiateurs de l'Efese ont réalisé un travail de revue de littérature, en participant ou en organisant des manifestations, de manière à élaborer un cadre *ad hoc* (cf. Figure, p. 154). Le résultat de ce travail conceptuel a été conduit avec l'aide des scientifiques qui ont progressivement constitué le Conseil Scientifique et Technique de l'Efese. Mais ce cadre conceptuel a une portée très générale. En particulier, d'importants débats au sein de la communauté des services écosystémiques portent sur le statut des produits d'écosystèmes anthropisés, tels que les écosystèmes agricoles : si les services dérivent de la manière dont fonctionne la nature, comment considérer les fonctionnalités pilotées comme c'est le cas en agriculture ? Les deux cadres conceptuels qui ont influencé la construction du cadre de l'Efese sont relativement peu adaptés à la prise en compte des services anthropisés et de la biodiversité cultivée (Rives et al. 2016). En particulier, un élément important du débat était que le produit de l'agriculture (la production de biomasse) n'est pas complètement assimilable à un service écosystémique, dans la mesure où celui-ci peut passer par une intensification des usages de produits pétrochimiques qui ont des effets destructeurs sur la biodiversité. Les experts ont ainsi retravaillé ce cadre conceptuel de manière à ce que celui-ci soit mieux adapté à rendre compte du fonctionnement des agro-écosystèmes (cf. Figure, p. 155).

> *« Il y avait eu aussi un petit décrochage par rapport au cadre conceptuel qui était en cours de finalisation côté Efese, petit décrochage qui se justifiait, par ailleurs, pour certains […] concepts côté INRA, mais qui nous avait gênés […] pour des raisons de non-homogénéité avec le reste des évaluations. Et alors, il y a, bien sûr, la spécificité des écosystèmes agricoles, avec une forte intervention de l'homme. […] Et donc, il y a eu quelques flexibilités laissées à l'INRA au moment de la conduite de cette évaluation, ce qui fait que nous, on parle toujours de la contribution […] de l'INRA à l'Efese, plutôt que de 'Efese agricole'. » (Membre de l'Équipe projet Efese, personnel CGDD).*

La comparaison des deux cadres conceptuels, celui de l'Efese et celui de l'Efese-agricole, fait apparaître des différences sémantiques. Le premier est construit avec un objectif d'évaluation. Il s'agit d'établir des correspondances entre fonctionnements biophysiques et des capacités socio-économiques, entre des états (quantifiés) des écosystèmes et des valeurs (évaluées) individuelles et collectives. Ces correspondances sont mises en évidence dans la symétrie de construction du schéma. Le second est construit de manière différente. Si les deux boîtes continuent de structurer la représentation (systèmes écologique vs. socio-économique), la représentation des flèches fait apparaître un niveau de complexité plus important : certains flux passent de l'un à l'autre des systèmes et d'autres communiquent avec l'extérieur… L'ambition, derrière chacune de ces représentations est très différente. Si la première cherche à produire une évaluation quantifiée en articulant fonctionnement des écosystèmes et valeurs socio-économiques, le second a une visée plus analytique.

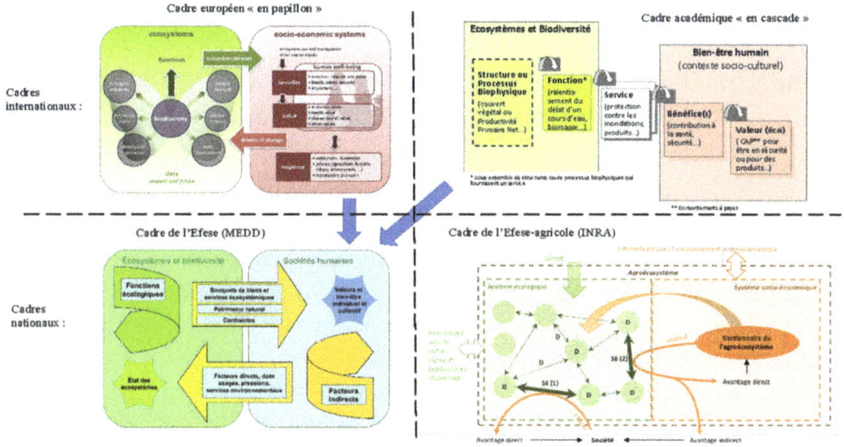

Figure Cadres conceptuels de références et d'influence pour l'Efese
Sources : le modèle « en cascade » est adapté de Haines-Young et Potschin (2010) et de Groot et al. (2010) ; MAES (2013 p. 17) pour le modèle « en papillon » ; EFESE(2017, p. 12) pour le cadre conceptuel de l'Efese ; et INRA(2017, p. 57) pour le cadre conceptuel de l'Efese-agricole. Les deux cadres de gauche renvoient à des initiatives plutôt inscrites dans des initiatives politiques, ceux de droite, à des visées plus académiques. Les deux du bas s'inscrivent dans des travaux nationaux ; ceux du haut, dans des dynamiques internationales. Le cadre conceptuel de l'Efese a été influencé par les modèles « en papillon » de l'Union européenne et « en cascade » produit par la littérature scientifique (flèches bleues).

> « *Ça, c'est absolument essentiel. Pour le cadre conceptuel d'une évaluation qui vise à alimenter les politiques publiques. L'essentiel, [...] c'est de permettre à tous les acteurs d'exprimer, de pouvoir, en tout cas..., comment dire, de pouvoir intégrer l'ensemble des valeurs qui sous-tendent les décisions de gestion des écosystèmes.* » *(Membre de l'Équipe projet Efese, personnel CGDD).*
>
> « *Or, nous [les experts], la conclusion de l'étude, c'est un beau schéma qui montre le fait qu'un écosystème, c'est un système complexe avec beaucoup de sous-systèmes et de processus en interaction, et que tous les services sont en interaction les uns avec les autres, il y a des déterminants communs.* » *(Coordinateur du Groupe de travail d'experts, agronome à l'INRA).*

Quantification et légitimité : dis-services et valeur patrimoniale

Le cadre conceptuel établit une représentation des services écosystémiques rendus par la biodiversité, en qualifiant sémantiquement les divers objets d'intérêt. Il désigne non seulement ce qui doit ou non être évalué et, dans une certaine mesure, à quel point ce qui est évalué peut-être utile à la décision. Il s'agit donc également d'assurer que les chiffres produits seront suffisamment légitimes pour être opérationnel.

Deux marqueurs sémantiques illustrent les effets de (dis-)qualification qu'opère le cadre conceptuel. La première concerne la notion de dis-service ; la seconde celle de valeur patrimoniale. La notion de dis-service, renvoie à une perception négative du fonctionnement de la biodiversité. Ces dis-services (comme par exemple la compétition pour l'acquisition de nutriments par des espèces exogènes) sont particulièrement fréquents dans le secteur agricole. Pour autant, les dis-services ont été exclus du cadre conceptuel (et de l'évaluation) par les personnels du MEDD, au motif qu'il n'existait pas de base objective (quantifiable) sur laquelle juger de ce qui constitue un désavantage. Mais il s'agit également de ne pas disqualifier à l'avance une politique publique en diminuant la portée des avantages qu'apporte la biodiversité. La notion de valeur patrimoniale est assez mal décrite dans la littérature traitant des évaluations économiques, en particulier parce que les ressorts du lien entre des fonctionnalités écosystémiques et des avantages sont difficilement identifiables et que le périmètre des populations en bénéficiant peut-être très large. De plus, elles renvoient souvent à des valeurs de non-usage, ce qui les rend difficiles à monétariser, dans la mesure où la monnaie sert précisément à évaluer les valeurs d'échange ou d'usage (cf. chapitre 3).

> *« Il y avait cette question des services et des dis-services. À ce moment-là, on s'est dit « On ne peut pas parler de dis-service, parce que… qui va être légitime pour juger, à l'échelon national, dans le cadre d'une évaluation qui doit être crédible […] enfin qui aura de la légitimité en termes d'appropriation par les acteurs, comment est-ce qu'on peut faire pour…, qui va juger, qui va être légitime pour juger de ce qu'est un dis-service, et de ce que n'est pas un dis-service, de ce qui est positif ou pas positif pour la société » ? » (Initiateur de l'Efese, personnel du CGDD).*

> *« En fait, […] il y a des valeurs qu'on pourrait qualifier de culturelles, qu'on a qualifiées de passionnelles dans le cas d'Efese, qui sont très mal capturées par la notion d'avantages. Parce que l'avantage, c'est très lié à un cadre de pensée utilitariste, qui est issue donc de l'économie. Et dès lors qu'on va parler d'identité, on va parler de responsabilité de notre génération de transmettre des choses aux générations futures, dès lors qu'on va parler de toutes ces valeurs qu'on peut qualifier de culturelles, de non-usage, de relationnel…, il y a des tas de discussions qui ont lieu dans différentes arènes sur l'importance de prendre en compte de telles valeurs, on se rend compte que le cadre conceptuel*

des services écosystémiques n'est pas forcément adapté pour bien intégrer ces valeurs-là. Et donc, dans le cadre conceptuel de l'Efese, on a cette catégorie des valeurs patrimoniales, qui constituait aussi un élément important, essentiel, des évaluations. » (Membre de l'Équipe projet Efese, personnel CGDD).

La quantification joue ainsi un rôle de légitimation de fait, permettant de trancher les décisions conceptuelles : si certains services souffrent d'un déficit de légitimité c'est parce qu'ils ne peuvent être quantifiés, ou que les difficultés à les quantifier est le signe qu'ils sont ambivalents sur le plan normatif (cas des dis-services). Mais d'un autre côté, certains services produisent indubitablement (selon les personnels du MEDD) de la valeur et les difficultés d'évaluations sont attribuées à des problèmes méthodologiques (cas des services patrimoniaux), et donc renvoyés aux experts. Dans un cas comme dans l'autre, si les indicateurs quantifiés, qu'ils soient monétaires ou non, constituent une base sur laquelle les décisions seront prises, ils doivent avoir une certaine clarté normative (Perret 2002), c'est-à-dire qu'il ne doit pas y avoir d'ambiguïté sur le fait que la valeur de l'indicateur (son augmentation ou sa diminution) traduit une amélioration du phénomène observé. Ces illustrations renvoient à différents cas de traitement d'ambiguïté normative, mais révèlent que l'évaluation est bien, fondamentalement une question axiologique. Elle pose, en définitive la question de la légitimité au regard du bien commun poursuivi par l'entreprise collective d'évaluation. Celle-ci est finalement testée dans une épreuve (sur la notion d'épreuve, voir Martuccelli 2015) permettant de sanctionner (ou non) si la quantification permet de répondre au bien commun poursuivi (et dans quelle mesure). Différentes épreuves coexistent, dont la forme renvoie à la nature du bien commun poursuivi (Boltanski et Thévenot 1991). Les traitements des dis-services (écartés parce que non utiles à la décision bien que quantifiables) et de la valeur patrimoniale (instruits méthodologiquement parce que non quantifiables mais utiles à la décision) renvoient à deux formes de validation du chiffre. Du côté de l'Équipe-projet du MEDD, celle-ci est jugée à l'aune de la capacité du chiffre à produire les effets politiques escomptés. Il est donc attendu qu'ils soient actionnables, dans une conception ontologique qu'on pourrait qualifier de « pragmatique » (au sens où la vérité – du chiffre – est appréciée selon son utilité). Au contraire, du côté du Groupe de travail, cette qualité est appréciée selon sa capacité à rendre compte de phénomènes ou d'états écosystémiques supposés « réels » et attestés par des publications scientifiques. La conception ontologique sous-jacente est ici « réaliste ».

« Et, par exemple, dans le cas de l'INRA, le focus très important sur le biophysique, sans faire l'effort systématiquement de caractériser les services, c'est-à-dire de définir les avantages auxquels est lié l'indicateur biophysique qui est retenu, ça peut amener à choisir des indicateurs qui sont assez indirectement, liés à un avantage, et donc, moins parlants. » (Membre de l'Équipe projet Efese, personnel CGDD).

« On s'est retrouvé avec 2 cadres conceptuels : celui produit par l'équipe projet [...]. Et nous, sur des conceptualisations beaucoup plus élaborées, et référencées, et justifiées par rapport aux autres références [de la littérature scientifique]. » (Coordinateur du Groupe de travail d'experts, agronome à l'INRA).

Les manières d'éprouver ces deux conceptions inscrivent l'exercice de quantification dans des temporalités très différentes : entre un temps de la décision et un temps de la connaissance. En termes pratiques, la mise à l'épreuve (c'est-à-dire l'évaluation de la pertinence ou de la légitimité de la quantification) est différée : on ne peut juger de l'utilité des chiffres que lorsqu'ils ont été produits ; on ne peut juger de leur précision qu'à travers des observations indirectes, dues aux complexités de fonctionnement et des interactions des phénomènes. Cette mise à l'épreuve relève de deux logiques différentes : la perspective pragmatique suppose un jugement substantiel, par l'appréciation des écarts entre les effets attendus et les effets observés de la décision ; la perspective réaliste suppose un jugement procédural, par la capacité des méthodes de quantification à refléter la réalité. Les enjeux conceptuels dépassent donc largement les effets de sélection sémantique. Ils engagent bien plus fondamentalement les conceptions sur la légitimité et la validité même de l'exercice de quantification.

La monétarisation comme langage non conventionnel

La commande retravaillée entre la DEPE de l'INRA, le MEDD et le Métaprogramme INRA EcoServ aboutit à demander la réalisation d'un état de l'art méthodologique en vue d'évaluer les services fournis par les écosystèmes français. Cela a eu pour effet de partitionner le travail de quantification et d'introduire une certaine distance au sein du groupe d'experts : d'une part, les chercheurs en sciences biotechniques se sont vus confier des missions d'évaluation ; d'autre part, les économistes se voient confier un travail méthodologique.

« La grosse faiblesse de l'étude Efese écosystèmes agricoles, pour moi, ça a été..., mise à part la commande floue, et le fait qu'on ait vu que cette commande

n'était pas très adaptée aux évaluations économiques, ou en tout cas, à la mobilisation de la littérature économique, c'était d'avoir, finalement, séparé les experts, en disant "Voilà, les experts économistes, ils vont travailler d'un point de vue méthodo [et] dire comment on évalue ces choses-là en économie ? [...] Et les experts agronomes, hydrologues, etc., on peut travailler sur l'évaluation de leurs services – c'étaient les mêmes services, d'ailleurs, mais quantitativement sur les flux, avec le cadre Efese". » (Membre du Groupe de travail d'experts, économiste à l'INRA).

Cela a permis de pallier les obstacles liés à l'inadaptation des cadres conceptuels produits, tant par le MEDD, que par les experts en science biotechniques du Groupe de travail. Chacun de ces cadres s'avère, en effet, inadapté pour produire des évaluations monétaires, en particulier parce que les économistes cherchent à reproduire la « fonction de demande » pour la biodiversité (combien les individus sont-ils prêts à payer pour les différents niveaux de services fournis gratuitement par des fonctionnalités produites par la biodiversité ?). Ce raisonnement marginaliste nécessite de pouvoir faire varier les différents niveaux (ou qualité) de service afin d'y associer les consentements à payer correspondants, et éventuellement de disposer d'un équivalent artificiel à l'aune duquel évaluer les services rendus (par exemple, les drones pollinisateurs dans le cas des services rendus par les abeilles ou les bassins artificiels dans le cas de l'évaluation de la vague – cf. chapitre 7). Le travail biophysique n'a pas permis de produire ces données, parce que la commande politique visait une évaluation biophysique de l'état présent des écosystèmes et interdisait d'envisager les impacts de différentes pratiques agricoles sur les niveaux de services produits. Ces deux éléments n'ont pas permis une approche par scénarios, pourtant nécessaire à l'évaluation monétaire. Pour autant, les économistes mobilisent des méthodes de reconstruction de la fonction de demande différentes. Ils ont ainsi des manières différentes de gérer les difficultés de quantification inhérentes aux défauts de coordination entre quantification biophysique et évaluation monétaire.

Deux formes de quantification : modélisation vs. enquête

Tant que le travail reste méthodologique, l'impossibilité de l'approche par scénario s'avère relativement mineure. Mais quand il s'agit de mettre en nombre, les défauts de coordination interdisciplinaires posent des problèmes d'autant plus cruciaux qu'ils touchent à des enjeux de validation des chiffres produits. À cet égard, les économistes de l'Efese-agricole utilisent dans leurs travaux scientifiques (même s'ils n'ont pas pu les mettre en œuvre ici) deux approches méthodologiques. Chacune renvoie à des formes de mise à l'épreuve différentes des évaluations économiques. L'une passe par une modélisation couplée : la reconstruction de la fonction de demande nécessite à la fois des données biophysiques (des tonnes de carbone séquestrées par les sols ou l'eau, des nombres de ravageurs détruits par les insectes auxiliaires de culture…) et des hypothèses comportementales sur la manière dont les différentes pratiques vont plus ou moins favoriser la production de service. Ces approches par couplage de modèles nécessitent donc une coordination importante avec les quantifications biophysiques, de manière à paramétrer au mieux les modèles économiques. Ils nécessitent également de construire des hypothèses, à la fois en matière de comportements et de pratiques agricoles, mais aussi sur les niveaux des prix unitaires (ou leurs variations selon les pratiques). Celles-ci sont réputées validées par la littérature et par les habitudes de traitement des économistes. C'est ici l'accrochage à la théorie économique, transcrite dans le formalisme mathématique, qui permet de valider les évaluations produites (Armatte 2010), même si ces économistes reconnaissent qu'il y a sans doute des spécificités propres aux enjeux de biodiversité en général, et agricoles en particulier, de nature à questionner la capacité des formalismes économiques à dire la valeur des services rendus par les écosystèmes.

> *« Tout ce que j'ai fait jusqu'ici, c'est d'essayer de proposer des modèles biophysiques […] qui vont pouvoir varier spatialement, selon plein de caractéristiques biophysiques. Ensuite, de le lier à une demande, et ensuite de le lier à une évaluation économique […]. Enfin, il y a un beaucoup d'évaluations possibles […]. La plus simple, ça serait vraiment un nombre d'euros par hectare, un truc hyper simple, quand on n'a vraiment aucune information. Ensuite, on met un nombre d'euros par tonne de carbone séquestré, par exemple, donc là, ça serait appliqué à des variations du site qui seraient calculées, là, par des modèles spatialement explicites. Et ensuite, des modèles économiques où on s'appuie sur une demande qui est appliquée [ou] qui pourrait être appliquée à des variations biophysiques, ou pour certains services où on n'a pas…, […] il y a encore une frontière de recherche à développer pour voir comment cette demande répond à une variation biophysique. » (Membre du Groupe de travail d'experts, économiste « modélisatrice » à l'IRSTEA).*

> *« Et donc, ils ont mis très longtemps, déjà à sortir des chiffres, bien plus longtemps que prévu. Et en plus, quand ils les ont sortis, on s'est aperçu que ces chiffres ne collaient pas à nos besoins. C'est-à-dire que les évaluations biophysiques ne fournissaient pas de la donnée pertinente pour les évaluations socio-économiques. Parce que c'étaient des quantités absolues, parce que c'étaient des choses abstraites. Par exemple, sur les services de biocontrôle, ils ont des proxis qui*

sont soit paysagères, soit en termes de présence-absence d'auxiliaire de culture, mais on ne va pas pouvoir utiliser ça pour faire une évaluation économique, parce qu'il manque un chaînon entre les coccinelles et combien j'ai de pucerons en moins. Et du coup, qu'est-ce que je fais sur les pesticides ? Ce chaînon, il est à la fois écologique, c'est-à-dire combien de coccinelles et combien de pucerons mais aussi, c'est économique. Quel est le comportement de l'agriculteur lorsqu'il y a des pucerons ? Ou plus de coccinelles ? Pour moi, ce qu'il adapte, c'est ses pratiques. Parce que, finalement, il n'y aura un service effectif que lorsqu'on va adapter les pratiques. » (Membre du Groupe de travail d'experts, économiste « modélisateur » à l'INRA).

Mais d'autres économistes utilisent d'autres méthodes d'évaluations, renvoyant à d'autres approches et d'autres manières de mettre à l'épreuve les chiffres produits. Ils utilisent des méthodes plus empiriques, qui mobilisent des enquêtes ou des questionnaires auprès des bénéficiaires des services étudiés de manière à reconstruire la fonction de demande pour les services en question (Milanesi 2011). Il s'agit ainsi d'éliciter le consentement à payer des individus selon différents niveaux de fourniture (ou de qualité) de services rendus (cf. chapitre 3). Le lien aux évaluations biophysiques est ici plus distendu, dans la mesure où l'évaluation repose sur la perception des individus. Mais le calibrage des questionnaires nécessite tout de même un travail de coordination avec les quantifications biophysiques afin de spécifier au mieux (et de manière crédible pour les personnes enquêtées) les variations de services rendus. La validité des chiffres produits réside ici dans l'accrochage méthodologique à la théorie économique : c'est par le respect des procédures d'évaluation (notamment par évaluation contingente ou par évaluation par modélisation des choix) que celles-ci se trouvent validées. La littérature économique est plutôt dubitative sur la capacité de ces méthodes à reconstruire la fonction de demande telle que conceptualisée dans la théorie économique, ce que ces économistes ont, eux aussi, tendance à reconnaître (voir, par exemple Hausman 2012). Cette posture conduit ces économistes à mieux s'adapter en fonction des difficultés d'articulation avec les quantifications biophysiques.

« Les services écosystémiques, en fait, ce sont les flux de services rendus par les écosystèmes agricoles, forestiers, marins, à l'homme. Et donc, il y a différents types de bénéficiaires. Lui [le collègue économiste à l'INRA], il travaille sur [...] des objets où les services rendus sont rendus d'abord à l'agriculteur [...]. Et moi, dans mes recherches usuelles, je travaille plutôt sur la composante services rendus directement à la société, aux usages récréatifs notamment. Mais plus globalement, sur la conservation de la biodiversité, donc ce qu'on appelle les

valeurs de non-usage. Et de ce point de vue… Et donc, à partir de là, en fait, moi, je travaille beaucoup, déjà, sur la révélation, un peu, de ces différents usages-là. Qui en sont les bénéficiaires ? […] Et au final, est-ce qu'il y a un consentement à payer pour ça ? Mais le consentement à payer, comme révélateur, justement, de l'ampleur de cette préoccupation-là. C'est comme une hypothèse de travail. Et donc, forcément, à partir de ces objets-là, je ne peux travailler qu'en montant des enquêtes. » (Membre du Groupe de travail d'experts, économiste « enquêtrice » à l'IRSTEA).

Gérer une commande mouvante

Ces deux types d'économistes (« modélisateurs » et « enquêteurs ») coexistent au sein du volet agricole de la plateforme Efese. Leurs méthodes d'évaluation, leurs rapports à la validation de celles-ci et les manières qu'ils ont d'adresser les enjeux de quantification diffèrent, dans une certaine mesure. Cela les conduit à développer différentes stratégies de quantification (ou non), en réponse aux injonctions politiques fluctuantes et floues qui leur sont adressées : stratégies de « loyauté » par rapport à la commande, de « prise de parole » et de « défection » ou de contournement du processus de quantification (Linhardt et Muniesa 2011; Hirschman 2017). La plupart du temps, les économistes ont combiné les stratégies de loyauté et de prise de parole, pour expliquer au coordinateur du groupe d'experts qu'ils ne pourraient pas, dans la majeure partie des cas, évaluer l'ensemble des services agricoles identifiés. En effet, sur les 14 services écosystémiques agricoles instruits dans l'étude, seuls 10 ont été quantifiés (dont 4 partiellement) et 3 seulement ont été évalués monétairement (dont un, les services de pollinisation, était déjà évalués depuis 2010). Les économistes ont ainsi répondu à la commande initiale (esquisser des pistes méthodologiques de quantification) pour se protéger de n'avoir fourni que très peu d'évaluations monétaires. Mais les économistes « enquêteurs » ont, plus que les autres, tendance à chercher à répondre à la commande. Cela leur est d'autant plus facile que leurs méthodes de quantification leur permettent de s'émanciper de la métrique monétaire. Ils peuvent ainsi fournir des quantifications en termes de nombre de bénéficiaires (par exemple, le nombre d'individus qui fréquentent un site).

« Je lui avais dit [au coordinateur du groupe d'experts] "Moi, je peux te faire un panorama de ce qui pourra être fait, mais je ne vais pas faire une évaluation". Et on a eu une grosse discussion, sur ces questions de stocks et de flux, etc., et je lui ai dit : "je ne vais pas évaluer la valeur du carbone en France". Enfin, je ne me sens pas de faire ça. Mais je l'aurais fait si on avait eu les scénarios, etc. Mais du coup, j'ai fait

un panorama de comment on quantifiait le carbone quand on a des pertes de stock de carbone. [...] Finalement, on a fait, oui, un petit panorama méthodologique de "qu'est-ce qu'il faudrait prendre en compte pour faire une évaluation ?" » (Membre du Groupe de travail d'experts, économiste « modélisatrice » à l'IRSTEA).

« Et après, pour les services récréatifs, on a fait un certain nombre de chiffrages. Mais là, c'était le plus facile, je veux dire, le plus... C'était difficile pour d'autres raisons, mais on a fait du chiffrage [...] sur les fréquentations, mais pas de traductions monétaires. Parce que là, pour le coup, on pouvait..., [...] on n'avait pas besoin d'une traduction monétaire, mais plutôt, on s'est attaché à traduire, en fait, la demande [en termes de fréquentation] qui s'adresse à différents écosystèmes agricoles. » (Membre du Groupe de travail d'experts, économiste « enquêtrice » à l'IRSTEA).

La stratégie de défection concerne essentiellement les économistes « modélisateurs », dans la mesure où les « enquêteurs » considèrent avoir fourni des chiffres, même si la majeure partie n'était pas évaluée en termes monétaires. Cette stratégie mobilise les défauts conceptuels (cadre inadéquat) ou techniques (quantifications biophysiques inadaptées) qui empêchent la monétarisation. Elle révèle, par ailleurs, l'importance que les économistes accordent aux dispositifs théoriques de validation de la quantification. Sans chiffres, sans cadre conceptuel adapté à reconstruire la fonction de demande, sans possibilité de construire des scénarios permettant de faire correspondre des variations de quantités biophysiques (associés à des niveaux de services écosystémiques) à des variations de prix ou de coûts, il n'y a pas de monétarisation possible. Toutes tentatives de contourner cette exigence se voit alors entachée de débilité méthodologique et théorique qui annule la validité des chiffres jusqu'à entraîner la défection des économistes. Cette stratégie est explicite dans le rapport publié en 2017 par l'INRA pour le compte de l'Efese, indiquant que « ces valeurs [monétaires] n'ont pas vocation à être utilisées telles quelles dans un objectif de prise de décision » (INRA 2017, p. 82)[3]. Même lorsque les chiffres monétarisés ont été produits, les économistes engagent les politiques à ne pas les utiliser, ce qui constitue une autre forme de désengagement.

---

3 Notons également que le rapport final produit par l'INRA n'apparaît pas dans la collection THEMA du MEDD, ce qui constitue une exception. Les autres rapports sur les autres écosystèmes sont en effet hébergés sur le site internet de l'Efese, alors qu'i renvoie vers le site de l'INRA pour le rapport sur les services agricoles. Ce fait pose question quant à la propriété du produit final, à la fois revendiquée par l'INRA au titre du Métaprogramme EcoServ et déclinée par le MEDD.

« Il y a beaucoup de services qui n'ont pas été évalués économiquement. Ou on a, soit souligné quelles seraient les données nécessaires pour évaluer le service, et les méthodes possibles, dans les cas où on a des bases de données, soit on a carrément dit : "voilà, conceptuellement, on ne sait pas faire parce que c'est complexe." » (Membre du Groupe de travail d'experts, économiste « fondamentaliste » à l'INRA).

« Je n'étais pas d'accord de faire des choses qui, conceptuellement, me semblaient bancales. Et du coup, je leur ai dit, sur un truc qu'ils avaient écrit : "enlevez mon nom, parce que je ne le cautionne pas". J'avais écrit les trois quarts du truc, mais ils ont rajouté un truc à la fin. J'ai dit : "je ne veux pas qu'il y ait mon nom là-dessus". [Cet ajout] c'est une façon de calculer justement la valeur de la production agricole. Il y a eu un calcul agronome, justement, qui est... C'est [le coordinateur principal de l'expertise] qui a fait ça, à la fin, parce qu'il fallait qu'ils sortent un truc. Donc, moi, j'ai fait les commentaires, en disant : "ce n'est pas la bonne méthode. Ce n'est pas la méthode qu'on a identifiée". Ils ont dit : "oui, mais c'est une méthode complémentaire pour donner un ordre de grandeur". » (Membre du Groupe de travail d'experts, économiste « fondamentaliste » à l'INRA).

Conclusion : La convention d'évaluation de la biodiversité comme trajectoire

Le point de départ de ce travail empirique consistait à éprouver l'idée conventionnellement acceptée (par les experts scientifiques qui appliquent la monétarisation de l'environnement) que l'évaluation monétaire des services rendus par les écosystèmes permet une meilleure prise en compte de la biodiversité. Cette convention d'évaluation de la biodiversité construirait ainsi un espace de commensurabilité permettant des arbitrages entre critères de décisions de nature différents. En mobilisant l'expérience de l'étude sur les services écosystémiques agricoles conduite dans le cadre de l'Évaluation Française des Écosystèmes et des Services Écosystémiques (Efese) que si cette convention d'évaluation s'avère utile pour engager une variété d'acteurs dans une action collective à visée politique, elle ne fournit pas suffisamment de sens, en elle-même, pour en garantir la bonne coordination. Les jeux d'explicitation nécessaires au travail pratique d'évaluation accentuent les écarts entre analyse et opérationnalisation autant qu'elle brouille les rapports entre expertise et politique. Les diverses techniques de quantification ne garantissent ainsi pas en elle-même la coordination, même en présence d'une convention engageant des visions partagées sur le bien commun (en l'occurrence la nécessité de protéger la biodiversité). Rendre les chiffres commensurables entre eux, permettre l'agrégation ou la conversion, bref, rendre les chiffres opératoires pour la décision suppose ainsi un travail d'explicitation des conventions de quantification qui ne va pas de soi. Celui-ci nécessite la construction d'un espace commun à la fois de nature technique (méthodes d'évaluation), sémantique (répertoire conceptuel), normatif (les objectifs opératoires) et social et institutionnel (les règles d'organisation du travail, mais aussi les instances de validation). Chacune de ces dimensions ré-intérroge finalement les conceptions de justices et met en jeu des formes de biens communs différentes : l'ambition de préservation de la biodiversité se double ainsi de considérations en termes d'indépendance de la recherche ou d'efficacité de l'action publique, et de validation (ou de mise à l'épreuve) des informations sur la base desquelles décider. Les négociations visant à définir la mise en œuvre pratique de la convention d'évaluation de la biodiversité constituent ainsi une trajectoire, dans le sens où elles retravaillent à la fois l'organisation de l'évaluation et les postures des différents acteurs, mais aussi son objet même : la biodiversité.

Pour autant, si la convention d'évaluation de la biodiversité n'apparaît pas suffisante pour assurer la coordination de l'action collective, l'histoire de l'Efese-agricole montre que le flou entretenu autour de cette convention et résultant des négociations, a permis la poursuite du travail d'évaluation. En effet, les conventions se présentent généralement comme des règles « allant de soi », mais dont l'application nécessite tout de même la mobilisation de cadres interprétatifs. Notre travail montre que l'explicitation de ces cadres interprétatifs (par exemple, l'articulation entre les cadres conceptuels et les méthodes d'évaluation monétaire) est compliquée par la nature même de cette convention. Finalement, les économistesqui ont participé à l'étude Efese-agricole considèrent que les évaluations monétaires semblent plutôt couper que favoriser la discussion, pourtant cruciale pour calibrer au mieux les hypothèses de travail déterminant, dans une large mesure, l'ampleur des ordres de grandeur obtenus. Laisser les économistes seul face à ces choix contribue à reporter sur eux une responsabilité disproportionnée qu'ils perçoivent bien et contre laquelle ils ont tendance à se protéger, souvent en faisant valoir les incertitudes liées à leurs calculs. Une partie de ces incertitudes est technique. Elles viennent des conditions matérielles de conduite des protocoles d'évaluation souvent impossibles à réunir pour valider les chiffres produits. Mais, plus fondamentalement, elles viennent du fait que l'économiste n'applique des opérations techniques que pour éliciter, agréger et mettre en forme les évaluations d'individus ou de groupes sociaux. Le dialogue tant interdisciplinaire qu'avec les personnels en charge des politiques publiques devrait ainsi clarifier le statut de science sociale de l'économie au regard de l'évaluation monétaire, ce que cette dernière tend pourtant, en principe, à masquer. Reconnaître que l'économie est une science sociale impliquerait ainsi d'envisager les évaluations comme des jugements de valeur socialement construits fluctuants, incertains, transitoires, parfois mal informés et souvent qualitatifs.

Bibliographie

Allain S., Plumecocq G., Leenhardt D. (2018), "Spatial aggregation of indicators in sustainability assessments: Descriptive and normative claims", *Land Use Policy,* vol. 76, pp. 577–588.

Armatte M. (2010), *La science économique comme ingénierie*, Paris, Presses des Mines.

Boltanski L., Thévenot L. (1991), *De la justification. Les économies de la grandeur,* Paris, Gallimard.

Centemeri L. (2012), "The contribution of the sociology of quantification to a discussion of objectivity in economics", in Castro Caldas J., Neves V. (éd.), *Facts, values and objectivity in economics*, London, Routledge, pp. 110–125.

Desrosières A. (2011), « Les origines statisticiennes de l'économie des conventions : réflexivité et expertise », *OEconomia,* vol. 1, pp. 299–319.

Desrosières A. (2014), *Prouver et gouverner. Une analyse politique des statistiques publiques*, Paris, La Découverte.

EFESE (2017), *Cadre conceptuel.* THEMA. Paris, Ministère de l'environnement, de l'énergie et de la mer, en charge des relations internationales sur le climat.

Espeland W. N., Stevens, M. L. (2003). « Commensuration as social process ». Annual Review of Sociology, vol. 24, n°1, pp. 313–43.

Gaidet N., Fouilleux E. (2018), « Entre alliances et métriques. Dynamiques de débat sur les politiques globales de protection de la biodiversité », *Revue française de science politique*, vol. 68, pp. 669–690.

Gómez-Baggethun E., Martín-López B. (2015), "Ecological economics perspectives on ecosystem services valuation" in Martínez-Alier J., Muradian R. (éd.), *Handbook of ecological economics*, Cheltenham, Edward Elgar Publishing, pp. 260–282, de Groot R.S., Alkemade R., Braat L., Hein L., Willemen L. (2010), « Challenges in integrating the concept of ecosystem services and values in landscape planning, management and decision making ». *Ecological complexity*, vol. 7, n°3, pp. 260–272.

Haines-Young R., B., Potschin M. (2010), "The links between biodiversity, ecosystem service and human well-being" in Raffaelli David G., Frid L. J. C. (éd.), *Ecosystem ecology: A new synthesis*,. Cambridge, Cambridge University Press, pp. 110–139.

Hausman J. (2012), "Contingent Valuation: From Dubious to Hopeless", *Journal of Economic Perspectives*, vol. 26, n° 4, pp. 43–56.

Henneguelle A. (2022), "Socio-economics of quantification and value: The perspective of convention theory" in Diaz Bone R., de Larquier G. (éd.), *Handbook of Economics and Sociology of Conventions*, Cham, Springer International Publishing, pp. 1–20.

Hirschman A. O. (2017), *Exit, voice, loyalty : Défection et prise de parole*, Bruxelles, Editions de l'université de Bruxelles.

INRA (2017), *Les services écosystémiques rendus par les écosystèmes agricoles. Une contribution au programme Efese*. Synthèse issue du rapport scientifique de l'étude menée par l'Inra de novembre 2014 à mars 2017.

INRA (2018), *Principes de conduite des expertises et des études scientifiques collectives menées pour éclairer les politiques et le débat publics*. version 1. France: Délégation à l'Expertise scientifique collective, à la Prospective et aux Etudes (DEPE).

IPBES (2019), *Global assessment report on biodiversity and ecosystem services of the Intergovernmental Science-Policy Platform on Biodiversity and Ecosystem Services*. Bonn, Germany: E. S. Brondizio, J. Settele, S. Díaz, and H. T. Ngo (editors). IPBES secretariat.

Laurans Y., Mermet L. (2014), "Ecosystem services economic valuation, decision-support system or advocacy?", *Ecosystem Services*, vol. 7, pp. 98–105.

Levrel H. (2013), « La valeur de l'inaction et l'inaction de la valeur : quels indicateurs économiques pour travailler sur l'érosion de la biodiversité » in *Rendre possible : Jacques Weber, itinéraire d'un économiste passe-frontières*, Bouamrane M., Antona M., Barbault R., Cormier-Salem M. C., Dijon, Editions Quae, pp. 241–259

Linhardt D., Muniesa F. (2011), « Tenir lieu de politique. Le paradoxe des « politiques d'économisation » », *Politix*, vol. 95, n° 3, pp. 7–21.

MAES (2013), *Mapping and Assessment of Ecosystems and their Services An analytical framework for ecosystem assessments under Action 5 of the EU Biodiversity Strategy to 2020.* Technical Report - 2013 - 067. Bruxelles, Commission européenne.

Milanesi J. (2011) « Une histoire de la méthode d'évaluation contingente », *Genèses*, vol. 84, n° 3, pp. 6–24.

Martuccelli D. (2015), « Les deux voies de la notion d'épreuve en sociologie », *Sociologie,* vol. 6, n° 1, pp. 43–60.

MEA (2005). *Ecosystems and Human Well-being: Synthesis.* Washington, DC, Island Press.

Mermet L., Bille R., Leroy M., Narcy J. B., Poux X. (2005) « L'analyse stratégique de la gestion environnementale : un cadre théorique pour penser l'efficacité en matière d'environnement ». *Natures Sciences Sociétés,* vol. 13, pp. 127–137.

Perret B. (2002), *Indicateurs sociaux, état des lieux et perspectives.* Rapport pour le Conseil de l'Emploi, des Revenus et de la Cohésion sociale (CERC). Paris.

Pesche D. (2013), « Le Millennium Ecosystem Assessment : anatomie d'une évaluation environnementale globale », *Natures Sciences Sociétés,* vol. 21, pp. 363–372.

Rives F., Pesche D., Méral P., Carrière M. S. (2016), « Les services écosystémiques : une notion discutée en écologie » in Méral P. Pesche D. (éd.), *Les services écosystémiques,* Versailles, Quae, pp. 53–74.

Salais R. (2012), « Quantification and the Economics of Convention », *Historical Social Research / Historische Sozialforschung,* vol. 37, n° 4, pp. 55–63.

Strauss A. L (1992). *La trame de la négociation. Sociologie qualitative et interactionnisme,* Paris, L'Harmattan.

TEEB (2010), *The Economics of Ecosystems and Biodiversity Ecological and Economic Foundations.* Earthscan: London and Washington, Pushpam Kumar.

Simuler pour décider ou l'équipement scientifique du droit de la nature : le cas de la gestion adaptative de la population de loups en France

Antoine Doré

Avec la réapparition des loups sur le territoire français, un certain nombre d'acteurs se sont vus contraints de réajuster leurs pratiques à la présence de ces nouveaux venus. Les difficultés à composer avec ces prédateurs sont très étroitement liées à certaines de leurs caractéristiques, en particulier leur comportement rétif et insaisissable. Pourtant, c'est le statut juridique de l'espèce qui est souvent invoqué pour qualifier des êtres intouchables plus qu'insaisissables. En France, les loups sont en effet protégés par la Convention de Berne (annexe II ; protection stricte) et la Directive Habitats (annexe II et IV ; protection prioritaire de l'espèce et de son habitat naturel pour assurer sa conservation). Ils s'imposent dès leur retour en France comme l'« *espèce strictement protégée* » par excellence, bien que l'article 9 de la Convention de Berne et l'article 16 de la Directive Habitats prévoient la possibilité de déroger aux dispositions de protection stricte à condition « *qu'il n'existe pas une autre solution satisfaisante et que la dérogation ne nuise pas au maintien, dans un état de conservation favorable, des populations des espèces concernées dans leur aire de répartition naturelle* ». Alors que le droit semble à première vue encadrer rigoureusement la protection de l'espèce, on découvre avec ces articles qu'une espèce « *strictement protégée* » peut être l'objet d'une mise à mort légale.

On ne s'étonnera pas que le droit guide ou contraigne l'action. Un tel domaine n'a pas a priori l'ambition de la réalité ou de la vérité (Hermitte 1999), mais il assume une vocation normative et donc la définition explicite de règles d'action. Il ne s'agit pas ici pour le droit de coller au plus près des objets convoqués, mais plutôt d'opérer une sorte de transfert conceptuel dans le monde du droit qui se préoccupe moins de la nature de l'objet en question que du cadrage des types de traitement et d'attachements possibles à son égard. Dans une certaine mesure, il est possible de considérer avec Marie-Angèle Hermitte (1999) que « *le droit est un autre monde* » qui harmonise, limite et cadre nos mondes vécus en tant qu'il institue, d'une certaine manière, une métaéconomie des attachements aux objets en leur définissant « *une sorte de double juridique qui dépend de leur place dans l'univers du droit plus que de leur nature propre* ». Cette place dans l'univers du droit est le fruit d'un travail de qualification qui nous invite à désacraliser l'autonomie du domaine juridique. Une telle autonomie est d'autant plus problématique pour le droit de l'environnement qui reste considéré par les juristes eux-mêmes comme « *un objet insaisissable* » (Van Lang 2002). En effet, les artisans du droit doivent faire avec un nombre important d'humains et de non-humains pour produire et faire vivre le « *double juridique* » des entités de nature qui ne peuvent donner de la voix qu'accompagnées d'une cohorte de porte-parole. Le code de l'environnement indique par exemple que la protection et la gestion des espèces animales et végétales sur le territoire national reposent sur l'établissement d'inventaires (Art. L411-5) et que leur conservation est justifiée par l'intérêt scientifique particulier ou les nécessités de la préservation du patrimoine biologique (Art. L411-1). Le droit, même s'il s'applique à une entité dite naturelle, ne s'impose pas de lui-même (Padioleau 1982), il doit être construit, porté, conduit, activé… par toute une série d'opérations. Dans cette contribution, il s'agira de rendre compte des modalités d'équipement scientifique du droit de la nature. Je montrerai plus particulièrement comment les conditions négociées de la construction d'une gestion adaptative de la population de loups en France sont rendues possibles par l'instauration d'un dispositif particulier de quantification de la nature : la simulation.

Le terme de « simulation » peut recouvrir plusieurs significations très différentes, bien travaillées notamment par l'anthropologie des risques et des catastrophes (Caduff 2015 ; Gusterson 1996 ; Lakoff 2007). Deux grands types de simulation sont habituellement distingués dans cette littérature (Keck 2018 ; Revet 2013) : d'un côté la simulation numérique, qui repose sur la programmation de modèles informatiques plus ou moins sophistiqués supposés reproduire « *in silico* » une réalité sur laquelle il est possible d'agir « virtuellement » (Galison 1997) ; de l'autre des exercices réels, des répétitions « *in vivo* » de situations soigneusement mises en scène et interprétées par des acteurs (Revet 2013). Dans un cas comme dans l'autre, il s'agit d'imaginer et de tester des *scénarii* possibles en jouant et en travaillant sur la frontière qui sépare le réel du virtuel. Comme son nom l'indique, il y a en effet dans la pratique de la simulation, la volonté d'imiter l'apparence d'une chose réelle afin de mieux maîtriser une situation, d'agir sur celle-ci, de l'influencer (avec ou sans l'idée de tromperie). Dans le cas qui nous occupera ici, nous nous focaliserons sur la simulation numérique.

Comme l'ont bien montré certains auteurs, les modèles mathématiques se constituent comme des instances intermédiaires entre données empiriques et abstraction théorique (Armatte et Dahan 2004 ; Winsberg 2003). Si les modèles sont communément considérés comme des mondes « virtuels », nombre d'entre eux supposent en fait des rapports étroits avec l'observation empirique (Guillemot 2009). Lorsqu'ils sont utilisés comme des instruments de simulation visant à tester et à anticiper les conséquences de certaines manières d'agir sur le monde, des modèles supposent également des rapports étroits avec l'imagination des futurs possibles qu'il s'agit alors de faire advenir virtuellement pour mieux s'y préparer et pour mieux apprécier les conséquences de nos actions. Dans cette contribution nous montrerons plus spécifiquement comment la simulation se constitue comme un dispositif d'appuis à la décision politique en matière de conservation de la nature en agissant comme une véritable instance de traduction – une fiction médiatrice – entre une entité naturelle (le loup) et son double juridique. Nous verrons alors comment une définition relativement floue du statut juridique des loups vient soutenir un certain nombre d'efforts métrologiques visant à mieux apprécier la correspondance entre l'état biologique réel et le statut juridique prescrit de l'espèce. Nous constaterons également comment ces métrologies viennent retravailler l'effectivité du droit en donnant des prises aux décideurs chargés de l'application des mesures de gestion de l'espèce dans les départements : les préfets.

En retraçant l'histoire de la construction et de la mise en œuvre des plans nationaux d'action sur le loup et les activités d'élevage qui se sont succédé depuis les années 2000 en France, on voit en effet très nettement comment la simulation s'impose comme un instrument de gouvernement permet de rendre décidables là où des plans d'action précédents ne parvenaient pas à rendre gouvernable. Dans une première partie, nous décrivons les conditions de construction et les limites de la mise en œuvre d'un premier plan d'action national de gestion de la coexistence entre les loups et l'élevage. Nous montrons alors comment le principe d'une gestion topographique de la coexistence, fondé sur le principe d'un zonage, vient buter contre un certain nombre de contraintes qui empêchent la décision. Les parties suivantes visent alors à rendre compte de la manière dont le recours à la simulation permet de rendre gouvernable à travers l'instauration d'une gestion arithmétique des populations de loups principalement focalisée sur le dénombrement des animaux. Nous montrons alors successivement comment la simulation se constitue comme instance de traduction, d'expérimentation et d'appuis à la décision.

L'impossible contrôle topographique de la coexistence

Certains géographes l'ont bien montré, les animaux contribuent à la configuration symbolique et matérielle des espaces (Blanc 2000 ; Philo et Wilbert 2000 ; Lussault 2009 ; Whatmore et Thorne 1998 ; Wolch et Emel 1998). Les loups sont dotés de compétences particulières d'échappement et d'infiltration. Les menaces qu'ils constituent pour les activités d'élevage suscitent des réajustements importants dans la manière dont les éleveurs, les bergers et leurs animaux occupent l'espace. Très vite, les disputes suscitées par le retour de ces prédateurs mettent l'accent sur la question des rivalités spatiales, donnant à voir ce qui s'apparente à une véritable compétition territoriale entre des humains et des loups qui refusent obstinément de tenir la « *juste place* » (Mauz 2002) que les acteurs leur assignent. En 1995, alors que s'organisent les premières manifestations contre l'espèce, des tracts d'appel au rassemblement titrent : « *Notre monde a besoin d'espace et de sécurité, le loup nous en prive ! Non au loup dans nos montagnes* »[1]. Les conflits liés au retour des loups prennent alors la forme d'une guerre des places essentiellement focalisée sur des jeux de distances et de frontières entre les prédateurs et les animaux domestiques. Pour la plupart des parties prenantes, la cause est entendue : la paix ne peut advenir qu'à travers la stricte délimitation de l'espace des loups et de l'espace des moutons. Mais, selon qu'il se porte garant de l'un ou l'autre de ces deux types d'espaces, chacun défend une conception bien particulière de ce travail de délimitation. Pour les uns – engagés pour la protection des prédateurs –, ce travail de délimitation

---

[1] Tract d'appel au rassemblement devant la préfecture des Alpes-Maritimes le 2 juin 1995.

doit s'opérer au niveau du troupeau. Il s'agit alors d'intervenir au plus près du bétail, à travers des techniques de garde mobile au gré des déplacements du troupeau. L'espace d'exclusion des loups se limite alors à l'espace nomade identifiable par la présence effective des moutons. Pour les autres – défenseurs du pastoralisme face à la menace de prédation –, une telle conception est souvent considérée comme inacceptable, au motif qu'elle délègue aux éleveurs et aux bergers la quasi-totalité du travail de délimitation contre des animaux intouchables par ailleurs. Il s'agit donc d'exclure définitivement ces animaux des territoires pastoraux afin que les éleveurs et bergers puissent continuer à exercer leur métier dans des conditions normales, c'est-à-dire sans interférer avec les prédateurs indésirables.

C'est donc au cœur d'une véritable lutte des places que la définition d'une « *stratégie nationale de conservation du loup liée à un pastoralisme durable* » est amorcée à la fin des années 1990 avec, en particulier, la création d'une mission interministérielle sur la cohabitation entre l'élevage et les loups, confiée à Pierre Bracque, inspecteur général de l'agriculture (Bracque 1999) suivie d'une mission parlementaire d'information sur la présence du loup en France à l'issue de laquelle les députés demandent « l'exclusion des loups des zones de pastoralisme » (Chevallier et Honde 1999). En juillet 2000, neuf mois après la publication du rapport d'information parlementaire, la version finale du premier plan national d'action sur le loup est publiée et envoyée aux sept préfets des départements des Alpes. Il est intitulé *Dispositif de soutien du pastoralisme et de gestion du loup dans la partie française de l'arc alpin*. Réaffirmant que « *Le loup est protégé sur l'ensemble de l'arc alpin* », celui-ci entérine l'exigence d'un contrôle des populations « *de façon à réduire les pertes dues aux prédations qu'il occasionne* ». Les représentants de l'État commencent alors à étudier sérieusement les possibilités de déroger aux dispositions de protection stricte de l'espèce prévues par les textes européens (en particulier par l'article 16 de la Directive Habitats) en expérimentant la capture ou le tir de quelques individus causant d'importants dommages aux troupeaux (en 2000, chaque préfet des départements concernés est autorisé à prélever un loup). Deux types de territoires sont distingués : les « *territoires d'actions prioritaires* » et les « *territoires d'exclusion* ».

Dans le premier cas, le plan d'action prévoit d'expérimenter un renforcement des interventions de protection du pastoralisme en envisageant également la destruction de loups en cas d'échec des techniques dissuasives testées (protection des troupeaux, effarouchement, piégeage). Le document prévoit que : « *Dans les secteurs où des actions de prévention ont été engagées et sont opérationnelles, la décision effective de prélèvement peut être prise immédiatement par le préfet lorsqu'une unité pastorale a subi dans les conditions définies précédemment : trois attaques susceptibles de donner droit à indemnisation, totalisant au moins 18 animaux tués ou blessés, survenues au cours d'une période de trois semaines consécutives au cours desquelles les mesures de protection étaient pleinement opérationnelles* »[2]. Les conditions d'objectivation de la responsabilité du loup dans les prédations constatées sont alors très incertaines et l'objet de vives controverses (Doré 2015) : l'examen, même détaillé, des animaux tués et blessés permet difficilement de distinguer les cas d'attaques de loups et les cas d'attaques de chiens divagants.

Dans le deuxième cas, le plan reconnaît l'existence possible de territoires où « *la présence du loup ne peut pas être admise* ». Ici, le financement de la prévention contre les attaques par l'État est abandonné et l'ensemble des efforts sont concentrés sur le prélèvement préventif des loups « *dès lors que des indices de sa présence sont relevés* ». Cette présence est attestée grâce aux données d'un « Réseau-Loup », une structure administrative et technique spécifique créée en 1994 pour assurer le suivi national de l'espèce. Placé sous la responsabilité administrative de la Direction départementale de l'Agriculture de la Forêt (DDAF) et coordonné par l'Office National de la Chasse et de la Faune sauvage (ONCFS ; devenue OFB) ce réseau rassemble différents correspondants formés au suivi scientifique des loups. Il assure, entre autres, le « suivi extensif » de l'espèce qui vise à renseigner l'évolution de l'aire de répartition du loup en recueillant de manière opportuniste tout indice de présence et tout témoignage d'observation de l'espèce. Un tel suivi extensif consiste, d'une part, à recueillir les témoignages d'autres personnes déclarant avoir observé « un loup ». L'ensemble des éléments techniques qui permettront ensuite aux responsables scientifiques du Réseau-Loup d'évaluer de manière standardisée la fiabilité du témoignage est consigné dans une fiche d'observation. Le suivi extensif des loups consiste, d'autre part, à sillonner le territoire à la recherche d'indices permettant de confirmer toute suspicion de présence de l'espèce sur un

2 Dans les secteurs où des actions de prévention ne sont pas encore opérationnelles, les seuils d'intervention sont augmentés : 4 attaques susceptibles de donner droit à indemnisation, totalisant au moins 24 animaux tués ou blessés, survenues au cours d'une période de 3 semaines consécutives.

territoire. L'efficacité du correspondant dépend alors directement de sa connaissance des prédateurs, mais également de son expérience de tout un ensemble d'entités hétérogènes en interaction qui composent leurs milieux : les proies (grands ongulés), la configuration spécifique de chacun des lieux de prospection (topographie, couvert végétal, etc.), les conditions météorologiques et nivologiques, etc. Finalement, les indices et informations recueillies au cours du suivi extensif permettent notamment d'identifier des « zones de présence permanente » des loups.

Ce *dispositif de soutien du pastoralisme et de gestion du loup dans la partie française de l'arc alpin* attribue aux préfets la responsabilité de la délimitation de ces deux types de territoires ainsi que l'organisation des interventions qui, dans le cas particulier des territoires d'exclusion, est soumise également à l'approbation des ministres concernés, après avis du Conseil National de Protection de la Nature (CNPN)[3] et consultation des organisations professionnelles agricoles.

À l'issue des trois années d'application du plan d'action, le bilan technique est bien maigre. Après une première tentative, aucune action de tir de loup n'est finalement réalisée pendant la durée de validité du plan. Les seuils d'intervention déterminés par le dispositif sont dépassés régulièrement chaque année sans que cela ne conduise pour autant à la décision des préfets de département de capturer ou de détruire un loup. La phase de mise en œuvre du plan d'action est finalement caractérisée par une sorte de paralysie dont notre enquête permet d'identifier quelques ressorts.

L'examen des multiples réactions suscitées par l'élaboration puis la publication du plan d'action sur les loups et le pastoralisme donne à voir une hétérogénéité d'interprétations critiques. Du côté des défenseurs et porte-paroles des loups, la notion de zonage suscite quelques perplexités quant aux modalités techniques de différenciation des espaces. Pour un certain nombre de spécialistes de l'espèce, la capacité des loups à coloniser une très grande variété de milieux ne permet pas de définir *a priori* des « zones à loups » qui seraient caractérisées par des facteurs écologiques discriminants. Selon le responsable du centre national

3 Le Conseil National de la Protection de la Nature est un comité consultatif placé auprès du ministre chargé de la protection de la nature. Régi par l'article R133-1 du Code de l'environnement, il a pour mission d'étudier les mesures législatives et réglementaires et de donner au ministre des avis sur la conservation de la biodiversité et des espaces naturels.

d'études et de recherche appliquée sur les prédateurs et les animaux déprédateurs (CNERA) à l'ONCFS, aucun critère biologique ne permet effectivement d'aboutir à la définition d'une partition territoriale indexée sur les caractéristiques de l'espèce : « *Techniquement ou biologiquement, je ne sais pas proposer des pistes pour le zonage* ». En effet, poursuit-il, sur le plan biologique, un zonage « *serait de toute façon un choix et il serait difficile à gérer dans la mesure où les limites seraient arbitraires* »[4]. On comprend alors pourquoi toute décision de zonage exposerait celui qui la prend, le préfet. D'autant plus que, du côté des mondes de l'élevage, cette planification topographie de la coexistence entre loups et activités pastorales ne fait pas l'unanimité. Si cette solution est défendue par des organisations professionnelles agricoles, elle est mal reçue par quelques segments dominés des mondes de l'élevage – en particulier les éleveurs et bergers pratiquant le pastoralisme dans les zones de montagne – qui ne comprennent pas au nom de quoi certains éleveurs devraient supporter la présence des loups et d'autres en être débarrassés.

Les auditions de l'enquête parlementaire sur les conditions de la présence du loup en France (Estrosi et Spagnou 2003) rendent bien compte de la frilosité ambiante des décideurs à faire appliquer concrètement les mesures entérinées par le plan d'action. Le préfet de l'Isère témoigne par exemple devant les membres de la commission de l'appréhension que pouvait susciter, pour lui et ses collègues, la mise en application du protocole : « *Des demandes d'application du protocole ont été faites plusieurs fois, de manière orale, mais j'ai toujours considéré que les conditions d'application n'étaient pas remplies, même si nous étions proches de la limite. […]. J'étais heureux de ne pas franchir la limite. L'organisation d'une battue, tant dans le contexte départemental que national, aurait en effet eu des effets plus désastreux que positifs.* »[5] Le directeur de la DDAF de ce même département fournit quelques éléments plus explicites sur les risques que représentait à ses yeux le déclenchement d'une opération

4 Audition de M. Pierre Migot, Directeur-Adjoint des études et de la recherche à l'Office national de la Chasse et de la Faune sauvage (ONCFS), responsable du Centre National d'Études et de Recherche Appliquée sur les Prédateurs et les Animaux Déprédateurs. In C. Estrosi et D. Spagnou (Eds.), *Prédateurs et pastoralisme de montagne […]. Rapport fait au nom de la commission d'enquête […].* Paris : Assemblée nationale, Vol. 825.

5 Audition de M. Alain Rondepierre, Préfet de l'Isère. In C. Estrosi et D. Spagnou (Eds.), *Prédateurs et pastoralisme de montagne […]. Rapport fait au nom de la commission d'enquête […].* Paris : Assemblée nationale, Vol. 825.

de prélèvement : « *Les associations de défense de la nature et les éleveurs ont maintenu le dialogue. Si la destruction du loup avait été décidée dans le cadre du protocole, cette bonne entente aurait pu être rompue* » ; et d'ajouter : « *Je pense que le protocole, tel qu'il existe aujourd'hui, ne sera jamais appliqué* »[6]. Par ailleurs, comme l'indique par exemple le préfet des Alpes-de-Haute-Provence, de telles mesures sont souvent jugées inadaptées face à des animaux aussi insaisissables que les loups : « *Le prélèvement devant être effectué par des agents assermentés, il n'y a qu'une chance extrêmement réduite que le prédateur soit au "rendez-vous". Animal particulièrement fugace, le loup ne se fait pas prendre au tir d'un agent assermenté occasionnellement présent.* »[7]

Pour toutes ces raisons, la décision de ne pas décider d'enclencher des opérations de prélèvement devient très vite la règle chez les préfets. On reconnaît ici les caractéristiques d'un « système préfectoral » décrit de longue date comme un système conservateur, orienté vers l'étouffement des conflits et autres affaires susceptibles d'entamer l'ordre et l'équilibre des forces en présence (Worms 1966). On comprend également, plus spécifiquement, que cette première mise en gestion formalisée des populations de loups ne fournit pas aux préfets des appuis suffisamment robustes et indiscutables pour décider de la mise en œuvre du « *protocole visant à réduire le nombre d'attaques de loups (ou de chiens) sur les troupeaux domestiques* » sans trop s'exposer personnellement. En effet, comme nous l'avons vu, la grande plasticité écologique de ces animaux ne permet pas de définir *a priori* ce qui pourrait s'apparenter à des critères objectifs de discrimination des espaces pouvant conduire à la désignation de « zones à loups ». Alors que la protection d'un grand nombre d'espèces sensibles passe généralement par la conservation d'habitats prioritaires dont la délimitation théorique répond précisément aux exigences non négociables de celles-ci – telles conditions ou bien la mort ! –, les loups compliquent considérablement la tâche de tous ceux qui chercheraient à distribuer trop vite les espaces de vie. Ces derniers résistent en effet à l'alternative géographique en n'exigeant rien qui

---

6 Audition conjointe de M. Joël Mandaron, Directeur de la Direction départementale de l'Agriculture et de la Forêt (DDAF), et de M. Bernard Pedroletti, Ingénieur Divisionnaire des Travaux des Eaux et Forêts. In C. Estrosi et D. Spagnou (Eds.), *Prédateurs et pastoralisme de montagne [...]. Rapport fait au nom de la commission d'enquête [...].* Paris : Assemblée Nationale, Vol. 825.

7 Center for the Study of Agricultural Machinery and Rural Engineering, Water and Forests, since 2011, Irstea (National Institute for Research in Sciences and Technologies for the Environment and Agriculture), and since 2020, Inrae (National Research Institute for Agriculture, Food and the Environment).

justifierait ensuite « objectivement » l'entrave de leur circulation au nom d'une quelconque protection bienveillante. De sorte que, toute décision de zonage expose celui qui la prend en tant qu'il ne peut pas compter sur les loups pour répondre de celle-ci. Ainsi, le référent de gestion « loups », définis lors de cette première phase de gestion formalisée des loups en France, ne laisse aux préfets que la possibilité d'un « *choix* » « *arbitraire* » sans leur donner la possibilité d'inscrire leur action dans un domaine de contrôle cognitif, pratique ou démocratique qui supposerait l'actualisation d'un ensemble de pratiques discursives susceptibles de constituer en même temps de nouvelles références aux débats.

De la querelle des nombres à la planification arithmétique de la gestion d'une population

Si, comme nous venons de le voir, le principe d'une gestion par zonage reste au point mort malgré sa formalisation dans le cadre d'une première stratégie nationale officielle de gestion des loups, c'est plus généralement la possibilité d'un contrôle létal qui est remise en question par une grande partie des adversaires du premier plan d'action intitulé *Dispositif de soutien du pastoralisme et de gestion du loup dans la partie française de l'arc alpin*. Les représentants des associations de protection de la nature expriment notamment de sérieux doutes sur les conséquences d'un tel dispositif. Pour eux en effet, rien ne garantit que – selon les termes de l'article 16 de la Directive Habitats – les prélèvements autorisés « *ne nuisent pas au maintien, dans un état de conservation favorable* » des populations françaises de loups. En entérinant la possibilité de recourir à la destruction de quelques individus pour défendre certains troupeaux particulièrement exposés aux prédateurs, ce premier plan d'action va alors provoquer indirectement une redéfinition profonde du problème de la mise en gestion de ces animaux et des débats mouvementés qu'il suscite. De la question claire et simple de la stricte protection de l'espèce, on passe à celle, beaucoup plus sinueuse et difficile, de la conservation de la viabilité des populations.

Le bilan critique rédigé par les représentants de France Nature Environnement au milieu de la période de validité du premier plan d'action illustre bien la manière dont la référence aux nombres prend place dans le débat.[8] Le préambule prend la forme d'une liste de faits

---

8 France Nature Environnement (2001), *Proposition de FNE pour une meilleure coexistence entre les troupeaux et le loup*. Avril 2001.

présentés comme indiscutables, parmi lesquels figure en première place l'affirmation selon laquelle : « *Le loup est une espèce protégée dont la population française n'est pas dans un état de conservation favorable (elle compte moins d'une trentaine d'individus alors que le seuil de viabilité écologique est d'au moins 20 meutes, soit une centaine d'individus)* ». D'emblée, les auteurs du document invoquent le concept d'« *état de conservation favorable* » et en proposent deux traductions chiffrées, claires et, apparemment, indéniables : un nombre de meutes et le nombre d'individus correspondant. Une telle affirmation sonne comme un coup de semonce avant de déclarer, un peu plus loin dans le texte, la guerre des chiffres : « *FNE conteste formellement le chiffre avancé dans le protocole d'un accroissement naturel de 10 individus par an. La population française (d'après les données les plus fiables) compte 3 couples reproducteurs. Compte tenu de la mortalité naturelle et du braconnage, l'accroissement naturel est de l'ordre de 3 à 4 individus maximum par an. La recommandation indiquant que "le total des prélèvements doit rester sensiblement inférieur à 10" ne fixe pas de limite claire aux prélèvements et n'est donc pas de nature à éviter une mise en danger de la population.* »

À travers ce principe de viabilité mis sur le devant de la scène par les porte-parole des associations de protection de la nature en réaction à la décision des ministres en charge de l'écologie et de l'agriculture d'autoriser la destruction de quelques individus, la question du nombre de loups devient l'occasion d'un renforcement (plus que d'un renouvellement) du travail frontière au travers duquel les représentants des publics antagonistes se co-constituent l'un par rapport à l'autre : « *Les écologistes disent "de toute façon, il y a trente loups, quarante loups maximum" et les éleveurs disent "il y en a au moins 100 ou 150", et quelque part si vous coupez la poire en deux, vous tombez sur les estimations officielles* » explique un chargé de mission du programme LIFE-loup lors d'un entretien.[9] L'ampleur que prend finalement cette querelle des nombres est à la mesure de l'enjeu. À travers elle, se joue la question sensible du niveau de prélèvement consenti par les représentants de l'État : un nombre élevé de loups justifie l'effort de « régulation » demandé par les uns tandis qu'un

---

9 L'État français a déposé en 1999 auprès de la Commission européenne, un projet LIFE intitulé « Le retour du loup dans les Alpes françaises » (ou LIFE-Loup). Ce programme visait à accompagner le retour de cette espèce sur le territoire français en mettant en place les outils nécessaires au suivi scientifique de l'espèce, à l'indemnisation des dommages et à l'aide des éleveurs confrontés à la présence du prédateur.

nombre faible confirme la nécessité d'une protection consolidée voulue par les autres.

Le *nombre* de loups s'impose ainsi comme le nouveau référent théorique de gestion sur la base duquel va être mise en place une gestion adaptative de la population française de loups visant un « *développement contrôlé de la population de loup.* » Il s'agit ainsi de déroger aux dispositions de protection stricte des loups comme le permettent la Convention de Berne (article 9) et la Directive Habitats (article 16), sans distinction géographique *a priori* et en apportant les garanties écologiques prévues par ces articles. Ces textes prévoient en effet la possibilité d'éliminer des spécimens de loups « *pour prévenir des dommages importants* » et à condition « *qu'il n'existe pas une autre solution satisfaisante et que la dérogation ne nuise pas au maintien, dans un état de conservation favorable, des populations des espèces concernées dans leur aire de répartition naturelle* ». Divers acteurs vont alors se trouver confrontés à un nouveau problème : constituer concrètement ce référent théorique de gestion en mettant au point une méthode d'analyse quantitative des populations de loups suffisamment tangible et robuste pour attester de l'« *état de conservation favorable* » de l'espèce en France.

Cela suppose la mise en place de protocoles standardisés de collecte d'indices de présence appelés « suivi systématique hivernal » de l'espèce. Un tel suivi est déployé dans les zones de présence permanente, définie grâce au « suivi extensif » présenté ci-dessus. Il repose sur un protocole d'observation cette fois-ci standardisé, qui vise à contrôler la pression d'observation des correspondants afin d'obtenir un corpus cohérent de données dont l'analyse pourra être généralisée à l'ensemble de la population visée. Pour chaque zone de présence permanente, les responsables du Réseau-Loup définissent des circuits précis de prospection tout au long desquels les correspondants vont pister, simultanément, toutes traces de loups. À chaque fois que les prospecteurs rencontrent sur leur chemin des traces (empreintes et pistes) « typées loup », ils renseignent dans une fiche standard un ensemble d'éléments techniques. Les données consignées dans l'ensemble de ces fiches sont ensuite méticuleusement recoupées entre elles. Cette étape permet l'obtention de l'« Effectif Minimum Retenu » (EMR), c'est-à-dire un nombre de loups concrètement détectés sur le terrain. Mais les correspondants du Réseau-Loup ne rencontrent pas seulement des empreintes et des pistes. D'autres indices importants sont débusqués, décrits dans des fiches standards et récoltés : des crottes, des poils et des urines. À partir des quelques bribes d'ADN qu'ils contiennent, des généticiens du Laboratoire d'Écologie alpine de Grenoble de l'université Joseph Fourier à Grenoble vont pouvoir identifier formellement l'espèce et déterminer par génotypage l'individu qui a déposé, avec cet indice, sa signature génétique. Cet inventaire annuel non exhaustif des loups détectés lors des opérations de suivi systématique hivernal est enfin traité par des biomathématiciens du Centre d'Écologie Fonctionnelle et Évolutive de Montpellier qui, grâce à une méthode d'analyse mathématique, sont capables de calculer l'effectif réel estimé de la population française de loups à partir d'un répertoire lacunaire d'individus détectés. Il s'agit de l'« effectif CMR », du nom de la méthode « Capture-Marquage-Recapture » utilisée et qui est basée sur la modélisation statistique des probabilités de « capture » (ici virtuellement par les signatures génétiques des loups) à un temps t et de « recapture » à un temps t+1 des individus. Il en ressort finalement une petite batterie d'indicateurs qui forment, en quelque sorte, le tableau de bord de la dynamique de la population française de loups. Mais l'instauration arithmétique de la population de loups ne s'arrête pas là.

Simuler pour décider

Une telle retraduction du référent de gestion ne suffit pas en effet à fournir les précieux appuis pour la définition et la mise en œuvre d'une stratégie de gestion adaptative des loups. S'il est désormais possible d'apprécier la taille et la dynamique des populations, comment évaluer les conséquences de la destruction d'un nombre défini d'individus pour justifier de la légalité de la stratégie nationale de gestion des loups devant l'Union européenne ? Comment mieux équiper la décision d'autoriser et de mettre en œuvre des destructions d'une espèce strictement protégée dans un contexte de défiance croissante de la part des défenseurs de l'espèce ? Comment définir un niveau de prélèvement qui garantisse le maintien d'un « *état de conservation favorable* » des populations de loups et qui satisfasse ainsi aux conditions dérogatoires de la Directive Habitats ? Pour répondre à ces questions, nous allons voir comment un étudiant et quelques chercheurs du laboratoire d'écologie de l'École Normale Supérieure ont établi, à travers l'élaboration d'un « modèle de viabilité », une connexion logique, dynamique, transparente et robuste entre la catégorie juridique floue d'« état de conservation favorable » et le système métrologique de suivi scientifique des populations de loups que nous venons d'évoquer.

La simulation comme traduction : la définition biologique d'une catégorie juridique floue

Comme nous l'avons vu, l'exigence de maintien de l'« *état favorable de conservation* » des populations constitue l'une des principales conditions dérogatoires à la stricte protection des loups. Cette notion est explicitée dès l'article premier de la Directive Habitats :

> « *"L'état de conservation" sera considéré comme "favorable" lorsque : – les données relatives à la dynamique de la population de l'espèce en question indiquent que cette espèce continue et est susceptible de continuer à long terme à constituer un élément viable des habitats naturels auxquels elle appartient et – l'aire de répartition naturelle de l'espèce ne diminue ni ne risque de diminuer dans un avenir prévisible et – il existe et il continuera probablement d'exister un habitat suffisamment étendu pour que ses populations se maintiennent à long terme* »[10]

Comment relier dans la pratique cette définition juridique et les connaissances produites sur la dynamique observée des populations de loups ? Comment interpréter concrètement des termes comme « *long terme* » ou « *avenir prévisible* » ? À quel nombre d'années cela correspond-il ? Quelle probabilité algébrique associer à l'expression « *continuera probablement d'exister* » ? Comme l'explique en entretien l'un des écologues ayant contribué à la modélisation de l'état de conservation des populations de loups, « *Pour traduire ce terme légal en termes biologiques, c'est extrêmement difficile* ». Au-delà de ces approximations, une telle définition renvoie cependant à un lexique bien connu des biologistes de la conservation qui se sont historiquement attachés à identifier et à évaluer les menaces qui pèsent sur certaines populations en développant notamment des analyses de viabilité. Ce concept de viabilité prend finalement une place prépondérante dans l'interprétation scientifique de la notion d'« *état de conservation favorable* » : les expressions « *population dans un état de conservation favorable* » et « *population viable* » étant le plus souvent utilisées dans un sens très proche, voire équivalent.

Les analyses de viabilité de populations se sont imposées comme des instruments privilégiés pour la gestion des espèces menacées. Les méthodes et les approches pour évaluer la viabilité sont diverses. Cependant, comme

---

10 National Office for Water and Aquatic Environments. The office created in 2006 takes over the former Superior Council of Fisheries and its fisheries guard corps. It is in charge of the criminal water police, the expertise fish farming for the application of regulations and the reporting of environmental indicators to Europe. He joined the French Biodiversity Office in 2020.

le signalent certains spécialistes de la biologie de la conservation, « *all approaches have in common an assessment of a population's risk of extinction (or quasi extinction) or its projected population growth either under current conditions or expected from proposed management* » (Reed et al. 2002). De l'avis d'un certain nombre de spécialistes, la focalisation sur les facteurs démographiques se ferait au détriment de l'analyse de certains processus, comme me l'explique cet écologue : « *Dans les analyses de viabilité, on a fait référence, trop souvent peut-être, à la viabilité démographique, mais ça peut être aussi : est-ce que les loups jouent leur plein rôle écologique ? [...] Ça j'en ai discuté avec des biologistes américains et on n'a pas du tout le cadre théorique pour formaliser, pour mesurer si un prédateur ou une espèce autre joue son rôle dans l'écosystème. Mesurer les probabilités d'extinction on sait faire par simulation. Mesurer un index de fonctionnalité d'une espèce dans l'écosystème, on ne sait pas, ou en tout cas...* »

Si la question du maintien de la viabilité des populations à travers la conservation des interactions fonctionnelles entre différentes espèces a fait l'objet d'un développement relativement récent en Amérique du nord, les experts de l'Initiative Grands carnivores pour l'Europe (LCIE) de l'UICN s'accordent à dire que : « *This is more a conceptual than quantitative aspect of viability, especially in a continent like Europe where no processes can be considered to be purely 'natural'* » (Linnell et al. 2008). De sorte que, dans le cas de l'appréciation de l'« *état de conservation favorable* » de la population française de loups, la traduction scientifique de cette notion juridique sera orientée vers l'analyse des facteurs démographiques, quantifiables et mobilisables par des modèles de simulations prospectives, contrairement à d'autres définitions de la viabilité qui ne sont pas moins pertinentes conceptuellement (par exemple l'index de fonctionnalité d'une espèce, mentionné plus haut par l'écologue), mais qui présentent le grand défaut d'être difficilement traductibles mathématiquement. Si, comme nous allons le voir, le travail de définition d'une gestion adaptative des loups fondée sur la simulation des populations suppose incontestablement un certain nombre d'avancées scientifiques originales, on constate ici que tout cela engage également des choix très pragmatiques fondés finalement sur l'usage privilégié d'outils statistiques déjà disponibles au moment où s'engage la recherche.

La simulation comme expérimentation : la fabrique d'une population virtuelle

À l'instar des expériences de laboratoire, les simulations informatiques permettent de construire et de mettre à l'épreuve un système simplifié afin de comprendre son comportement en faisant varier certains paramètres, en enregistrant les variations observées et en évaluant les conditions d'extrapolation de ces résultats de laboratoire à des situations « hors les murs ». Une telle conception correspond assez bien à la manière dont certains spécialistes des modèles de viabilité de populations présentent leur conception de la simulation, comme cet écologue qui m'explique : « *La simulation, ça permet de tester différentes stratégies avant de les mettre en place et de sélectionner la meilleure pour la mettre en place dans la réalité. Donc tout l'intérêt des modèles en fait c'est de formaliser le fonctionnement des populations et ensuite d'appliquer des stratégies d'action sur cette population modélisée, de voir si l'état de la population après avoir appliqué la stratégie est le résultat qu'on souhaite obtenir. Et ensuite, ça permet d'identifier des stratégies qui sont recommandables ou qui au contraire sont à exclure.* »

S'il est possible de reconstituer des populations de bactéries en laboratoire pour en analyser la dynamique, cette option est difficile pour nombre d'espèces ! Par ailleurs les expériences « en conditions réelles » – communément menées par les écologues qui peuvent parfois intervenir directement sur des populations afin d'observer leur comportement en fonction de certaines variables – s'avèrent problématiques lorsqu'il s'agit d'apprécier les conséquences de la destruction d'une espèce menacée : « *Supposez que vous avez une population de loups et que vous voulez connaître la meilleure façon de la gérer. [...]. Vous allez dire : si on tue dix loups chaque année, qu'est-ce qui va se passer ? Donc vous allez faire ça en vrai et puis vous allez regarder ce qui se passe. Et puis si ce n'est pas terrible, et bien vous allez dire : "peut-être qu'il fallait en tuer que cinq", et vous allez changer de stratégie. Donc en fait vous voyez très vite que ce n'est pas jouable.* »

Dans de telles conditions, où l'expérimentation n'est possible ni en conditions réelles, ni en laboratoire, la simulation informatique devient un instrument puissant permettant, en quelque sorte, la mise en œuvre de protocoles expérimentaux au sein de « laboratoires virtuels » qui, presque à l'instar des « laboratoires traditionnels », reproduisent de manière simplifiée les conditions réelles et permettent aux chercheurs d'agir sur divers paramètres afin d'apprécier les réactions d'une série d'objets à ces variations.

Pour le modélisateur, il s'agit tout d'abord d'identifier les instruments qui lui permettront de répondre au mieux aux problèmes auquel il doit répondre m'explique un écologue : « *il n'y a pas de modèle universel. On utilise un modèle particulier pour répondre à une question* ». Le choix est déterminé par les paramètres qu'il envisage d'étudier, poursuit-il : « *si je souhaite étudier les effets de la consanguinité, je vais faire un modèle qui va incorporer les gènes des individus, si je veux étudier la dynamique des écosystèmes dans lesquels il y a des loups, je vais faire un modèle prédateurs-proies* ». Ce choix est également fonction des actions qui jalonnent le protocole expérimental de l'écologue : « *je n'ai jamais fait de modèle de loups avec des équations différentielles parce que je ne pouvais pas dire "je tue un animal dominant", ce n'est pas facilement modélisable par des équations différentielles.* »

Comment ensuite reconstituer une population de loups de manière à évaluer les risques d'extinction démographique en fonction des différents niveaux de prélèvement testés expérimentalement ? Les concepteurs du modèle de viabilité des populations françaises de loups choisissent alors un modèle matriciel leur permettant de décrire la population comme une somme d'individus répartit en six classes : les louveteaux (0–6 mois) ; les juvéniles (6–18 mois) ; les subadultes (18–30 mois) ; les adultes (> 30 mois) ; les individus dominants (seuls à se reproduire dans une meute) ; les individus en dispersion (juvéniles quittant la meute natale). Sur la base de ces catégories, le cycle de vie des individus est ensuite scénarisé sous la forme d'une séquence d'évènements précisément agencée : « *(i) Winter mortality affects the whole population and accounts for annual mortality. (ii) Dispersal of subordinates is conditional to the survival of the breeding pair: if the breeding pair disappears (both partners die), remaining pack members disperse, but if at least one breeder survives, subordinates disperse with some probability specific to their class. (iii) Dispersing wolves search for a vacant territory and a partner. We neglect the probability that a dispersing wolf joins an extant pack where no breeder is missing. (iv) Reproduction takes place in spring if a breeding pair is present. Age at first reproduction is always 22 months (dispersing juveniles must wait one year before looking for a mate). Only one litter is produced per year. (v) Pup mortality takes place in summer and accounts for infectious diseases that are often deadly for pups. In autumn, the distribution of wolves in the population is censused and then updated […].* » (Chapron et al. 2003).

Le système de projection démographique se résume alors par deux grands facteurs – la probabilité de survie et la probabilité de reproduction des individus – décrits comme la combinaison d'un nombre déterminé de paramètres démographiques (âge, statut social des individus), spatiaux (configuration spatiale des meutes) et saisonniers. Après avoir identifié et sélectionné les grands vecteurs structurant la dynamique des populations de loups, il s'agit désormais de leur attribuer une force en paramétrant le système à partir des données disponibles sur la biologie et l'écologie de l'espèce. Partant de l'analyse de la littérature scientifique, les modélisateurs vont élaborer cinq scénarios démographiques en attribuant à chaque classe d'individus cinq probabilités de survie différentes (faible pour le scénario le plus pessimiste, forte pour le scénario le plus optimiste). Par ailleurs, la disposition spatiale des territoires ainsi que les mouvements des individus en fonction de leur classe d'appartenance et de certains évènements sont précisément décrits puis traduits sous forme algébrique.[11]

À ce stade, la population virtuelle de loups est en quelque sorte fonctionnelle. Il s'agit désormais de calculer les probabilités d'extinction de celle-ci en fonction notamment d'un nombre initial théorique de meutes qui la compose et d'un horizon de temps fixé par l'expérimentateur. De multiples trajectoires démographiques représentant chacune une évolution possible de la population en fonction du temps sont générées[12] : « *On dit par exemple à l'ordinateur : simule-moi 1000 trajectoires qui vont chacune durer 30 ans. Ensuite, au bout de 30 ans, parmi ces 1000 trajectoires, on va calculer combien ont abouti à une extinction. Donc si on fait 1000 trajectoires et qu'on a 250 extinctions, c'est-à-dire 250 trajectoires pour lesquelles au bout de trente ans on n'a aucun loup, ça veut dire que la probabilité d'extinction est de 250/1000 donc de 25 %.* », m'explique un modélisateur.

Les extinctions observées se répartissent de manière plus ou moins aléatoire sur l'axe du temps. Toutes n'adviennent pas la même année. En fixant la durée de la simulation, le modélisateur effectue donc un

---

11 Ces mouvements concernent les juvéniles quittant la meute natale ainsi que les individus d'une meute dont au moins un membre du couple reproducteur meurt. Les modélisateurs vont donc attribuer aux individus non reproducteurs une probabilité de dispersion lorsqu'au moins un individu reproducteur meurt. Ils vont ensuite également décrire précisément la séquence de recherche de territoire en déterminant précisément les conditions d'installation d'un individu sur un nouveau territoire.

12 Cette multitude de trajectoires est le fait de la prise en compte des effets stochastiques : pour chaque simulation, le modèle permet d'effectuer une sorte de tirage aléatoire effectué dans les distributions de probabilité fixées (si la probabilité de survie est de 0,5 et que la population initiale est de 10, le nombre de loups encore vivant l'année suivante peut prendre toutes les valeurs de 0 à 10).

choix relativement arbitraire qui ne relève pas strictement du champ de la biologie et de l'écologie : « *Je fais le choix sur ma durée de simulation : 30 ans. Mais quelqu'un pourrait bien me dire : "pourquoi pas 100 ans ?" C'est effectivement un choix complètement arbitraire. C'est juste un choix qui me paraît être l'échelle de temps la plus lointaine sur laquelle on a une visibilité politique.* »

Les résultats de l'ensemble de ces simulations sont finalement synthétisés sous la forme d'un graphique représentant les probabilités d'extinction en fonction du nombre initial de meutes de loups pour chacun des cinq scénarios démographiques étudiés (cf. Fig. 1). La solution au problème de la planification arithmétique de la gestion de la population française de loups est là, contenue presque entière dans ce dispositif graphique : pour un taux de survie connu (les cinq scénarios), il est possible en effet de déterminer le nombre minimum nécessaire de meutes permettant de ne pas dépasser un risque d'extinction donné. Par exemple, si la dynamique de la population réelle de loups correspond au scénario S2 représenté sur le graphique et qu'il est décidé de ne pas dépasser une probabilité d'extinction de 0,2 sur la période considérée par le modèle, alors le nombre minimum de meutes pour que la population soit viable est de 2. Si le nombre réel de meutes est supérieur à 2, alors il est possible de calculer le nombre de loups correspondant pouvant être prélevé sans encourir un risque d'extinction démographique supérieur à 20 %.

Pour utiliser ce graphique, il reste néanmoins à trouver le moyen de relier concrètement les résultats du suivi scientifique de la population observée de loups au modèle. Les scénarios constituent ici des sortes de points d'articulation au moyen desquels la rétrospective démographique de la population « réelle » – connue grâce à l'inventaire national annuel du nombre de loups – va pouvoir être reliée à la population « virtuelle » du modèle et faire ainsi l'objet d'un traitement prospectif visant à anticiper la probabilité d'extinction. À partir des indicateurs démographiques issus du décryptage et de la mise en forme des indices de présence, les taux de croissance observés entre deux années successives sont calculés. Les taux de mortalité correspondants peuvent alors en être déduits afin de déterminer le scénario démographique correspondant à la situation observée.

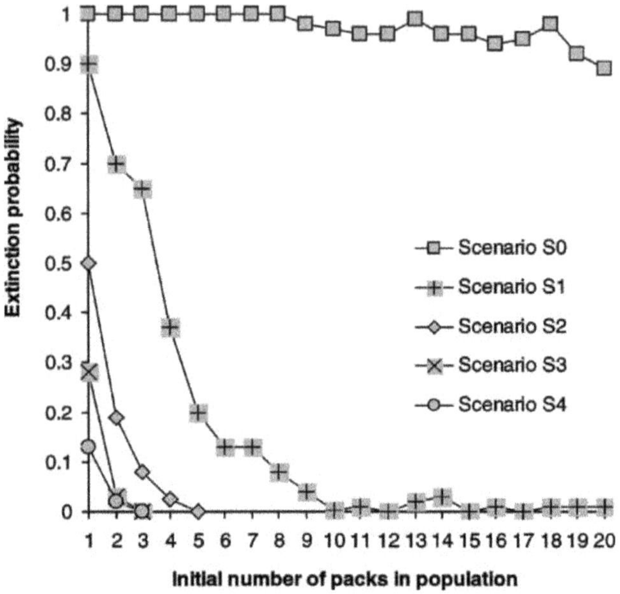

Figure 1. Graphique des probabilités d'extinction en fonction du nombre initial de meutes pour cinq scénarios démographiques (Source : Chapron et al. 2003).

La simulation comme aide à la décision : l'équipement d'une gestion adaptative

On voit comment un ensemble d'appuis arithmétiques se constitue à travers la mise en place d'instruments de preuve sophistiqués, multiples et coordonnés. Cependant, loin de répondre seulement à un impératif scientifique qui se réduirait au registre de la preuve, la planification arithmétique de la gestion de la population de loups par simulation se constitue comme un dispositif d'enchâssement entre un ensemble de textes juridiques, de situations biologiques et de conditions agroéconomiques jugées suffisamment insupportables pour qu'il soit décidé de déroger à la stricte protection des loups.

Sur le plan technique, les mesures de prélèvement sont alors encadrées par un arrêté interministériel publié chaque année. Sur la base des informations techniques issues, d'une part, du Réseau-Loup en charge de la mise en œuvre de l'inventaire national du nombre de loups et, d'autre part, du modèle de viabilité, un nombre maximum d'individus pouvant être prélevés est défini. Les ingénieurs de la Direction des Études et de la Recherche de l'ONCFS (devenue OFB) fournissent aux représentants des ministères en charge de l'écologie et de l'agriculture une note technique sur la base de laquelle ces derniers décident d'un seuil de prélèvement pour l'année. La simulation est alors conçue comme un outil d'aide à la décision plutôt que comme un instrument technocratique supposé dicter une seule et unique conduite à suivre. Tout d'abord, le dispositif scientifique de définition du nombre de loups pouvant être prélevés sans compromettre l'« *état de conservation favorable* » de la population ne fournit pas un chiffre unique et définitif. Le résultat dépend en effet de l'indicateur démographique choisi : « *En appliquant le taux de prélèvement [...] aux deux estimations d'effectifs disponibles (EMR & CMR), on obtient une fourchette (mini-maxi) constituant l'ordre de grandeur du nombre d'animaux qu'il serait possible de prélever en ne soumettant la population qu'à de "faibles" risques d'extinction démographique.* » (Marboutin et Duchamp, 2005). Ainsi, dans cette fourchette, les décideurs peuvent opter pour une approche plus ou moins conservatrice compatible avec la Directive Habitats et la Convention de Berne. Ensuite, la simulation est présentée par les modélisateurs comme un instrument de transparence permettant des décisions discutables, car fondées sur des connaissances falsifiables. Comme l'indique cet écologue modélisateur, la modélisation permet théoriquement d'identifier, de tracer, les choix d'expert qui sont faits au cours du processus, tout en s'astreignant à en faire le moins possible : « *L'avantage d'une modélisation objective c'est que vous pouvez l'invalider. Et c'est ça le pouvoir de la modélisation mathématique par rapport à ce qu'on appelle l'opinion de l'expert : c'est qu'un expert c'est quelqu'un qui a travaillé pendant 20 ans sur le loup, il a une connaissance très profonde de la biologie du loup et il pense bien comprendre. Mais en fait on ne peut pas invalider une opinion d'expert parce qu'on ne sait pas comment mécaniquement elle est construite. Alors qu'un modèle mathématique, vous avez votre ligne d'hypothèses, vous avez vos équations, ensuite vous les combinez, vous faites des simulations et les conclusions de ce modèle, vous pouvez voir comment telle ou telle hypothèse influence les conclusions. [...] Un modèle est critiquable, invalidable et réfutable, scientifiquement et logiquement. Et c'est ça qui fait la force de la modélisation par rapport à des opinions d'expert.* » Ainsi, ces dispositifs de simulation vont transformer les formes d'expertises et les rapports que ces différentes formes entretiennent entre elles. Ces dispositifs vont, par la même occasion, neutraliser – ou du moins largement compliquer – toute critique écologique des mesures de prélèvement léthal de loups en les indexant à constituant une connexion logique, dynamique, transparente et robuste entre la catégorie juridique floue d'« état de conservation favorable » et le système métrologique de suivi scientifique des populations de loups sur le terrain. Avec la construction des modèles de viabilité écologique, on voit alors se dessiner les fondements d'un type d'autorité scientifique qui procède par délégation à des artifices statistiques, des algorithmes, le pouvoir d'instaurer l'évidence et l'objectivité des faits contre les habituels « dires d'experts » et les décisions arbitraires.

Au-delà de ces propriétés théoriques de transparence et de production de conclusion falsifiables, voire négociables, de tels dispositifs semblent cependant davantage utilisés comme des instruments de justification. D'une part, cela permet aux représentants de l'État de rendre des comptes aux instances internationales qui veillent au respect des engagements pris par la France en matière de stricte protection des loups. D'autre part, de tels dispositifs de quantification sont souvent conçus, notamment par les représentants de l'État, au premier rang desquels les préfets de département, comme des instruments de pacification des disputes publiques très focalisées sur la question du nombre de loups comme nous l'avons vu et comme le confirme au cours d'un entretien cet agent du Parc National du Mercantour : « *[...] chaque réunion, on nous demande combien il y en a. [...] il y a vraiment une attente, [...] il y a une attente du nombre à la virgule près, du nombre de loups présents* ». Les informations scientifiques et techniques sur les populations sont envisagées comme des catalyseurs du débat public. Elles sont alors supposées le cadrer d'une part – « *[...] le fait si vous voulez, d'avoir des informations sur les populations, ça évite de faux débats. Parce que ça oblige à se concentrer sur les vrais problèmes* », m'explique par exemple un agent de la Direction des études et de la recherche de l'ONCFS – et l'apaiser d'autre part – « *[...] pour que le débat soit serein [...] il faut apporter des éléments d'informations scientifiques et techniques qui soient concrets, précis, validés et partagés par tous* » écrit le directeur du Centres national d'Études et de Recherche appliquée « Prédateurs – Animaux Déprédateurs » – CNERA-PAD (Anonyme, 2003). À travers de tels usages, il s'agit alors davantage de rendre compte de la solidité et, éventuellement, de la sophistication des pratiques et instruments de dénombrement supposés s'imposer comme des moyens de trancher et de faire taire les disputes. De tels usages de la simulation conduisent alors en fait à l'effacement, par routinisation, du dispositif lui-même, contribuant à faire oublier que les seuils sont le produit d'un certain nombre de choix : en même temps qu'elle rend théoriquement possible la discussion (par transparence des choix et maintien d'une certaine marge de décision grâce à la définition d'une fourchette), elle semble l'inhiber dans la pratique en créant les conditions de possibilité d'une sorte d'« excès de confiance ».

Conclusion

Animaux récalcitrants, les loups soulignent constamment les limites des techniques disciplinaires de gestion de leur présence et, plus particulièrement, de leurs conséquences sur les activités d'élevage. Ils s'y adaptent, trouvent des failles, modifient leur comportement et parviennent à attaquer certains troupeaux malgré les dispositifs déployés pour les en empêcher. À une échelle plus large, l'idée d'une gestion topographique des loups visant à définir des zones « pour les loups » et des zones d'exclusion a été abandonnée. La grande plasticité écologique de ces animaux ne laissant pas de « prises objectives » de discrimination des espaces. Tout zonage risque alors de s'apparenter à une décision arbitraire du préfet sur les plans biologique et écologique.

Comme nous l'avons vu, la mise en gestion effective des populations de loups passe finalement par une parade, une retraduction du référent de gestion procédant d'une nouvelle possibilité d'action qui ne soit plus arbitraire, mais, en quelque sorte, « évidente ». L'enjeu consiste alors à relier des phénomènes spécifiques disparates dans un domaine pertinent de contrôle qui soit suffisamment unifié et robuste pour – selon des mots de I. Stengers – « *conférer [aux loups] le pouvoir de contraindre [les décideurs]* » (Stengers 2006) et ainsi substituer l'autorité des premiers à l'« arbitraire » des seconds. C'est ce travail de retraduction et de redéfinition du référent de gestion que nous avons analysé dans cet article en décrivant l'instauration d'une planification arithmétique de la gestion des loups qui procède de la formation d'un domaine de contrôle fondé sur l'étude des nombres, de leurs propriétés et des rapports qui existent entre eux au moyen de pratiques et d'instruments de simulations.

Alors que rien ne peut mettre d'accord les partisans et les détracteurs des loups sur la base des sujets habituels de dispute, les représentants de l'État semblent avoir trouvé à travers la querelle des nombres une occasion rêvée d'arbitrer « objectivement » en construisant une gestion adaptative de la population de loup en France sur la base d'un travail scientifique de traduction et d'expérimentation d'une catégorie juridiques. Au final, à travers la question du dénombrement des loups, les représentants des ministères chargés de l'écologie et de l'agriculture peuvent témoigner d'une forme d'attitude vertueuse en montrant qu'ils se conforment à la fois au droit et à une sorte d'idéal de l'impartialité scientifique.[13]

Bibliographie

Anonyme (2003), « Le retour du loup dans les Alpes françaises », *Actes du séminaire de restitution du programme LIFE* (Lyon, les 9 et 10 décembre 2003). Paris, LIFE / Ministère de l'Écologie et du Développement Durable/Ministère de l'Agriculture de la Pêche et des Affaires Rurales.

Armatte M., Dahan A. (2004), « Modèles et modélisations (1950–2000) : nouvelles pratiques, nouveaux enjeux », *Revue d'histoire des sciences*, Vol. 57(2), pp. 243–303.

Blanc N. (2000), Les Animaux et la Ville. Paris, Odile Jacob.

Bracque P. (1999), Rapport de mission interministérielle sur la cohabitation entre l'élevage et le loup. Paris : Ministère de l'Aménagement du territoire et de l'Environnement.

Caduff C. (2015), *The pandemic perhaps : dramatic events in a public culture of danger*, Oakland, University of California Press.

Chapron G., Legendre S., Ferrière R., Clobert J., Haight R. G. (2003), "Conservation and control strategies for the wolf (Canis lupus) in western Europe based on demographic models." Comptes Rendus Biologies, Vol. 326 (6), pp. 575–587.

Chevallier, D., Honde, R. (1999), *Rapport d'information sur la présence du loup en France (1875)*. Paris : Assemblée nationale, Commission de la production et des échanges.

Doré A. (2015), « Attention aux loups ! L'ambivalence de la menace et de sa mesure ». *Ethnologie française, Vol.* 45(1), pp. 45–54.

[13] Nous renvoyons ici le lecteur aux travaux de Theodore M. Porter montrant notamment que « la quantification constitue une stratégie pour surmonter la distance et la défiance » (« quantification appears as a strategy for overcoming distance and distrust ») (Porter, T. M. (1992). « Quantification and the Accounting Ideal in Science. » Social Studies of Science 22[4]: 633–651.). Voir Porter, T. M. (1995). Trust in numbers. The pursuit of objectivity in science and public life. Princeton-New Jersey, Princeton University Press.

Estrosi, C. and D. Spagnou (2003). *Prédateurs et pastoralisme de montagne : priorité à l'Homme. Rapport fait au nom de la commission d'enquête sur les conditions de la présence du loup en France et l'exercice du pastoralisme dans les zones de montagne.* Paris, Assemblée nationale.

France Nature Environnement (2001), *Proposition de FNE pour une meilleure coexistence entre les troupeaux et le loup.* Avril 2001.

Galison P. (1997), *Image and logic: a material culture of microphysics,* Chicago, University Press

Guillemot H. (2009), « Comment évaluer un modèle numérique de climat ? Circulation et dialogues entre simulations et observations dans les pratiques des modélisateurs », *Revue d'anthropologie des connaissances,* Vol. 7(2), pp. 273–293.

Gusterson H. (1996), *Nuclear rites: a weapons laboratory at the end of the Cold War,* Stanford, University of California Press.

Hermitte M.-A. (1999), « Le droit est un autre monde », *Enquête,* Vol. 7, pp. 17–37.

Keck, F. (2018), "Avian Preparedness: Simulations of Bird Diseases and Reverse Scenarios of Extinction in Hong Kong, Taiwan, and Singapore", *Journal of the Royal Anthropological Institute,* Vol. 24(2), pp. 330-47.

Lakoff A. (2007), "Preparing for the next emergency", *Public Culture,* Vol. 19, pp. 247–271.

Linnell J. D. C. et al. (2008), *Guildelines for population level management plans for large carnivores in Europe,* LCIE, prepared for the European Commission.

Lussault M. (2009), *De la lutte des classes à la lutte des places,* Paris, Grasset.

Marboutin E., Duchamp C. (2005), *Gestion adaptative de la population de loup en France : du monitoring à l'évaluation des possibilités de prélèvements,* Oncfs Rapport Scientifique, pp. 14–19.

Mauz I. (2002), « Les conceptions de la juste place des animaux dans les Alpes françaises », *Espaces et sociétés,* Vol. 110–111, pp. 129–145.

Padioleau J. G. (1982), *L'État au concret,* Paris, PUF.

Philo C., Wilbert C., Eds. (2000), *Animal spaces, beastly places. New geographies of human-animal relations,* London, Routledge.

Porter T. M. (1992), "Quantification and the Accounting Ideal in Science", *Social Studies of Science, Vol.* 22(4), pp. 633–651.

Porter T. M. (1995), *Trust in numbers. The pursuit of objectivity in science and public life*, Princeton-New Jersey, Princeton University Press.

Reed J. M. et al. (2002) "Emerging Issues in Population Viability Analysis", *Conservation biology*, Vol. 16(1), pp. 7–19.

Revet, S. (2013), "'A Small World': Ethnography of a Natural Disaster Simulation in Lima, Peru", *Social Anthropology*, Vol. 21(1), pp. 38-53.

Stengers I. (2006), *La vierge et le neutrino. Les scientifiques dans la tourmente*, Paris, Les Empêcheurs de penser en rond.

Van Lang, A. (2002), *Droit de l'environnement*, Paris, Presses Universitaires de France.

Whatmore, S., L. Thorne (1998), "Wild(er)ness: Reconfiguring the Geographies of Wildlife" *Transactions of the Institute of British Geographers*, Vol. 23(4), pp. 435–454.

Winsberg, E. (2003). "Simulated Experiments: Methodology for a Virtual World", *Philosophy of Science*, Vol. 70 (1), pp. 105–125.

Wolch, J., J. Emel, Eds. (1998), *Animal geographies: Place, Politics, and Identity in the Nature-Culture Borderlands*, London & New York, Verso.

Worms, J.-P. (1966), « Le préfet et ses notables », *Sociologie du travail*, Vol. 8(3), pp. 249–275.

Le prix des vagues. Artificialisation et monétarisation des vagues dans le monde du surf

Julien Weisbein

Surfer pendant une heure dans un *surfpark*, c'est-à-dire une piscine dans laquelle sont produites artificiellement des vagues, coûte environ 60€ - c'est le cas au Surf Snowdonia à Dolgarrog au Pays de Galles (£50), à The Wave à Bristol (£60), à UrbnSurf à Sydney ($79), au Wadi Adventure aux Emirats-Arabes unis ($66) ou au BSR de Waco aux États-Unis (entre $60 et $90 selon le niveau de la vague commandée). À raison d'une estimation moyenne de douze vagues prises par heure dans ces installations, il en coûte donc 5€ pour chaque vague artificielle surfée. Des études dites de « surfonomie » menées par des économistes nous apprennent par ailleurs que certaines vagues, naturelles cette fois-ci et considérées comme les plus belles au monde, rapportent beaucoup d'argent (Weisbein 2022). Les surfeurs qui viennent, parfois de très loin, pour s'adonner à leur sport, consomment sur place, résident dans des installations touristiques et font également monter le prix des biens immobiliers. A Trestles, en Californie, la vague génère ainsi de 8 à 13 millions $ annuels de revenus pour la ville de San Clemente ; la vague de Mavericks, également en Californie, vaut 23,9 millions $; à Mundaka, dans le Pays basque espagnol, la vague rapporte environ 4,5 millions $ à l'économie locale ; à Huanchaco au Pérou, ce chiffre est de 303.255$, à San Miguel au Mexique, il est estimé entre 110.000$ et 334.000$ tandis qu'à Pichilemu, au Chili, il monte de 1,6 à 6,4 millions $ ou bien à 35 millions $ à Uluwatu, à Bali. A l'échelle globale, le chiffre est encore plus imposant : selon les calculs de deux économistes d'Oxford, les vagues de surf contribuent chaque année à hauteur de 51,2 milliards $ à l'activité économique dans les 50 km environnants (McGregor, Wills 2017). Ces gains fluctuants, mais importants pourraient surtout devenir des pertes sèches si ces vagues venaient à disparaître à la suite d'un projet d'aménagement, comme par exemple l'extension d'une digue, la création d'un port ou d'une marina.

Ces divers exemples sont intéressants pour comprendre comment la mise en prix d'un élément de la « nature » - une nature toutefois particulièrement peu ordinaire : ici la manufacture d'une vague reproduite artificiellement en bassin, là la façon dont une houle marine se transforme en une vague considérée comme exemplaire – concourt à ses usages, qu'il s'agisse d'exploitation commerciale ou de conservation. Mais les chiffres énoncés plus haut sur la valeur comptable de ces quelques vagues disent finalement assez peu des processus complexes par lesquels ils sont produits et de la trajectoire dont ils procèdent. Qu'est-ce que « le prix des vagues » peut bien signifier ? En quoi celui-ci, destiné à établir une transaction ou bien à dissuader de mener un projet d'aménagement côtier, nous dit quelque chose de leur valeur ? Afin de démêler ces deux notions souvent confondues, la théorie de la mise en valeur élaborée par Luc Boltanski et Arnaud Esquerre (2017) peut s'avérer utile : selon eux, le prix n'a pas que des fonctions d'échange ou de commensurabilité consistant à plonger des choses hétérogènes dans un même espace de calcul, il a surtout à voir avec la construction sociale de la réalité afin d'attribuer un être aux choses. Le prix, en effet, n'enregistre pas la mesure d'une valeur consubstantielle à l'objet qui serait déterminée, comme dans l'économie classique ou néoclassique, en termes de travail incorporé ou d'utilité. Le rapport prix/valeur est inversé. La valeur n'est pas extérieure au prix, mais en découle car elle est définie comme un dispositif de justification des prix et ce, à l'occasion d'épreuves diverses (principalement d'estimations et d'échanges des biens). Boltanski et Esquerre parlent alors de « métaprix », non pas le prix singulier d'un échange, mais le prix qui permet de juger le prix de l'échange, donnant ainsi à la valeur une traduction numérique sans toutefois être issue d'une transaction.

La valeur des vagues a donc à voir avec leur métaprix. Pour en attester, ce chapitre entend retracer les processus de monétarisation dont certaines d'entre elles sont l'objet dans l'univers du surf, en replaçant les premiers dans l'économie sociale et morale du second. Deux façons de leur attribuer une valeur monétaire y seront abordées. La première, la surfonomie, est budgétaire : elle consiste à établir un bilan des bénéfices que les vagues apportent et des coûts d'opportunité subis si elles venaient à disparaître. La seconde est industrielle : elle consiste à évaluer leur coût de production et les revenus qui peuvent en être tirés, au moyen de procédés d'artificialisation et de mise en piscine. Dans les deux cas, on peut ainsi saisir ces processus à travers ce cadrage que Michel Callon (2017) dénomme la « passiva(c)tion marchande » des choses, c'est-à-dire tout ce qui fait qu'un bien va pouvoir être paramétré pour des usages bien définis et maîtrisés et, ainsi, devenir monnayable. La notion permet alors de suivre tous les dispositifs visant sa requalification afin qu'il puisse circuler de façon autonome, en se détachant de son milieu d'origine pour susciter des usages plus ou moins prévisibles par les consommateurs[1]. C'est évidemment le cas pour les piscines à vagues, dont les produits sont destinés à être commercialisés sur un marché de plus en plus stabilisé depuis les années 2010. Mais la sociologie des agencements marchands peut tout aussi bien être appliquée à la surfonomie, qui propose une forme non-marchande de passiva(c)tion, puisque le travail de transformation des états de l'entité « vagues » qu'appelle sa constitution en bien monétarisé ne s'accompagne pas d'un processus de détachement de celui qui la met en circulation.

Artificielle ou naturelle, cette vague passivactivée doit notamment ce statut au travail «d'agences qualculatrices », qui mènent des opérations d'évaluation intrinsèquement quantitatives et qualitatives des biens - d'où ce néologisme élaboré par Frank Cochoy (2011) qui postule que tout calcul repose sur une opération préalable de qualification des entités en question. Il n'y a donc pas de discontinuité entre les jugements, les intuitions et les calculs complexes. Et c'est bien le cas des vagues, dont la mise en prix appuie des entreprises très diverses de dénomination, d'évaluation ou de comparaison, par appel notamment à des savoirs scientifiques. Mais ces derniers n'arrivent pas à assécher l'ensemble des questions et des enjeux de connaissance ouverts par ces opérations de monétarisation. Compter est certes une opération technique qui implique des conventions métriques, des instruments ou des systèmes institutionnels, mais c'est également un ensemble d'opérations justifiables. De fait, un jugement normatif s'encapsule dans les divers calculs dont ces

---

1 La vague reste toutefois une marchandise assez particulière : elle ne se déplace pas comme les autres biens (elle se contente de déferler sur des côtes bien délimitées), elle se fabrique à travers des paramètres à chaque fois renouvelés (houle, vents, marées, typographie côtière, etc.) et elle ne transite pas de mains en mains (elle passe plutôt de pieds en pieds). Et établir sur elle des droits de propriété cessibles n'est possible que dans certaines conditions assez rares : la privatisation de certaines vagues dans les îles Maldives ou Fidji au profit des clients d'hôtels de luxe (Guibert 2014) ou bien la constitution d'un droit d'entrée comme dans les piscines à vagues.

ondes sont l'objet. Et c'est à l'aune de l'économie morale des mondes du surf, que l'on peut ramener à une forme inspirée de grandeur[2], que se comprennent alors le mieux ces opérations de mise à prix des vagues.

Après avoir rappelé la genèse de telles entreprises qui semblent particulièrement emblématiques des grandes transformations que connaît le surf aujourd'hui dans le sens d'une marchandisation des vagues, il conviendra de décrire finement l'ensemble des opérations intellectuelles comme pratiques qui sont au principe de leur prix. Cela autorisera alors à voir en quoi monétariser ces vagues revient, finalement, à moraliser le surf.

Monétariser la vague dans les mondes du surf : un prisme instrumental

Ce qui rend le prix des vagues possible doit d'abord aux transformations concernant leur mise en valeur. Au-delà de différences de finalité (exploiter dans le cas des *surfparks*, défendre dans le cas de la surfonomie), d'ancrage épistémologique (sciences de l'ingénieur d'un côté, science économique de l'autre) tout comme d'acteurs (bureaux d'étude et industriels contre ONG et universitaires), il importe en effet de retracer l'histoire de l'artificialisation des vagues et de la surfonomie. Car si celles-ci ne trouvent pas leur origine dans les mêmes dynamiques affectant les mondes du surf, tant ceux-ci sont pluriels (Guibert 2020), la question de la monétarisation des vagues révélant alors et renforçant même leur hétérogénéité entre un pôle commercial et un pôle militant, ces deux espaces se rejoignent toutefois autour d'une lecture instrumentale des vagues, considérées d'un point de vue anthropocentré comme des ressources à préserver ou à générer et qui tranche avec la déification dont

---

2 Les opérations de justification comme de critique ont en effet leur grammaire propre (Boltanski, Thévenot, 1991). Parmi les nombreuses façons de produire de la légitimité en référence à des grandeurs stabilisées, celle de l'inspiration découle de l'aptitude à recevoir et à manifester une forme de grâce extérieure. L'expérience du surf en relève tout particulièrement, avec l'idée d'une connexion forte entre la vague et celui qui la surfe. Ce qui en fait la grandeur réside en effet dans la rencontre, toujours fortuite, entre une vague totalement singulière, à nulle autre pareille, et un surfeur qui se plie à ses contraintes pour pouvoir réaliser des manœuvres en son sein : la vague étant un espace en mouvement permanent (et à chaque fois unique), le fait de surfer consiste à rentrer en coïncidence avec le rythme qu'elle imprime (Mariani 2017, Stranger 2010).

celles-ci étaient précédemment l'objet. N'étant plus considérées en soi, les vagues deviennent alors des marchandises, soit des choses dotées d'un prix et dont la valeur peut désormais se déterminer à partir d'un métaprix.

Les surfparks : un marché émergent

En 2021, il existe 18 lagons à vagues dans le monde et plus de 80 projets en cours. C'est un marché récent qui s'est progressivement stabilisé avec peu d'acteurs[3] et qui tend à évoluer de manière oligopolistique en raison de l'importance des efforts d'investissement à consentir, mais aussi de la très forte concurrence qui les oppose. Les années 2010 ont ainsi vu une très forte capitalisation avec l'arrivée de nombreux investisseurs et la structuration d'une offre d'accompagnement de ceux-ci. Le Surf Park Summit, une foire internationale qui rappelle ce que Callon appelle un « explatorium », c'est-à-dire une plateforme d'exploration mutuelle qui prépare la confection marchande des biens et impose des points de passage, a également été créé en 2013 pour rassembler les divers acteurs de ce marché (ingénieurs, investisseurs, développeurs, etc.) et s'est tenu depuis à quatre reprises, en 2016, 2017, 2020 et 2021. Il existe ainsi plusieurs segments selon les dispositifs de génération de vague, les sites d'installation ou les publics visés (Malherbe, Suchet 2020). La technologie devient notamment une arme dans un marché qui tend à se durcir en s'internationalisant[4]. Mais le plus important est de voir en quoi cette rupture technologique s'inscrit en fait dans certaines tendances structurantes du surf.

Le processus de marchandisation de ce sport est une première matrice qui a rendu les *surfparks* possibles (Ponting 2017). Cela renvoie à

---

3 On en recense une dizaine, essentiellement américaines, australiennes ou européennes : Wavegarden, Kelly Slater Wave Company (KSWC), American Wave Machine (AWM), Surf Loch, Greg Webber Waves, White Water, Murphys Waves et Surf Lakes. Quelques petites entreprises de manufacture de vagues ont néanmoins émergé récemment en Amérique latine.

4 Ce primat de l'innovation technique est d'autant plus prononcé que le marché de la vague artificielle est appareillé par de nombreux prix d'innovation (Blue Ocean Awards, Eurosima). Le niveau de concurrence est également attesté par de nombreux procès. En 2011, l'US Patent Office, le bureau des brevets américains, rejette certains des brevets d'essai qui accompagnent le projet de vague artificielle circulaire porté par KSWC pour cause de plagiat supposé de la technologie développée par la Webber Wave Pool.

l'histoire même du surf puisque la redécouverte de celui-ci à Hawaï puis sa diffusion internationale sont liés au marketing, avec pour conséquence un agrandissement du sport à une échelle désormais globale, que ce soit en termes de nombre de pratiquants comme de lieux de pratique (Lemarié 2016). Le tourisme surf est désormais un phénomène d'ampleur, ayant des incidences fortes en termes de développement. De nombreux travaux décrivent ainsi l'évolution de l'économie de nombreuses stations balnéaires et permettent de conclure à des « villes construites par le surf » (Martin, Assenov 2012, Mach, Ponting 2018, Lemarié, Domann 2019, Mach 2019). De la sorte, ce sport tend à être de plus en plus converti en ressource de développement local : sur certains littoraux français, le surf est devenu l'objet de ce travail d'investissement opéré par diverses collectivités territoriales (Guibert 2006, Fallaix 2012). Ce prisme rejaillit sur la question de la vague artificielle, cadrée comme un nouveau vecteur de développement local. L'argument est de s'émanciper à la fois de la saisonnalité comme de l'incertitude de la pratique, mais aussi de démocratiser celle-ci dans des régions éloignées du littoral. La notion de « surf urbain » est alors présentée comme l'avenir du surf.

Le *surf business* apparaît à bien des égards comme une industrie créative, dont il partage les caractéristiques : complexité (induite notamment par une très faible fonctionnalité car sa valeur est essentiellement intrinsèque), unicité (la session de surf n'est pas reproductible et les spectacles qui en rendent compte se caractérisent par une unité de lieu, de temps et d'action) ou bien symbolisme (avec un rapport étroit à l'océan et à la vague) (Gombault, Décamps, Grellier 2017). A cet égard, l'artificialisation des vagues résonne particulièrement avec l'histoire de l'industrie du surf au XXe siècle, largement façonnée par les innovations techniques (Warren, Gibson 2014). Les piscines à vagues sont dès lors un indice particulièrement saillant que le surf est entré dans une « ère technologique » (Mach 2017), c'est-à-dire que son industrie dépend de plus en plus des logiques d'innovation. Or il convient de rappeler avec F. Cochoy (2015) qu'une révolution technologique affectant une pratique sportive entraîne aussi une transformation morale pour celle-ci. De fait, la vague manufacturée est amenée à avoir des effets forts sur l'économie symbolique du surf. En résulte un changement de paradigme quant à sa culture sportive puisque la pratique en milieu artificiel modifie tant la production du geste surfique que les relations sociales ou les formes de régulations marchandes comme publiques qui lui sont attachées (Fallaix 2018). Ceci explique d'ailleurs les nombreuses résistances qui se déploient contre cette dynamique d'artificialisation des vagues depuis certains segments des mondes du surf, comme ses associations de défense de l'environnement ou bien les tenants d'une conception puriste de la pratique : en France par exemple, aucun des six projets menés depuis la moitié des années 2010 n'a pu voir le jour.

Aujourd'hui pourtant, les dynamiques d'expansion du marché de la vague manufacturée demeurent fortes[5]. Le fait que le surf soit devenu une discipline olympique en 2015 y contribue grandement et permet de rallier le pôle sportif des mondes du surf au projet d'artificialisation des vagues. D'ailleurs, celui-ci croise et s'alimente à celle de l'inscription de ce sport aux Jeux Olympiques et on peut dire que l'arrivée à maturité technique des vagues artificielles dans la seconde moitié des années 2010 a largement contribué à faire aboutir le dossier de l'olympisation du surf engagé de longue date, notamment depuis que l'ISA (International Surfing Association, la fédération internationale de surf) a été reconnue par le CIO en 1997. Pour prétendre au statut de pays hôte des JO, le CIO impose en effet de bénéficier de vagues « cohérentes et répétitives ». La seule solution pour les pays candidats sans façades littorales ou sans vagues exploitables est alors de construire des *surfparks*. Pour les autres, ces installations peuvent également permettre de mieux entraîner les athlètes nationaux dans l'optique de médailles d'or lors des JO à venir. Le but est alors de former dans un environnement maîtrisé des athlètes conformes au modèle olympique : la différence entre deux compétiteurs ne dépendra plus des vagues qu'ils surfent, mais reposera sur leurs aptitudes propres, puisque tous les surfeurs surferont des vagues identiques.

La surfonomie : une « science », entre connaissance et action militante

La vague artificielle est donc, au total, au prolongement de nombreuses transformations du surf (normalisation sportive jusqu'à devenir une

---

[5] Les chiffrages de bénéfices déjà réalisés à partir de la fréquentation des sites existants (par exemple, 700.000 personnes par saison de 10 mois à Surf Snowdonia au Pays de Galles) ainsi que les projections qui en sont déduites poussent en effet vers l'idée que ce segment est rentable. Ainsi, pour un investissement approximatif de 14M€ pour un Wavegarden Cove 1,8m (comprenant la construction du bassin, le système de génération de vagues, le système de traitement de l'eau, les bâtiments principaux, les zones extérieures et le bâtiment de service, le système de réservation en ligne et les coûts de développement), le retour sur investissement est estimé à 20 %.

discipline olympique, commercialisation croissante, importance des innovations techniques, reconnaissance politique comme élément de développement local, déterritorialisation). La surfonomie doit, elle, à une autre dynamique visible à partir des années 2010, à savoir le développement d'un militantisme environnemental spécifique à ce sport et dont il mobilise une histoire mythifiée pour justifier un engagement politique (Weisbein 2017 ; Hales, Ware, Lazarow 2017).

Dans les années 2010, une nébuleuse d'organisations de surfeurs se densifie en effet à une échelle transnationale (Weisbein 2022). La Surfrider Foundation en est l'épicentre. Créée en 1984 afin de protester contre des pollutions de plages californiennes, elle s'est par la suite institutionnalisée par le recours continu aux prétoires, engageant des procès contre des industries polluantes, mais aussi mobilisant les surfeurs américains contre des projets d'aménagements côtiers en vertu du *Clean Water Act*. C'est dans ce cadre stratégique qu'apparaît la surfonomie : Chad Nelsen, le Directeur Environnement de Surfrider depuis 1998, a recruté en 2002 Lindwood Pendleton, *Assistant professor* d'économie à l'Université de Los Angeles, afin de mettre un prix sur la vague de Rincón sur la côte nord-ouest de Porto Rico, alors menacée par un projet immobilier. La crainte des surfeurs qui viennent sur place depuis le monde entier était en effet que celui-ci modifie le flux de sédiments autour de la plage et n'enterre le récif qui crée le *surf break* générateur de la vague. L'idée est alors de démontrer aux autorités de la ville que cette vague constitue un actif supérieur aux gains attendus de la marina et ce, afin de stopper le projet immobilier - ce qui sera le cas. Par la suite, Nelsen soutient en 2012 un doctorat sur l'économie des loisirs côtiers à l'Université de Los Angeles qui constitue une des principales bases doctrinales de la surfonomie (Nelsen 2012). Mais c'est en fait la coalition internationale Save The Waves (STW) qui va le plus mobiliser cette méthodologie, jusqu'à en faire un axe de son activité et en réaliser la majorité à une échelle désormais mondiale. Fondée à l'origine en 2001 par un photographe et journaliste de surf, Will Henry, afin de s'opposer à un projet de marina sur l'île de Madère, elle a très vite internationalisé son champ d'action pour défendre les côtes à l'échelle mondiale. STW organise ainsi la mobilisation des divers mondes professionnels du surf (compétiteurs, journalistes, organisateurs d'événements, etc.) que ce soit pour défendre certaines vagues menacées comme pour, de manière plus globale, donner une existence juridique à toutes, à travers le label de

World Surfing Reserves (WSR). C'est dans ce cadre que la surfonomie est devenue un des axes de travail de STW à partir de 2008. En effet, les sites choisis pour les études surfonomiques sont ceux qui se sont vus attribuer par ailleurs un label WSR. L'organisation finance alors les enquêtes à leur sujet par des systèmes de bourses (*grants*) à destination de chercheurs universitaires ou pour le défraiement des étudiants sur le terrain. C'est dans ce cadre que STW fait réaliser en partenariat avec des universités et des acteurs locaux huit études de surfonomie à Mundaka en Espagne (2008), à Maveriks en Californie (2009), à Huanchaco au Pérou (2013–2014), à Uluwatu à Bali (2014), à Pichelemu au Chili (2014), à Bahia de Todos Santos au Mexique (2015), à Guarda do Embau au Brésil (2018) et à Lobitos au Pérou (2020).

Mais si la surfonomie est résolument une science praxéologique au service des surfeurs, elle doit tout autant à une logique universitaire liée au développement et à l'internationalisation des *surf studies*. Ce segment académique, désormais consacré par un *handbook* (Hough-Snee, Sotelo Eastman 2017), vise à rassembler les universitaires qui, dans de nombreux pays et dans de nombreuses disciplines, travaillent sur le surf de manière dispersée et parfois isolée. Il en a surtout transformé l'agenda scientifique : d'abord essentiellement saisi comme sous-culture, cet objet est de plus en plus analysé comme une activité qui transforme les espaces dans lesquels il s'implante, notamment par le biais du tourisme ou du marché. C'est par ce cadrage que l'appui avec la surfonomie va alors se faire : cette dernière résonne en effet particulièrement avec l'économie du surf qui vise à dénombrer la population des surfeurs ainsi qu'à caractériser la valeur économique de leur sport. Et au sein de cet univers académique, on observe la constitution dans la seconde moitié des années 2000 d'une communauté épistémique transnationale de plus en plus dense de chercheurs qui se spécialisent sur la problématique de la durabilité dans le surf (Borne, Ponting 2015 et 2017), thématique qui va d'autant plus rencontrer les attendus de la surfonomie que les différents pôles de cette communauté travaillent en collaboration étroite avec la Surfrider Foundation ou STW. De nombreuses surfonomies en résultent, à Trestels en Californie (Nelsen, Pendleton, Vaughn 2007), sur la Gold Coast australienne (Lazarow 2009), en Grande-Bretagne (Mills, Cummins 2015), à Santa Cruz en Californie (Scorse, Reynolds, Sackette 2015), à Costa de Caparica au Portugal (Silva, Ferreira 2014) ou bien à Jæren en Norvège (Gilge 2018).

Formuler le métaprix des vagues[6]

Au-delà de leur origine, analyser la surfonomie et l'artificialisation de la vague permet également de révéler toute l'ingénierie, technique comme épistémologique, qui se cache derrière leur opération commune de monétarisation. Car un prix n'est pas un chiffre anodin, fixé une fois pour toutes, fondé sur un équilibre entre offre et demande ou sur des techniques claires de quantification. Pour Callon (2017), la définition des prix est en effet indissociable des multiples opérations de cadrage qui accompagnent les agencements marchands. « Les prix ne sont pas de simples variables dépendantes arrivant en bout de course ; ils se trouvent au cœur des mécanismes organisant la transformation conjointe des biens et des agences et préparant leur singularisation ». Le prix est un élément de passiva(c)tion marchande du bien et pour bien comprendre ce processus, il faut alors se plonger dans l'ingénierie qui le fabrique. Callon parle ainsi de « formulation des prix ». « Cette notion met en évidence le fait que la fixation du prix n'est pas déterminée au moment où l'offre et la demande sont supposées se rencontrer. Elle résulte d'un processus qui commence souvent très tôt lorsque le bien n'est encore qu'une vague idée dans un bureau d'études ou un laboratoire de recherche ». Le prix est donc loin de n'être qu'une donnée brute enregistrant les qualités intrinsèques, souvent matérielles ou fonctionnelles des biens et qui sont facilement objectivables. Il intègre en fait des considérations extrinsèques aux biens, que celles-ci soient morales, esthétiques ou symboliques. Et il appelle surtout des acteurs, des savoirs scientifiques et des dispositifs matériels afin d'être formulé.

Combien coûte et peut rapporter une vague artificielle ?

« Nous devons gagner de l'argent. Cela semble antithétique au surf, mais pour que les piscines à vagues avancent, elles doivent commencer à faire des bénéfices. L'argent n'est que de l'énergie verte - c'est un champ d'énergie et, comme toute forme d'énergie, s'il n'est pas nourri, il meurt »[7]. Cette citation du designer Tom Lochtefeld montre tout l'enjeu qui pèse

---

6 Cette formule assemble la sociologie des agencements marchands de Callon avec la théorie de la valeur de Boltanski et Esquerre. En effet, ces deux cadres théoriques qui pourtant s'ignorent l'un l'autre sont, à bien des égards, compatibles (Bessy 2020).

7 wavepoolmag.com/tom-lochtefeld-the-godfather-of-modern-surf-parks/

sur les vagues artificielles : pour continuer à exister et pour mettre en œuvre les projets lancés, elles doivent démontrer leur rentabilité. Et pour cela, elles doivent rentrer dans des opérations métrologiques visant à leur attribuer une capacité à produire des bénéfices.

On peut d'abord établir ce que peut rapporter une vague artificielle dans la logique industrielle classique du temps de travail et des coûts de production et ce, lors des étapes qu'exige sa génération puis son exploitation, c'est-à-dire, pour reprendre le vocabulaire de Callon, sa pass(ac)tivation. Son prix y est toujours qualculé à partir d'autres prix qui s'enchaînent, de façon concomitante aux opérations de qualification et de mise en forme, tout au long d'une chaîne de manufacture de la vague répartie sur divers sites. Il faut d'abord en réaliser la modélisation informatique et calculer une bathymétrie du bassin de façon à ce que les courants qui circulent ne gênent pas son déroulement. La vague artificielle n'est alors, à ce stade, qu'une formule mathématique ou bien un graphique sur un ordinateur, mais elle commence déjà à coûter en termes d'ingénierie. Cette étape sollicite en effet des savoirs et des instruments très élaborés, tout comme des puissances de calcul importantes puisqu'il s'agit de modéliser le comportement des molécules d'eau dans un environnement fermé[8]. Deuxième étape, la reproduction de la vague dans des petits bassins à partir d'une maquette (souvent à l'échelle du 1/12ème) vise à régler toutes les contraintes physiques liées à la dynamique des fluides, ce qui suppose la détention d'un centre de recherche et développement. La vague artificielle est désormais concrète, mais miniature. La troisième étape vise à construire le projet commercial et entraîne des compétences en marketing, aménagement ou architecture (montage du financement, choix du site, étude de marché, réalisation de plan, etc.). La vague artificielle retourne alors à son immatérialité et n'est plus que le support de projections diverses, souvent sous la forme de dessins d'architectes, de croquis ou de plans. Son prix s'énonce alors à travers la licence qu'une entreprise gestionnaire d'un *surfpark* doit payer auprès de celle qui détient les droits de propriété sur le prototype. S'ouvre alors la carrière de la vague réelle avec une quatrième étape consistant à construire la lagune qui va l'accueillir ainsi que les appareillages qui vont la générer, ce qui nécessite sur une année entière du bâti et de

8 Pour sa vague, Surf Loch utilise par exemple un supercalculateur effectuant environ 5 billions d'opérations par seconde qui a dû travailler en continu pendant près d'un mois pour produire une modélisation opérationnelle.

l'ingénierie civile ainsi que les coûts les plus élevés puisqu'il faut intégrer les investissements en infrastructure (bâti, système de filtration de l'eau, machinerie technique pour produire la vague, énergie). La vague artificielle reste encore invisible et ne se manifeste que dans la période de test durant laquelle elle est étalonnée. La cinquième étape est celle de l'exploitation commerciale de la vague artificielle, désormais bien concrète et de bonne taille, et fait appel à un panel élargi de compétences, techniques (pilotage et maintenance des appareils, mise à jour des logiciels) et commerciales (communication, gestion de réseaux sociaux, vente, animation, apprentissage). C'est seulement à ce moment qu'elle peut commencer à rapporter de l'argent pour l'entreprise qui l'exploite.

On le voit, les coûts engagés à ces diverses étapes sont nombreux[9]. Mais en regard de ces dépenses, une estimation des bénéfices est engagée et négociée entre les différents partenaires réunis par un projet de *surfpark*. Le prix des vagues est d'abord ajusté au nombre de surfeurs qui peuvent évoluer simultanément sur les lagunes (jusqu'à 90 par heure pour un Wave Garden Cove), ainsi qu'à leur niveau de pratique (les débutants et intermédiaires étant les plus recherchés, car potentiellement les plus nombreux). Le débit des vagues (et par conséquent le nombre de surfeurs présents) constitue d'ailleurs une des clés afin de faire baisser le prix d'entrée ou de viabiliser les projets. Une autre façon de rentabiliser les investissements réside dans la diversification des activités. Il s'agit d'intégrer le surf en piscine dans une offre globale de type *resort* (plages, bars, discothèques, restaurants, écoles de surf, salles de conférences). De nombreux *waveparks* s'inscrivent ainsi dans des parcs d'attraction aquatiques et des complexes hôteliers, comme le Siam Park à Tenerife, Wadi Adventures aux Emirats Arabes Unis, Surf Park en Corée ou The Wave à Bristol, et relèvent d'une économie du tourisme florissante. Des considérations relatives au contexte local interviennent également – ce qui fait que la vague artificielle d'Alaia, en Suisse, est la plus onéreuse avec un tarif horaire de 130 F suisses (soit 120€) puisque le coût de la vie y est jugé plus élevé et autorise un droit d'entrée plus important.

---

9 La première piscine à vague moderne, celle financée par Kelly Slater, a coûté 30 millions $. Surf Snowdonia a coûté 12 millions £. Pour Emerge Surf à Birmingham, le chiffre monte à 25 millions £. URBNsurf à Sydney a coûté 24 millions $. Le coût du projet en cours à Manchester est de 60 millions £. Mais le projet le plus onéreux est celui du Surf Park en Corée qui a atteint 2,1 milliards $.

Mais si la formulation du prix de la vague artificielle tend à inclure le coût nécessaire pour la produire et cherche les moyens d'en agrandir la clientèle, elle intègre surtout l'expérience de glisse qu'elle permet, créant de la sorte un surplus de valeur symbolique par l'investissement de l'univers culturel du surf. C'est ici un dispositif de mise en valeur qui renvoie à l'économie de l'enrichissement et qui permet bien de saisir les évolutions de ce marché (Boltanski, Esquerre 2017)[10]. Tout est fait au sein du monde de la vague manufacturée pour que celle-ci échappe à la forme standard à laquelle elle est destinée, c'est-à-dire la classe des objets-spécimens interchangeables, produits en grand nombre à partir de prototypes décrivant leurs caractéristiques techniques et fixant leurs usages, mais dont la durabilité est très faible puisqu'ils sont voués à devenir des déchets. Dans cette logique, une approche classique fondée sur le calcul des coûts et sur la productivité marginale des facteurs (travail et capital) permet, certes, de rendre compte des prix, comme on l'a vu précédemment. La qualité des biens et notamment leur durabilité et la différenciation des prototypes comptent également comme facteurs de justification de l'élévation des prix, ce qui rend également bien compte des stratégies de concurrence au sein de ce marché de la vague manufacturée. Pour autant, cette forme standard fige l'exigence inspirée et l'authenticité prêtée à l'expérience du surf dans une massification sans âme. Pour éviter cela, les professionnels de la vague artificielle déploient des narrations sophistiquées visant à réinscrire ces piscines dans le référent culturel du surf et à leur attribuer une force mémorielle[11]. Le site Internet

---

10 En donnant une valeur aux vagues, les piscines à vague participent en effet de cette transformation du capitalisme par laquelle il réenclenche sa logique de profit non plus à partir d'une logique de diffusion maximale de biens de consommation standardisés, mais dans la recherche de sens et d'authenticité, en mobilisant notamment la ressource du passé. Les vagues, désormais, s'intègrent à cette extension du cosmos de la marchandise.

11 La typologie des formes de mise en valeur des marchandises esquissée par Boltanski et Esquerre ne nous est toutefois pas d'une utilité totale puisque nos vagues artificielles apparaissent décalées par rapport aux deux variables du modèle (la description de l'objet selon une analyse ou une narration et sa puissance marchande, selon qu'il est destiné à la dépréciation ou bien à la valorisation). Les deux auteurs en reconnaissent d'ailleurs la non-exhaustivité (Boltanski, Esquerre 2017 p. 154). Mais si on prend acte que tout est fait pour attester de la temporalité des piscines à vague, amenées à se développer et à prendre de la valeur à l'avenir, ainsi que de l'importance des narrations dont elles sont l'objet, au-delà de leur perfection technique, alors celles-ci semblent plutôt destinées à la forme « collection » où un bien prend sens comme élément d'un ensemble fini de biens, unis à la fois par un principe directeur et par

d'Endless Surf nous apprend ainsi qu'un *surfpark* réussi se doit d'être « authentique », proche d'une expérience maritime de ce sport. Et de fait, toutes les piscines à vagues convoquent l'imagerie du surf dans leur décoration et leur présentation publique (fleurs d'hibiscus, tiki, planches exposées, images de vraies vagues), mais surtout attestent que le surf y est fondamentalement le même que dans l'océan, la perfection des vagues en plus. De même, elles tentent de se construire en lieux emblématiques, en se singularisant les unes des autres par un nom, une technologie dédiée, un type de vague produite, mais également un discours de type patrimonial, en s'inscrivant dans une histoire revivifiée (par exemple, le Surf Snowdonia au Pays de Galles a été bâti sur une ancienne industrie) ou bien en construisant des communautés locales de surfeurs. J. Ponting (2017) estime d'ailleurs que la déterritorialisation de la pratique du surf induite par les piscines à vagues permet d'en conserver ce qu'il appelle la « nirvanification », c'est-à-dire la construction sociale d'une forme d'authenticité et d'exemplarité – fussent-elles désormais artificielles.

La surfonomie en pratique : mettre en nombres la vague ou l'humain qui la chevauche ?

Si les dispositifs à l'œuvre dans la formulation du prix de la vague artificielle relèvent d'une infrastructure lourde, ceux mobilisés par la surfonomie pour monétariser certaines vagues emblématiques s'avèrent plus légers, car de nature essentiellement épistémiques (Weisbein 2022).

On l'a vu, la surfonomie se présente comme une véritable méthodologie scientifique, parée des atours de la science et confirmée par son ancrage académique. Plus précisément, elle se revendique de la nouvelle économie des ressources naturelles, notamment par le pragmatisme recherché pour aider la décision publique. L'idée est en effet de contrebalancer l'approche monétarisée d'une politique de développement économique par la monétarisation d'un choix de conservation qui, lui, ne résulte pas directement d'un mécanisme de marché (Pendleton 2008, Scorse 2010, Nelsen 2012, 2015). Les surfonomistes s'inscrivent de la sorte dans une économie très *mainstream*, marquée par une dimension fortement

---

une série de différences pertinentes (la vague artificielle composant alors une pièce de la série des vagues naturelles les plus parfaites). La surfonomie, pour sa part, renvoie alors à la forme « actif », dans laquelle les biens sont considérés non pour eux-mêmes, mais en fonction de leur prix potentiel de revente.

anthropocentrée et utilitariste et l'appui sur la théorie standard de la valeur (Dehez 2020). L'idée de service écosystémique des vagues qu'ils avancent atteste grandement de cette requalification marchande de la mer : les ondes remplissent des fonctions utiles aux communautés littorales (bien être individuel, revenus collectifs, etc.), fonctions qu'il s'agit de révéler et de quantifier parce qu'elles restent invisibilisées. Cela amène toutefois à un enjeu méthodologique fort relatif aux façons adéquates de capturer cette valeur et de la traduire en argent. Il existe en effet une pluralité des méthodes disponibles pour calculer la valeur économique totale des ressources naturelles, dont certaines dimensions sont très éloignées de toute logique comptable (Gadrey, Lalucq 2015 p. 44–45 ; Douai, Plumecocq 2017 p. 68–73). Monétariser les vagues nécessite alors la médiation des surfeurs qui, pour s'adonner à leur passion, engagent des dépenses diverses que la surfonomie entend objectiver et dont la production d'un chiffre constitue le principal enjeu : à travers eux, telle vague *rapporte* tant d'argent et elle *vaut* donc d'autant pour toute la communauté, dans la balance à opérer entre sa préservation ou sa possible disparition à la suite d'un projet d'aménagement.

Mais derrière le chiffre produit par ces enquêtes, il y a toute une chaîne d'opérations pratiques qui nécessitent des données en assez grand nombre ainsi que des compétences en traitement statistique. Il s'agit à la fois de calculer les dépenses diverses liées au surf dans les sites investigués puis d'estimer leur nombre à l'année, en fonction de la saisonnalité de la pratique. Ces deux valeurs ne procèdent toutefois pas des mêmes modalités de calcul, ni des mêmes données. Les premières sont calculées de plusieurs manières, sur la base d'enquêtes par questionnaire (en ligne comme sur site, avec des échantillons et des taux de réponse assez variables, entre 200 et 700 personnes interrogées). La méthode des dépenses directes (*Direct Expenditure Method*), la plus basique, est utilisée dans la plupart des surfonomies. Elle consiste à calculer ce qu'un touriste dépense chaque jour en logement, nourriture, communications, souvenirs, cours et matériel pour aller surfer. La méthode des coûts de transport (*Travel Cost Method*) postule que les biens récréatifs gratuits sont évalués par la somme des coûts de transports nécessaires pour s'y rendre et les consommer, mais nécessite des traitements statistiques plus sophistiqués. La méthode des prix hédoniques (*Hedonic Price Method*) consistant à isoler la part relative à la qualité de l'environnement dans certaines activités comme les transactions immobilières est la plus délicate à mener donc reste peu utilisée : une étude portant sur la plage de Santa

Cruz en Californie révèle toutefois qu'une maison à proximité des vagues vaut 106.000$ de plus qu'une maison comparable à un mile de distance (Scorse, Reynolds, Sackett 2015). En second lieu, l'estimation des flux annuels de touristes sur un site fait appel à des données secondaires diverses : les données de fréquentation délivrées par les autorités publiques, les témoignages et les estimations de professionnels locaux du tourisme (hôteliers, professeurs de surfs, loueurs de voitures, etc.), mais aussi des coefficients multiplicateurs issus de la littérature scientifique sur l'économie du tourisme. Enfin, l'enquête surfonomique se conclut par un effort de triangulation afin de synthétiser ces données hétérogènes (dépenses quotidiennes moyennes et fréquentation annuelle du site), tout en tenant compte de la saisonnalité de la pratique et des conditions de surf (telles que les objectivent les sites de prévisions de surf qui recensent les houles, les marées ou les vents).

Au-delà de ses aspects proprement épistémiques, la formulation du prix de ces vagues opérée par la méthode surfonomique doit également se comprendre à travers les formes d'ingénierie institutionnelle sur lesquelles elle repose concrètement, comparable à cela à l'économie expérimentale menée au J-PAL, à mi-chemin entre le laboratoire de recherche et l'ONG humanitaire (Jatteau 2013). Déployer des enquêteurs sur un site étranger nécessite en effet toute une organisation logistique et donc, divers partenaires, à travers une logique large de consortium entre ONG et monde académique, très répandue sur les enjeux de biodiversité (Gaidet, Fouilleux 2018). La surfonomie déploie alors la même chaîne opérationnelle que dans les essais randomisés du J-PAL et ce, à travers trois positions principales : le chercheur, chargé de bâtir le protocole de l'expérimentation, d'analyser les résultats et de les publier ; l'assistant de recherche, qui fait l'interface entre le terrain et le chercheur tout en encadrant une équipe d'enquêteurs ; et ces derniers, recrutés localement, afin de faire passer les questionnaires ou de réaliser les entretiens sur place. A chaque niveau, les degrés d'implication et les compétences pratiques ne sont pas les mêmes, mais la valeur monétaire de ces vagues exceptionnelles se calcule avant tout dans ce réseau constitué essentiellement d'humains (des universitaires, des assistants de recherche, mais aussi des surfeurs ou des professionnels du tourisme interrogés). Et si la vague fait l'objet de considérations qui lui sont propres (ses conditions géophysiques de déroulement, sa saisonnalité, les dangers qui la guettent), ces données ne constituent en fait que des éléments de contexte pour les enquêtes surfonomiques.

Quand monétariser la vague revient à moraliser le surf

La notion de qualcul mélange des considérations objectives, relatives aux dispositifs métronomiques de mesure et de calcul, et des aspects plus subjectifs attachés tant aux biens évalués qu'aux acteurs qui les manipulent (Cochoy 2011). Cette mixtion est confirmée durant tout le processus de passiva(c)tion de la vague, naturelle comme artificielle. Dans les deux cas, sa monétarisation est indissociable de considérations morales tant le fait de lui attribuer un métaprix est en contradiction avec la grandeur inspirée au principe du surf qui implique, au contraire, de la prémunir de toutes les formes de convention et de commensurabilité ayant cours dans les autres ordres de grandeur (Boltanski, Thévenot 1991 p. 200). Dès lors, attribuer un prix aux vagues implique un travail important de justification, surtout lorsque les vagues marchandisées sont destinées à une clientèle de surfeurs. Mais ces opérations se déploient de manière un peu inattendue. Pour la vague en piscine, il s'agit de démontrer qu'elle est aussi belle et « naturelle » que sa consœur océanique. Pour la vague monétarisée par la surfonomie, cet exercice de requalification ontologique porte cette fois-ci sur le surfeur en ce qu'il n'est plus un être improductif et marginal, mais un touriste consommateur, contribuant à l'enrichissement d'une communauté locale et participant aux dispositifs locaux de protection du littoral.

Des vagues artificielles plus belles que nature

Qu'est-ce qui fait qu'une vague est belle ? Pour répondre à cette question, Anne-Sophie Sayeux (2010) convoque la notion kantienne de sublime, mais aussi de « hauts lieux » qui portent en eux certaines histoires constitutives de la mémoire du surf ; de même, une vague est jugée belle car elle est éprouvée dans la chair du surfeur qui noue avec elle un rapport sensuel très fort. En ce sens, si la vague étudiée par la surfonomie additionne bien tous ces marqueurs, celle produite dans un *wavepark* s'en éloigne totalement, nécessitant alors un effort important de justification. Si les progrès en matière de modélisation et de réalisation d'infrastructures permettent de produire des vagues réellement surfables, de plus en plus proches des vagues naturelles, il convient en effet de dépasser le stade de la prouesse technologique pour toucher quelque chose d'autre qui résonne avec la culture du surf.

On voit particulièrement bien comment le nombre appuie un jugement esthétique et ce, à travers l'équation quantité/qualité/variété de vagues qu'autorise ces piscines. Du côté de la quantité de vagues, on observe une véritable course technologique. La concurrence se fixe alors sur le nombre de vagues créées par les différents systèmes (toutes les 10 à 15 secondes pour Okahina, 16 vagues par minute pour la technologie The Cove de Wavegarden ou bien 10 pour le PerfectSwell d'AWM). Dans la presse spécialisée, les reportages consacrés aux piscines à vagues insistent d'ailleurs presque toujours sur le nombre de vagues qu'ont pu prendre ceux qui les ont utilisées, jusqu'à une centaine, là où une session en mer n'en permettrait, au mieux, qu'une dizaine. Il s'agit également de jouer sur la taille des vagues. La technologie Lagoon de Wavegarden est par exemple proposée avec plusieurs options de hauteur (1,3m, 1,9m et 2,2m). Le prisme du confort s'appuie aussi sur cette qualification numéraire de la vague artificielle. Souvent, le plaisir qu'elle procure est mesuré au nombre de secondes de *ride* rendu possible par la technologie et la longueur du bassin. Cela devient un argument de marketing nettement mis en avant : de 15 à 20 secondes pour la technologie Cove de Wavegarden, jusqu'à 35 pour l'option Lagoon (ainsi du NDLand - qui plus est dans une eau à 28°C) et même une minute pour le Surf Ranch dont la vague, jugée la plus parfaite, déferle sur un bassin de 700m.

Parce que ce sont bien souvent des surfeurs et qu'ils connaissent ainsi les référents moraux qui architecturent ce sport, les promoteurs des vagues artificielles déploient des efforts importants de justification afin de refroidir les critiques en monstruosité dont celles-ci sont l'objet (Ponting 2017, Roberts, Ponting 2018, Fallaix 2018). De la sorte, cette quantification de la vague artificielle (sa fréquence, sa taille, sa durée de déferlement) est inséparable de commentaires sur sa beauté, sans doute l'argumentaire le plus ajusté à la grandeur inspirée propre à ce sport : celle-ci a tous les atours esthétiques et fonctionnels qu'un surfeur attribue à une vague naturelle (beauté du déferlement, puissance et notamment le fait qu'elle ourle et s'ouvre, autorisant des tubes). Outre cette qualité de la vague artificielle, c'est aussi sa variété qui devient un argument commercial pour les entreprises et les *waveparks*. Les gestionnaires proposent même des « playlists de vagues », paramétrables selon les désirs des clients qui peuvent même les commander en préréservant leur billet sur Internet. Ils peuvent également laisser jouer le hasard, afin d'éviter toute monotonie due à la reproduction mécanique des vagues offertes[12].

---

[12] La technologie pneumatique PerfectSwell d'AWM permet de produire des vagues changeantes grâce à un usage différencié des chambres à air et un appareillage

A côté de cette volonté de singulariser la vague artificielle, en la rendant à la fois aussi belle, variée et imprévisible que dans l'océan, la grandeur écologique (Lafaye, Thévenot 1993) constitue un autre axe critique qui nécessite un effort particulièrement important de justification et ce, sous la pression des associations environnementales du surf. On observe déjà des compromis industriel/écologique au moment même de la confection des vagues artificielles, lorsque la modélisation prend appui sur la réalité d'une vague réelle ou d'un processus naturel. C'est notamment le cas de la technologie d'Hokahina Wave constituée d'une sorte d'atoll flottant de forme circulaire animé par quatre pales qui, en tournant à la manière d'un mixeur, génèrent en son sein une vague tournante, est inspirée par le principe de fonctionnement des atolls polynésiens et des passes du bassin d'Arcachon ; l'entreprise entend ainsi changer le paradigme des vagues artificielles en se passant d'une infrastructure en béton ayant une forte emprise sur le sol et consommant de très grands volumes d'eau et en permettant par ailleurs de remplir des fonctions écologiques (aération de l'eau et lutte contre l'anthropisation, réservoir de biodiversité). Pour les autres technologies, très consommatrices en eau et en énergie, la question de la qualité environnementale constitue également un enjeu important pour leur acceptabilité sociale et politique : tous les projets soulignent ainsi leur très haut niveau d'exigence environnementale (recours au photovoltaïque, bâti écoresponsable, systèmes de récupération et de recyclage de l'énergie produite par chaque vague, partenariats avec des associations de défense de l'environnement, etc.). L'argumentation autour du « surf urbain » se comprend de la même manière : pour leurs promoteurs, les piscines à vague permettent de baisser le bilan carbone des résidents des villes qui doivent prendre la voiture ou même l'avion pour pratiquer leur sport.

Dernière forme de compromis engageant cette fois-ci la grandeur civique et destinée essentiellement aux pouvoirs publics qui doivent donner leur feu vert pour permettre d'accueillir une vague artificielle,

---

numérique. La technologie The Cove de Wavegarden qui grâce à l'activation de modules permet de produire des vagues de manière plus aléatoire vise également à se rapprocher au plus de l'expérience du surf en milieu naturel. Pour Surf Lakes, le déroulement circulaire des vagues allié à la bathymétrie de la lagune de Yeppoon en Australie permet de créer, selon l'endroit où l'on se trouve, des vagues très différentes et adaptées à des usages pluriels (shortboard, longboard, apprentissage) et même un slab (une vague qui, en s'écrasant sur une dalle, creuse très rapidement et ne déferle pas vraiment).

cette dernière est promue comme un outil de démocratisation du surf et d'inclusion sociale, contre l'élitisme prêté à ce sport. Cela rencontre également l'argument économique puisque la rentabilité des piscines à vagues dépend du nombre de visiteurs pour leur viabilité. De nombreux *waveparks* accueillent ainsi des écoles de surf afin d'apprendre ce sport dans un environnement contrôlé et sécurisé. Les vagues artificielles, surtout lorsqu'elles sont planifiées dans des municipalités côtières, sont également présentées comme une manière de résoudre la surpopulation estivale des spots naturels de surf. Elles sont également promues comme un outil visant à corriger les défauts du surf (sexisme, comportements agressifs des surfeurs vis-à-vis des étrangers, sélectivité sociale et raciale des pratiquants, etc.).

Portrait du surfeur en touriste contributeur et en gestionnaire responsable

Si la vague artificielle nécessite un effort important de justification, en ce que même sa perfection technique contrevient à l'exigence d'authenticité et de singularité propre au surf, tel n'est pas le cas des vagues monétarisées par la surfonomie qui sont non seulement naturelles mais surtout considérées comme les plus belles au monde. Le qualcul dont ces dernières sont l'objet n'est pas pour autant dénué de toute considération morale, mais cela concerne ici le surfeur considéré comme un touriste contributeur et exigeant sur le plan environnemental, à rebours de l'image d'être asocial et rebelle conforme à l'exigence de retrait du monde induite par le registre de l'inspiration, véritable stigmate que les associations qui portent la parole des surfeurs essayent de dépasser[13].

Ce nouveau portrait prend corps dans le schéma narratif constant de ces enquêtes : on regrette d'abord le manque d'études sérieuses sur la population des surfeurs qui permettraient de la sortir des stéréotypes

[13] La Surfrider Foundation a ainsi lancé en 2011 le Surf-First Surfer Survey pour collecter un ensemble de données nationales sur les caractéristiques récréatives, démographiques et économiques des surfeurs à destination des gestionnaires des littoraux. Basée sur des données recueillies sur Internet (N =5.468), cette étude montre que comparés à la moyenne des Américains, les surfeurs sont plus jeunes (âge médian de 34 ans contre 37), plus éduqués (avec un niveau *college* à 62 % contre 28 %) et gagnent davantage (75.000$ contre 52.175$). À raison de 100 visites annuelles sur les plages, avec 66US$ de dépense, ils contribuent annuellement à l'économie côtière à hauteur de 36 millions de dollars.

négatifs de la marginalité ou de l'indifférence dont elle souffre auprès des décideurs ; la surfonomie entend alors à la fois apporter des éléments de caractérisation de cette population (qui apparaît plus jeune, plus éduquée, davantage salariée et gagnant plus que les autres touristes et plagistes)[14], tout en les singularisant autour de ses usages des plages et de ses pratiques de consommation (les surfeurs viennent de plus loin, plus souvent, à des horaires différents et surtout dépensent davantage sur place). D'où la conclusion, à chaque fois confirmée, du fort impact économique du surf pour les sites investigués, notamment lorsqu'il s'agit de petits villages du tiers monde, situés dans des zones rurales ou bien sinistrés économiquement et en déclin démographique (comme à Mundaka ou Huanchaco avec la pêche ou bien Lobitos avec le pétrole). Par ailleurs, la surfonomie documentant également les représentations de ces touristes particuliers (leur attachement à la vague visitée ainsi que les raisons qui pourraient les dissuader de revenir, comme l'altération de l'environnement, la pollution de l'eau ou, surtout, la disparition de la vague), elle produit un argument objectif en faveur des politiques de préservation de la ressource à destination des gestionnaires locaux. Parce qu'elle rapporte tant d'argent, la vague vaut la peine d'être protégée.

De la sorte, le raisonnement surfonomique vise autant à faire des organisations de surfeurs des partenaires (*stakeholders*) audibles et crédibles au sein des réseaux de politiques publiques dédiés à la gestion des espaces côtiers, et non plus des contestataires enfermés dans la seule défense de leur sport (Lazarow et al. 2008, Nelsen 2012, Martin, Assenov 2014, Martin, O'Brien 2017). Pour STW en effet, il s'agit essentiellement d'un mécanisme d'*advocacy*, visant à fédérer les forces locales autour d'un projet commun de conservation d'une vague, via les *World Surfing Reserves*[15]. Le but est qu'à travers ce label, les vagues

14 Par exemple, selon la surfonomie réalisée en Grande-Bretagne (Mills, Cumins 2015), 64 % des individus interrogés ont un niveau supérieur d'éducation (contre 27 % des Britanniques), 79,1 % d'entre eux appartiennent aux mondes du management et du business, ils dépensent 2980£ chaque année pour pratiquer leur passion en Grande-Bretagne (achat de matériel, essence, parking, logement et restauration sur place, etc.) et n'hésitent pas à voyager. Avec une population d'environ 500.000 surfeurs au Royaume-Uni, leur contribution directe à l'économie nationale est donc estimée entre 1 et 1,8 milliards £ par an et leur contribution indirecte monte à une fourchette comprise entre 3,96 et 4,95 milliards £.

15 La surfonomie s'inscrit en effet au sein de l'étape 4 d'une stratégie de *community planning*. « This approach uses a combination of economic incentives (including "surfonomics" studies in partnership with local universities), voluntary conservation

jugées exemplaires soient reconnues juridiquement et gérées par des communautés locales dans un but de protection. Il s'agit plus précisément de généraliser l'expérience australienne des *National Surfing Reserves*, soit un label créé en 2005 par une association de surfeurs et reconnu par le gouvernement afin de protéger certains sites emblématiques de la pratique, en collaboration avec les autorités et les communautés locales (Ware, Lazarow, Hales 2017). Depuis, dix sites ont été ainsi labélisés à l'échelle mondiale et ont suscité des instances locales de gouvernance, sur la base d'un constat partagé grâce à l'étude de surfonomie. Les surfeurs y sont représentés à travers STW ou d'autres associations locales.

Pour autant, cette logique concertative induite par la monétarisation militante des vagues n'est pas exclusive d'une stratégie judiciaire contentieuse (Nelsen 2015). On peut prendre l'exemple de Trestles en Californie, puisqu'il s'agit d'un des premiers terrains d'application de la méthode surfonomique (Nelsen 2012). Il s'agit d'une bande de 2 km de spots de surf située juste au sud de la ville de San Clemente dans le comté de San Diego, produisant des vagues de qualité en raison d'une exposition idéale à la houle avec la pointe de San Mateo, avec la particularité d'être également en plein milieu du parc naturel d'Etat de San Onofre. Or le projet 241 d'autoroute à six voies porté par deux Transportation Corridor Agencies (TCA, les autorités publiques en charge de la gestion des autoroutes à péage) prévoyant de couper en deux ce dernier est déposé en 2005 auprès de la California Coastal Commission (CCC), l'instance chargée de vérifier sa conformité au California Coastal Act. Cela augure une controverse qui va durer jusqu'en 2020 et prendra la forme de nombreuses auditions publiques et actions juridiques (Iatarola, 2018). Pour s'opposer à l'autoroute, la Save San Onofre Coalition (SSOC) est créée avec douze organisations environnementales, dont Surfrider. Pour les surfeurs en effet, les ouvrages nuiraient au ruissellement des roches et du sable dans le bassin versant et cela affecterait la qualité des vagues. Très actifs dans la contestation, ils vont notamment mobiliser le registre expert en apportant un argumentaire lié à leur sport qui se rajoute à celui porté par les autres associations (perte de biodiversité, artificialisation des sols, renforcement des inégalités sociales, etc.). C. Nelsen décide ainsi de lancer la surfonomie de Trestles et, lorsqu'elle est réalisée, la soumet en 2007 à la CCC dans le cadre des auditions publiques. Certains de ses

---

agreements, marketing and the formation of a Local Stewardship Council » (Plan stratégique 2020–2027, p. 15).

résultats sont alors inclus dans les rapports préparatoires à l'évaluation du projet puisque la Commission en retire deux arguments pour motiver une première décision de rejet en 2008. Elle souligne d'abord le fort impact économique du surf pour la ville de San Clemente (jusqu'à 13 millions $ par an, avec 400.000 visites). Et contre l'argument avancé par la TCA selon lequel les surfeurs contestataires sont égoïstes et ne veulent pas que la route attire de nouveaux adeptes vers les vagues, la surfonomie révèle qu'ils viennent déjà de tout le sud de la Californie. La controverse n'en est pas pour autant close. En 2011, les résultats de Nelsen, bien que jugés sérieusement produits et crédibles, sont contestés par une enquête réalisée par le cabinet Beacon Economics à la demande de la TCA qui estime que la valeur économique induite par les conducteurs excède de beaucoup celle induite par les surfeurs à l'eau. Cela pointe alors les limites de la stratégie surfonomique qui ne suffit pas à contrebalancer un choix de développement économique lorsque la solution de préservation s'avère moins rentable.

Finalement que vaut une vague ?

L'échelle de prix de ces vagues passiva(c)tivées est donc, pour conclure, assez haute. Pour celles dont la valeur économique totale est calculée par une enquête surfonomique, leur disparition peut coûter jusqu'à 24 millions $ annuels comme à Mavericks ou bien 13 millions à Trestels. Celles produites en bassin peuvent rapporter des sommes équivalentes (par exemple 12,3 millions $ par an pour le Surf Ranch). Mais on l'a vu, si les estimations convergent, il s'agit de métrologies qui ne s'appliquent pas tout à fait aux mêmes entités, rendant leur commensurabilité moins évidente : la surfonomie entend certes établir le prix d'une vague, mais elle concerne en fait davantage un « haut lieu » emblématisé par ses caractéristiques géophysiques et culturelles (Sayeux 2010) ; seuls les *waveparks* permettent véritablement d'établir un prix précis par vague engendrée, entendue cette fois-ci comme une onde qui déroule et permet de surfer. D'autant plus que ces opérations de monétarisation embarquent des requalifications morales qui ne s'appliquent pas aux mêmes actants, les vagues artificielles rendues quasi-naturelles ici, les surfeurs dépeints comme économiquement productifs et politiquement actifs là.

Mais par-delà ces différences, la vague artificielle et la vague naturelle étudiée par la surfonomie ont un métaprix, plutôt élevé, qui se confond avec leur valeur et autorise des formes de régulation assez intenses.

Cette équation reste toutefois fragile. En effet, ces deux entreprises de monétarisation et de marchandisation des vagues font l'objet de disputes nourries au sein des mondes du surf. Du côté des *waveparks*, ce qui est reproché est à la fois la simonie qu'ils expriment, mais surtout le fait de l'introduction d'un canon humain dans l'évaluation de la « vague parfaite » : celle-ci ne se comprend ni ne se mesure plus selon des critères subjectifs, propres à la culture surf, mythifiant et plaçant comme canon de comparaison certaines vagues, mais bien, désormais, selon une entrée objective, fondée sur une métrologie et une technologie propre aux sciences de l'ingénierie. La vague parfaite est désormais la vague *technologiquement* parfaite. Il y a même, selon Michael Roberts et Jess Ponting (2018), la possibilité d'un renversement : les vagues dans la nature seront évaluées à l'aune des vagues artificielles. Mais même lorsqu'il s'agit de protéger les premières, la surfonomie n'est pas à l'abri des critiques : celle-ci assèche la richesse culturelle et symbolique du surf et de la vague dans sa seule valeur monétaire (Iatarola 2018 p. 208–209, Dehez 2020). Attribuer un nombre (ici un prix) à la nature a donc, certes, des avantages cognitifs et fonctionnels en termes de régulation de ses ressources, cela ne clos toutefois pas les opérations critiques que cette mise en chiffre engage.

Bibliographie

Bessy C., (2020), « Un renouveau de la sociologie des prix et des marchés », *L'Année sociologique*, Vol. 70(1), pp. e1–e18

Boltanski L., Esquerre A., (2017), *Enrichissement : une critique de la marchandise*, Paris, Gallimard.

Boltanski L., Thévenot L., (1991), *De la justification. Les économies de la grandeur*, Paris, Gallimard.

Borne G., Ponting J., ed. (2015), *Sustainable Stoke. Transitions to Sustainability in the Surfing World*, Plymouth, University of Plymouth Press.

Borne G., Ponting J., ed. (2017), *Sustainable Surfing*, London, Routledge.

Callon M. (2017), *L'emprise des marchés. Comprendre leur fonctionnement pour pouvoir les changer*, Paris, La Découverte.

Cochoy F. (2011), « Le Calqul économique du consommateur. Ce qui s'échange autour d'un chariot », *L'Année sociologique*, 61(1), pp. 71–101.

Cochoy F. (2015), *Une histoire du ski. Aluminium, gens de glisse et « coopétition »*, Aix-en-Provence, Éditions REF.2C.

Dehez J. (2020), « Les nouvelles ressources de l'économie du surf », in Guibert C., dir., *Les mondes du surf. Transformations historiques, trajectoires sociales, bifurcations technologiques*, Pessac, Maison des Sciences de l'Homme d'Aquitaine.

Douai A. et Gaël Plumecocq G. (2017), *L'économie écologique*, Paris, La Découverte.

Fallaix L. (2012), « Les sports de nature dans le département des Landes : du développement maîtrisé à la mobilisation d'une ressource territoriale », *Annales de géographie*, n°686, 410–432.

Falaix L., (2018) « Les paradis artificiels du surf », *Jurisport*, n°185.

Gadrey J., Lalucq A., *Faut-il donner un prix à la nature ?*, Paris, Les petits matins/Institut Veblen.

Gaidet N., Fouilleux E. (2018), « Entre alliances et métriques. Dynamiques de débat sur les politiques globales de protection de la biodiversité », *Revue française de science politique*, 68(4), pp. 669–690.

Gilje H. (2018), *Surfonomics: The Value of a Wave*, Master's thesis, University of stavanger.

Gombault A., Descamps A., Grellier C. (2017), « Le surf, une industrie créative », in Falaix L., dir., *Surf à contre-courant. Une odyssée scientifique*, Bordeaux, Maisons des Sciences de l'Homme d'Aquitaine

Guibert C. dir. (2020), *Les mondes du surf. Transformations historiques, trajectoires sociales, bifurcations technologiques*, Pessac, Maison des Sciences de l'Homme d'Aquitaine.

Guibert C. (2014), « Les vagues de surf : des convoitises différenciées. Entre patrimonialisation, privatisation et monopolisation », *Terrain*, n° 63, pp. 126–141.

Guibert C. (2006), *L'univers du surf et stratégies politiques en Aquitaine*, Paris, L'Harmattan.

Hales R., Ware D., Lazarow N. (2017), « Surfers and public sphere protest. Protecting surfing environments », in Borne G., Ponting J., ed., *Sustainable Surfing*, London, Routledge.

Hough-Snee D. Z., Sotelo Eastman A., Ed. (2017), *The Critical Surf Studies Reader*, Durham, Duke University Press.

Iatarola B. M. (2018), *'Saved forever' ? An Eco-Ethnography of Trestels*, Dissertation thesis, Doctor of Philosophy in Communication, University of California, San Diego.

Jatteau, A. (2013), « Expérimenter le développement. Des économistes et leurs terrains », *Genèses*, 4(4), pp. 8–28

Lafaye C., Thévenot L. (1993), « Une justification écologique ? Conflits dans l'aménagement de la nature », *Revue française de sociologie*, Vol. 34(4), pp. 495–524.

Lazarow N. (2009), « Using observed market expenditure to estimate the value of recreational surfing to the Gold Coast, Australia », *Journal of Coastal Research*, 56.

Lemarié J. (2016), *Genèse d'un système global surf. Regards comparés des Hawai'i à la Californie : Traditions, villes, tourismes, et subcultures (1778–2016)*, Thèse de sociologie, Université Paris Nanterre.

Lemarié J., Domann V. (2019), « Branding Huntington Beach, Surf City USA®: Visitors, residents, and businesses », *Loisir et Société / Society and Leisure*.

Mariani G. (2017), « L'expertise "syntonisatoire" des surfeurs : du façonnage corporel au sein du champ de vagues à la formation d'une écologie de l'action », in Falaix L., dir., *Surf à contre-courant. Une odyssée scientifique*, Bordeaux, Maisons des Sciences de l'Homme d'Aquitaine.

Mach L. (2017), « Surfing in the technological area », in Borne G., Ponting J., ed., *Sustainable Surfing*, London, Routledge.

Mach L. (2019), « Surf-for-Development: An Exploration of Program Recipient Perspectives in Lobitos, Peru », *Journal of Sport and Social Issues*, Vol. 43(6), pp. 438– 461

Mach L., Ponting J. (2018), « Governmentality and surf tourism destination governance », *Journal of Sustainable Tourism*, Vol. 26(1), pp. 1–17.

Malherbe A., Suchet A. (2020), « Les dispositifs de vagues artificielles pour le surf dans le monde. Actualité technique et aménagement des sites », in Guibert C., dir., *Les mondes du surf. Transformations historiques, trajectoires sociales, bifurcations technologiques*, Pessac, Maison des Sciences de l'Homme d'Aquitaine.

Martin S. A., Assenov I. (2012), « The genesis of a new body of sport tourism literature: A systematic review of surf tourism research (1997–2011) », *Journal of Sport and Tourism*, 17(4), pp. 257–287.

McGregor T., Wills S., 2017, « Surfing a wave of economic growth », *CAMA Working Paper*, 13.

Mills B., Cummins A. (2015), « An estimation of the Economic Impact of Surfing in the United Kingdom », *Tourism in Marine Environment*, 11(1), pp. 1–17.

Nelsen C. (2015), « Surfonomics: Using Economic Valuation to Protect Surfring », in Borne G., Ponting J., (ed.), *Sustainable Stoke. Transitions to Sustainability in the Surfing World*, Plymouth, University of Plymouth Press

Nelsen C. (2012), *Collecting & Using Economic Information to Guide the Management of Coastal Recreational Resources*, Dissertation thesis, Doctor of Environmental Science and Engineering, University of California Los Angeles.

Nelsen C., Pendleton L., Vaughn R. (2007), « A socioeconomic study of surfers at Trestles Beach », *Shore & Beach*, 75(4), pp. 32–37.

Pendleton L. (2008), *The Economic and Market Value of America's Coasts and Estuaries: What's at Stake*, Coastal Ocean Values Press.

Pijoan P. (2008), *Importancia del Surf en la Ciuedad de Ensenada, Baja California,* Master's Thesis, Universidad Autonoma de Baja California.

Ponting J. (2017), « Simulating Nirvana. Surf parks, surfing spaces, and sustainability », in G. Borne, J. Ponting, ed., *Sustainable Surfing*, London, Routledge.

Roberts M., Ponting J. (2018), « Waves of simulation: Arguing authenticity in an era of surfing the hyperreal », *International Review for the Sociology of Sports*, pp. 1–17.

Sayeux, A. (2010), « Les paysages vagues », *Sociétés*, n°109, pp. 91–103.

Scorse J. (2010), *What Environmentalists Need to Know about Economics,* New York, Palgrave Macmillan.

Scorse J., Reynolds F., Sackett A. (2015), « Impact of surf breaks on home prices in Santa Cruz, CA », *Tourism Economics*, 21(2), pp. 409–418.

Silva S. F., Ferreira J. C. (2014), « The social and economic value of waves : An analysis of Costa de Caparica, Portugal », *Ocean & Coastal Management*, 102, pp. 58–64.

Stranger M. (2010),, *Surfing Life. Surface, Substructure and the Commodification of the Sublime*, Routledge.

Ware D., Lazarow N., Hales R. (2017), « Surfing voices in coastal managment. Gold Coast Surf managment Plan – A case study », in Borne G., Ponting J., ed., *Sustainable Surfing,* London, Routledge

Warren A., Gibson C. (2014), *Surfing Places, Surfboard Makers*, Honolulu, University of Hawai'i Press.

Weisbein J. (2017), « S'engager au nom de la vague. L'exemple de Surfrider Foundation Europe », in Falaix L., dir., *Surf à contre-courant. Une odyssée scientifique,* Bordeaux, Maisons des Sciences de l'Homme d'Aquitaine

Weisbein J. (2022), « Dans l'atelier de la "surfonomie". Monétariser les vagues pour mieux les défendre, de la Californie à la baie de Saint-Brieuc », *Revue d'anthropologie des connaissances,* 16(2) (en lignes : journals.openedition.org/rac/27440).

Trouble dans le calcul. Modélisation des rivières et action publique environnementale

Alexandre Gaudin et Thomas Debril

Quel est le rôle des modèles numériques dans l'action publique environnementale ? Le recours à ces instruments de quantification, de formalisation et de simulation informatique (Morrison et Morgan 1999 ; Armatte 2010) s'est multiplié dans le domaine de la gestion de l'environnement (Schmidt-Lainé Pavé 2002), pour gouverner le climat (Dahan 2007), la biodiversité (Devictor 2015) ou encore la qualité de l'eau des rivières européennes (Bouleau et Pont 2014). Dans ces conditions, les modèles suscitent un intérêt croissant en sciences humaines et sociales.

Les philosophes et les historiens des sciences ont identifié un tournant épistémologique dans le développement et l'usage des modèles (Winsberg 1999 ; 2003 ; Armatte et Dahan, 2004). Selon cette littérature, les modèles ne sont plus considérés comme des instruments à visée strictement scientifique, jouant simplement le rôle d'intermédiaire entre de grandes lois scientifiques et la complexité de réalités biophysiques contingentes. Ils sont désormais plus volontiers envisagés comme des outils d'aide à la décision et à la négociation. Le mathématicien Nicolas Bouleau parle d'un « langage semi-artificiel » (2014) combinant des éléments de sciences et de langue ordinaire, qui permet tout à la fois d'être crédité d'une légitimité scientifique et d'être mobilisable par les décideurs politiques. Certains de ces auteurs en appellent alors à compléter ce constat par une étude sociologique de l'usage de ces modèles (Kieken et al. 2003).

C'est ce qu'entreprennent plusieurs sociologues et anthropologues des sciences et des techniques en proposant de s'intéresser moins à l'objet modèle qu'aux processus de modélisation (Lenhard et al. 2006 ; Knuutila, Merz et al. 2006 ; Guillemot 2009 ; Heyman 2010). En adoptant une approche par les pratiques, certains sociologues ont bien montré à quel point les modèles permettent aux acteurs de réaliser différentes simulations relatives à un même phénomène par nature élusif, de multiplier des fictions non seulement réalistes mais aussi réversibles, et ainsi de gouverner par exploration (Chapitre 1). Ils ont alors souligné la capacité de ces modèles à faire émerger différents scénarii de gestion, à mettre en discussion des natures et des usages de la nature plus ou moins souhaités, dans le cadre d'un gouvernement par anticipation (Granjou et al. 2017). Loin d'un réalisme naïf (Guillemot 2009), la modélisation ne vise plus tant à représenter le plus fidèlement possible un phénomène écologique, mais consiste plutôt à mobiliser des éléments cognitifs provenant de différentes disciplines, afin de s'entendre sur des conventions de gestion qui satisfassent les différentes parties prenantes.

Cet usage des modèles semble autoriser l'inclusion d'un plus grand nombre d'acteurs dans la prise de décision, ainsi qu'une plus grande réflexivité de ces derniers vis-à-vis du recours à la science. C'est ce que l'on observe dans le domaine de la gestion de la pénurie d'eau des rivières en France. L'usage de la modélisation et la multiplication des simulations dans différentes arènes de décision s'accompagnent d'une mise en discussion de différentes modalités de gestion de pénurie, tenant aussi bien à la construction de nouveaux barrages, qu'à la mise en place de restrictions de prélèvements en rivières lors des situations de crise (Fernandez 2009 ; Fernandez et Debril 2016 ; Gaudin et Fernandez 2018). On observe alors comment les acteurs mettent en balance rigueur scientifique et pragmatisme politique lors de l'instruction des demandes d'autorisation de prélèvements ou encore lors des « cellules sécheresse » déclenchées pour convenir de restrictions temporaires (Barbier et al. 2010 ; Chapitre 4). Certains sociologues ont alors montré que les modèles eux-mêmes sont en constante transformation sous l'effet des différentes appropriations dont ils sont l'objet par des acteurs aux enjeux contrastés (Knuutila Merz et Mattila 2006) et à quel point leur réversibilité peut donner lieu à la constitution de nouvelles entités qui apparaissent décisives dans la coproduction des natures et des sociétés (Hastrup et Skrydstrup 2013).

Dans ce chapitre, nous souhaitons interroger cette contribution des modèles à l'action publique environnementale à partir du cas de la gestion des pénuries d'eau des rivières dans le sud-est de la France. Dès le début des années 1990, l'agence de l'eau Adour-Garonne instaure des seuils de gestion, les débits d'objectifs d'étiages (DOE), dont la détermination fait largement appel à la modélisation. À partir de la fin des années 2000, cette démarche est reprise par l'agence Rhône Méditerranée Corse, car étendue à l'ensemble des cours d'eau jugés problématiques sur le territoire national. L'expérience du bassin Rhône Méditerranée présente au regard de notre interrogation un triple intérêt.

D'abord, le lancement de la campagne de détermination des DOE sur l'ensemble des cours d'eau de ce bassin hydrographique se traduit en 2008 par l'élaboration d'un protocole de modélisation original. En effet, il ne s'agit plus seulement de mobiliser une modélisation hydrologique traditionnellement utilisée pour de tels cas (Fernandez 2014) mais de recourir aussi à une modélisation hydro-écologique pour mieux appréhender l'impact des pénuries sur les milieux aquatiques. L'enjeu alors est de réfléchir au niveau d'eau à conserver dans les rivières et d'explorer de nouveaux compromis entre les enjeux écologiques, les enjeux économiques associés à l'importance des prélèvements pour les agriculteurs et les enjeux politiques des gestionnaires de l'eau sur ce bassin. Ensuite, le déroulement de la campagne, et donc l'élaboration et l'expérimentation de ce nouveau protocole de modélisation, s'organisent dans le cadre de marchés publics, avec, depuis les années 1980, l'abandon progressif par les services départementaux de l'État de l'ingénierie hydraulique au profit des bureaux d'études privés (Barone et al. 2016). Enfin, la réception des résultats, produits par ces bureaux d'études et discutés au sein des différentes arènes de l'eau, déclenche une importante controverse technico-politique, révélant les ambiguïtés et les tensions dans le travail de modélisation. Ceci a donné lieu à une révision significative du protocole initial avec une renégociation des activités et des rôles de chacun. Ce cas constitue ainsi une opportunité pour mieux comprendre comment la modélisation participe d'un gouvernement des cours d'eau par exploration, en prenant au sérieux aussi bien le travail des bureaux d'étude pour produire des résultats, que la manière dont ces résultats sont appropriés par les acteurs dans la diversité des arènes de l'eau.

Le suivi de la campagne de définition des DOE dans le sud-est de la France ne nous montre donc pas comment la modélisation participe, dans un premier temps, à la production d'énoncés plus ou moins conformes à la réalité pour que, dans un second temps, la décision politique travaille à l'élaboration de solutions plus ou moins négociées avec les acteurs. Bien au contraire notre contribution, en mobilisant une sociologie empirique et pragmatique de l'expertise (Barbier et al. 2013), sensible à la notion de trajectoire (Strauss et al. 1992), cherche à montrer comment les modèles participent du renouvellement des formes de délibération autour de la gestion de l'eau par la redéfinition des acteurs et des natures prise en compte, mais, aussi, comment ces délibérations pèsent en retour sur les choix de modélisation et participent ainsi d'un renouvellement des manières de connaître et de gouverner par les modèles. Précisons simplement ici que l'analyse présentée dans cette contribution s'appuie sur une enquête qualitative de terrain menée entre 2014 et 2015 sur le bassin Rhône Méditerranée Corse et plus spécifiquement sur deux sous-bassins versant à partir de 29 entretiens semi-directifs.

Nous montrerons ainsi, dans un premier temps, comment l'élaboration du nouveau protocole est le produit d'un arrangement spécifique où se rencontrent ambitions politiques de l'Agence de l'eau du bassin Rhône Méditerranée et ambitions scientifiques des modélisateurs en hydroécologie. Nous décrirons ensuite, comment dès sa planification la campagne de modélisation vient butter sur des difficultés révélant aussi bien des conceptions contradictoires de la modélisation qu'une distribution des tâches conflictuelles entre les différentes parties prenantes entre privé et public. Nous décrirons alors comment la mise en œuvre de la démarche conduit à des résultats qui posent problèmes aussi bien d'un point de vue technique que d'un point de vue politique dans les différentes arènes de l'eau où sont discutés les résultats. Nous montrerons alors comment les négociations qui ont cours dans ces arènes viennent retravailler l'exercice de modélisation lui-même et obliger finalement les porteurs de la démarche à redoser rigueur scientifique et pragmatisme politique.

I. La réforme comme opportunité d'expérimentation

En revenant sur les conditions de la mise en œuvre de la réforme de la gestion de la pénurie d'eau sur le bassin Rhône-Méditerranée, nous montrons ici comment des ambitions de gouvernement par des objectifs environnementaux rencontrent les ambitions de modélisateurs en hydroécologie. Nous montrons alors que le recours à la modélisation numérique, loin d'être la stricte application d'outils préalablement conçus par la recherche, consiste à élaborer de nouvelles méthodes en détournant des outils existants de leur fonction initiale.

A. Réforme et volontarisme environnemental

Sous l'effet des exigences européennes[1], souhaitant limiter le déclenchement des cellules de crises « sécheresses » qui s'est multiplié depuis une dizaine d'années[2], l'État met en œuvre une série de réformes[3]. Il demande d'instaurer des DOE pour l'ensemble des cours d'eau jugés déficitaires. Ces DOE correspondent à des seuils de débit minimal en dessous desquels le préfet et la Direction Départementale et des Territoire (DDT) décident lors des comités sécheresses de mesures de limitations de prélèvements. Ils correspondent également à un volume prélevable qui sert de référence pour l'attribution des autorisations annuelles ou pluriannuelles de prélèvement. Cependant les textes donnent une définition technique minimale du DOE[4] et il n'existe pas de doctrine stabilisée pour les définir et encore moins de méthode standardisée pour les calculer. Dans ces conditions, ce sont les autorités de bassin versant, service régional de l'État et agence de l'eau, qui sont chargées d'établir plus précisément la méthode. Les services régionaux de l'État, disposant de peu de compétences techniques et de moyens financiers (Lascoumes et al. 2014), se tournent vers les agences pour mettre en œuvre cette campagne d'études techniques. Certes, les agences n'ont pas de compétences régaliennes et normalement ne peuvent pas assurer la maîtrise d'ouvrage de ces études. Elles disposent néanmoins de ressources

---

1 Depuis la Directive Cadre Européenne sur l'Eau (DCE) de 2000, dans l'esprit du *New Public Management*, l'Europe pilote les politiques publiques nationales par le contrôle d'indicateurs de « bon état » de l'ensemble des territoires hydrographiques nationaux (Steyaert, Ollivier 2007 ; Bouleau, Pont 2014). De plus, l'application des modalités de gestion de crise « sécheresse » ne doit désormais plus être envisagée que lors d'épisodes climatiques exceptionnels. La DCE est transcrit dans le droit français par la Loi sur l'Eau et les Milieux Aquatiques (LEMA) de 2006.

2 Depuis dix ans, chaque année, environ 20 départements mettent en place des mesures de restrictions d'usages, 40 lors des années relativement sèches et 60 les années les plus sèches (Circulaire du 30 juin 2008 relative à la résorption des déficits quantitatifs en matière de prélèvement d'eau et de gestion collective des prélèvements d'irrigation).

3 Circulaire du 30 juin 2008 relative à la résorption des déficits quantitatifs en matière de prélèvement d'eau et de gestion collective des prélèvements d'irrigation et Arrêté du 27 janvier 2009 modifiant l'arrêté du 17 mars 2006 relatif au contenu des schémas directeurs d'aménagement et de gestion des eaux

4 Le DOE doit correspondre au débit minimum qui doit être atteint 8 années sur 10 pour lequel la coexistence normale de tous les usages et le bon fonctionnement du milieu aquatique soient assurés.

financières conséquentes qui leur permettent d'agir. Elles identifient des maîtres d'ouvrages locaux (le plus souvent des syndicats mixtes de rivière) et les incitent à porter des études qu'elles financent.

L'agence de l'eau Rhône-Méditerranée-Corse souhaite alors être particulièrement proactive. Il est vrai qu'il n'existe pas comme en Adour-Garonne un réseau étendu de points de gestion DOE. L'agence se trouve ainsi devant un chantier colossal : établir des DOE pour près de soixante cours d'eau[5] en quatre ans pour la prochaine planification des politiques de l'eau du grand bassin versant. Mais souhaitant anticiper de nouvelles exigences européennes et aussi se distinguer de l'agence Adour-Garonne, elle envisage d'établir une méthodologie de modélisation des rivières qui intègre plus rigoureusement les enjeux écologiques. Ainsi, dans le discours des agents de l'Agence de l'eau Rhône-Méditerranée, si le bassin a « un SDAGE de retard », il aura à l'issue de la réforme « un SDAGE d'avance »[6].

B. Expérimenter de nouveaux usages de la modélisation hydroécologique

L'agence de l'eau Rhône-Méditerranée-Corse constate que la méthode classique pour définir le DOE n'aborde que très pauvrement les dimensions écologiques. En effet, elle consiste à faire correspondre ce débit minimum de gestion à un débit d'étiage naturel reconstitué par modélisation numérique hydrologique. Or, ce type de modélisation appréhende la rivière uniquement comme un débit canalisé par un lit et non comme un milieu écologique au sein duquel se nourrissent, se déplacent, se cachent et frayent différentes espèces de poissons. L'agence souhaite donc mettre au point une méthodologie qui permette d'appréhender plus objectivement l'effet des pénuries en eau sur le milieu aquatique.

L'agence s'intéresse alors aux modélisations numériques d'hydroécologie animale développées par l'Université Lyon I, puis

---

5 Auxquels s'ajoutent aussi les Niveaux Piézométrique d'Alerte concernant douze nappes souterraines jugées déficitaires.

6 Le SDAGE (Schéma Directeur d'Aménagement et de Gestion des Eaux) est le document planificateur quinquennal du grand bassin versant.

le Cemagref[7] dans le cadre de réglementations visant à limiter les effets des barrages hydroélectriques sur les populations piscicoles. Ces modélisations ont pour fonction de guider le plus « scientifiquement » possible le choix des débits minimums que les gestionnaires de barrages doivent maintenir dans le tronçon court-circuité du cours d'eau, afin d'assurer la survie des poissons (Barthélémy 2006, p. 44). S'inspirant de l'expérience nord-américaine (Bovee 1982), ces modélisations numériques articulent modèle hydraulique et modèle biologique de type micro-habitat (Souchon 1989). Ce dernier considère le cours d'eau comme une suite d'habitats en fonction de la morphologie de la rivière, des hauteurs d'eau et des vitesses. Selon l'espèce de poisson et son stade de développement, il évalue en fonction des variations de débit pour une portion de rivière l'évolution de la qualité de l'habitat. Depuis les années 1990, le Cemagref a conçu de nouvelles versions qui nécessitent moins de données d'entrée et donc autorisent un plus grand nombre d'opérateurs à l'utiliser, avec un travail de terrain plus réduit et la possibilité de l'appliquer sur un plus grand nombre de cours d'eau.

L'agence, qui a participé au financement de ces recherches, est intéressée pour mobiliser la modélisation hydroécologique pour définir « scientifiquement » un débit minimum biologique, mais cette fois dans le cadre de la gestion de pénurie d'eau. Il ne s'agit plus d'étudier les différentes options de débits à maintenir à l'aval d'un ouvrage, mais d'évaluer les effets d'un phénomène d'étiage complexe sur l'ensemble d'un cours d'eau, lui-même affecté par des prélèvements en eau distribués dans l'espace et le temps. En cela, cette méthodologie est encore expérimentale et nécessite de réadapter les méthodes de modélisation et d'interprétation. Consultés par l'agence, les chercheurs du Cemagref ne voient pas de contre-indications majeures pour un tel réemploi. Ils ont déjà été mobilisés pour évaluer les conséquences piscicoles de la pénurie d'eau. Bien au contraire, ces chercheurs voient là de nouvelles perspectives de développement pour la modélisation hydroécologique, comme ils l'observent déjà à l'échelle internationale.

Ainsi, cette réforme est une opportunité pour l'agence de l'eau Rhône-Méditerranée-Corse de se distinguer en matière de gestion quantitative et pour les chercheurs du Cemagref d'ouvrir de nouveaux champs

7 Centre d'Etude du Machinisme Agricole et du Génie Rural des Eaux et Forêts, depuis 2011, Irstea (Institut national de Recherche en Sciences et Technologies pour l'Environnement et l'Agriculture), et depuis 2020, Inrae (Institut National de Recherche pour l'Agriculture, l'Alimentation et l'Environnement).

d'application de leurs outils et de mieux s'inscrire dans les dynamiques de recherches internationales. Nous allons désormais revenir dans chaque partie sur une étape de la campagne de mesure. A chaque fois, nous mettrons en regard deux processus concomitants : dans une première sous-partie, la manière dont la modélisation est définie et réalisée et, dans une seconde sous-partie, la façon dont en même temps les rôles de chacun sont établis et négociés.

II. Concevoir la campagne d'études : une méthode et une configuration d'action publique en tension

Si administration et recherche trouvent une opportunité de collaboration, cette nouvelle rencontre donne lieu malgré tout à l'expression d'attentes et de conceptions contradictoires, quant au rôle de la modélisation et à la répartition des rôles de chacun. Nous verrons d'abord comment dès le départ la définition des méthodes reste ambivalente, et dans un deuxième temps comment la division du travail et la répartition des responsabilités sont déjà l'objet de tensions.

A. Une méthode renvoyant à deux registres d'articulation entre modélisation et décision politique

L'agence de l'eau consulte les chercheurs pour connaître les différents types d'outils de modélisation existants, ainsi que les précautions à prendre dans la production et l'interprétation des résultats. Lors de ces rencontres, tout le monde convient qu'il serait illusoire d'attendre des outils de modélisation qu'ils donnent une valeur de DOE non discutable. Ce constat partagé conduit les personnels de l'agence et les chercheurs à réfléchir sur la manière dont ces outils peuvent participer à la décision politique.

Ils s'accordent sur le fait que la science doit cadrer le politique. Dans notre cas, ils attendent des outils de modélisation et de leurs résultats qu'ils bornent l'espace de ce qui est négociable avec les usagers. La modélisation hydrologique doit permettre de faire valoir auprès d'eux le caractère limité de la ressource en eau disponible, tandis que la modélisation hydroécologique doit mettre en évidence les besoins minimum en eau des espèces piscicoles. Pour autant, ils ne désirent pas rendre les résultats de la modélisation indiscutables en dissimulant les incertitudes. En effet, ce n'est pas tant la précision du résultat de la modélisation qui les intéresse que la formalisation des problèmes à laquelle elle invite. Modéliser, c'est conduire les acteurs à se retrouver autour de l'outil dont les composantes (variables, courbes, etc.) sont autant d'opportunités de rendre tangibles la qualité des habitats, les espèces de poisson présentes, etc. Par ailleurs, il est attendu de l'étude non pas une valeur qui s'impose aux acteurs mais une plage de valeurs qui cadrera les négociations.

Malgré tout, dans la méthode rédigée par l'agence et pour lequel les chercheurs du Cemagref sont consultés[8], deux façons co-existent pour penser l'articulation entre production de connaissance et définition de l'objectif de gestion . En effet, d'un côté, dans le corps du texte du cahier des charges, la méthode rédigée consiste à réaliser des modélisations successives (hydrologique puis hydroécologique) pour déterminer la ressource en eau disponible sans qu'il y ait altération du milieu. Cette méthode se conclut par la détermination de DOE à respecter, qui devront ensuite être notifiés par le préfet. A charge de ce dernier d'organiser les négociations avec les acteurs concernés pour définir les moyens pour atteindre ces objectifs. Dans ce cas, l'usage de la modélisation précède donc l'élaboration de scenarii de gestion (Figure 1).

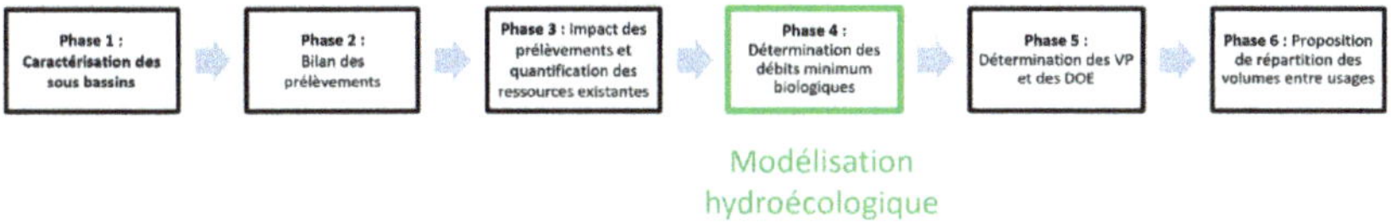

Figure 1: Schéma du cahier des charges "type" pour la détermination des volumes maximums prélevables et des DOE

De l'autre, la note en annexe sur les modalités d'usage de la modélisation hydro-écologique évoque une démarche plus itérative. Elle s'apparente à un dialogue et des allers-retours constants entre décision politique, diagnostic écologique général et usage de l'outil. Dans ce cas, l'élaboration des scenarii de gestion précède l'usage de la modélisation qui n'est qu'un véhicule pour les explorer (Figure 2).

---

8 Cahier des charges « type » pour les études de détermination des volumes maximum prélevables de juillet 2010, document Agence de l'eau Rhône-Méditerranée, DREAL de bassin Rhône-Méditerranée, ONEMA.

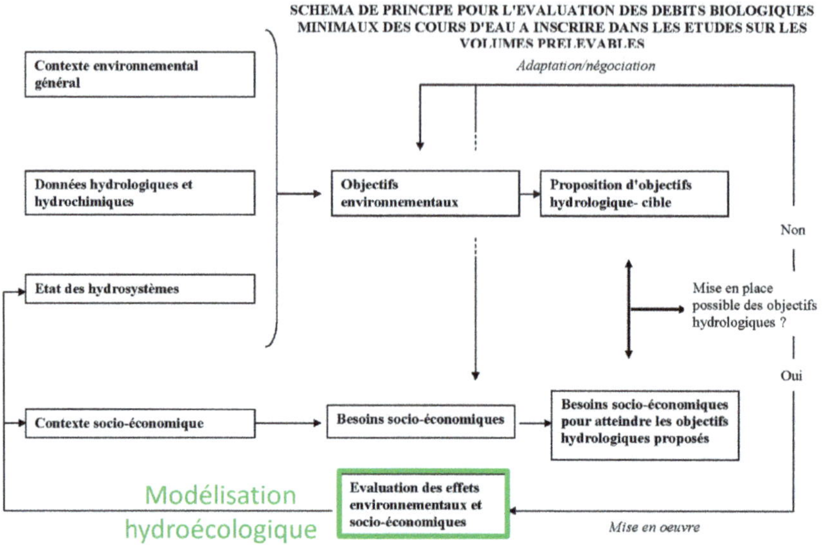

Figure 2: Schéma de principe pour l'évaluation des débits biologiques minimaux des cours d'eau à inscrire dans les études volumes prélevables (source: annexe 6 du cahier des charges "type" de juillet 2010)

B. *La constitution d'une configuration d'action publique en tension*

Une autre problématique advient. Compte tenu de l'ampleur de la campagne, l'ensemble des acteurs constatent très vite que le projet est ambitieux et soulève d'importantes questions d'organisation. Comment accompagner les bureaux d'études privés ? Comment répartir les tâches entre les différentes administrations ? Comment faire participer les usagers ?

En effet, les études doivent être réalisées par des bureaux d'études privés. Or peu de bureaux d'études hydrauliciens ont l'expérience de modélisation hydrologique pour définir des DOE. De même, peu ont de compétences sur les modélisations micro-habitats. Dans certains cas, ils s'associent avec des bureaux d'études d'hydrobiologie, mais ces derniers ont eu recours à la modélisation hydroécologique pour définir le débit réservé de barrages et non pour la gestion de pénurie d'eau. L'entreprise est donc expérimentale et risquée. Elle peut conduire les bureaux d'études hydrauliciens à mobiliser plus de moyens et plus de temps que prévus. Au final, au regard de l'ampleur du chantier, un faible nombre de bureaux d'étude répondent aux appels d'offre.

L'ingénierie publique doit également être en mesure de sélectionner ces entreprises, de les accompagner, de répondre à leurs questions et de contrôler et valider leur travail. Cependant l'ingénierie publique disponible est difficile à mobiliser pour une campagne d'étude d'une telle dimension. En effet, sur le volet hydrologique, les DREAL[9], qui doivent fournir les données hydrologiques et s'assurer du bon travail des bureaux d'études, ont peu de moyens. Elles ne peuvent mettre à disposition qu'une seule personne pour toute la région, quand le poste n'est tout simplement pas vacant.

Mais c'est l'ingénierie en matière d'hydroécologie qui suscite le plus de débats. Un des chercheurs du Cemagref attire l'attention de l'agence sur le déficit d'ingénierie publique et privée en la matière. Selon lui, la maîtrise de la modélisation micro-habitat est insuffisamment partagée. Il craint d'avoir à traiter seul un très grand nombre de questions que les praticiens publics comme privés ne manqueront pas de se poser. À ce titre, il demande à ce que l'Onema[10] assure l'ingénierie publique d'accompagnement. C'est en effet un office technique désigné par le ministère de l'Écologie comme expert piscicole pour l'application de la réglementation environnementale. Cependant, la direction de l'Onema s'est juqu'à présent peu investie dans le domaine de la modélisation hydroécologique. Il manque encore à l'échelle de l'établissement une doctrine d'application et l'organisation de formations pour ses agents de terrain. Ces derniers ne se sont approprié que très relativement ces outils de modélisation, dont la composante hydraulique et mathématique est importante et qui ne correspondent pas à leur culture professionnelle.

Les discussions portent également sur la façon dont les administrations et les publics concernés vont être impliqués et consultés durant ces études. L'agence prévoit d'intégrer dans les comités techniques les services de la DDT qui seront chargés de mettre en œuvre les mesures qui découleront de ces études. Par ailleurs, conformément au mode d'action de l'agence, celle-ci prévoit d'impliquer les syndicats de rivière et les chambre

---

9 Direction régionale de l'environnement, de l'aménagement et du logement

10 Office Nationale de l'Eau et des Milieux Aquatiques. L'office créé en 2006 reprend l'ancien Conseil Supérieur de la Pêche et son corps de garde-pêche. Il a en charge la police pénale de l'eau, l'expertise piscicole pour l'application de la réglementation et le rapportage des indicateurs environnementaux auprès de l'Europe. Il rejoint en 2020 l'Office Français de la Biodiversité.

d'agriculture en tant que maîtres d'ouvrage. Des premiers, on attend qu'ils commandent officiellement l'étude, tout en étant accompagnés et intégralement subventionnés. Des seconds, on attend qu'ils se portent candidats par la suite pour gérer les volumes d'eau prélevables définis à l'issue de l'étude. Les élus locaux et les chambres d'agriculture occupent alors une posture délicate. Ces études visent certes à faire un état des lieux de la pénurie d'eau et à trouver des solutions, mais auront aussi des implications réglementaires sanctionnant des réductions de prélèvements.

« La chargée de mission avant moi et un de mes collègues […] ont quand même fini par comprendre ce qu'était [cette étude] […] Et je suis désolé, mais c'est du réglementaire. Et une collectivité locale, et encore moins un syndicat mixte, n'est pas là pour faire du réglementaire et […] pour sortir un arrêté préfectoral qui va enlever 30 % d'eau aux agriculteurs. Ça, les élus, au bout de deux réunions, ils l'ont compris. » (Un directeur d'un syndicat de rivière qui n'a pas souhaité assurer la maîtrise d'ouvrage de l'étude, entretien)

Il y a pour eux une confusion des genres entre l'exercice de représentation politique et l'exercice régalien, ce qui risque de les mettre en porte-à-faux avec leurs mandants. Ainsi, si certains acceptent de s'impliquer, d'autres préfèrent rester en retrait.

Il est probable que le volontarisme de l'agence de l'eau a eu raison des questions soulevées, sans que la méthode et la répartition des rôles soient bien comprises et validées pour toutes les parties. Néanmoins, l'ampleur de la campagne d'étude, le peu de compétences techniques partagées, les faibles moyens des organismes chargés d'encadrer ces études, et les ambiguïtés qui entourent les modalités d'engagement des administrations et de leurs publics, vont être les ingrédients d'un imbroglio technico-politique que nous allons maintenant aborder.

III. Conduire la campagne d'études : le surgissement d'un imbroglio technico-politique

Une fois la campagne d'étude lancée, les bureaux d'études sont confrontés à différentes difficultés, quand leurs modélisations n'aboutissent pas à des résultats problématiques mettant en doute aussi bien le bien-fondé de la méthode que l'organisation de la campagne.

A. La difficile modélisation des cours d'eau méditerranéens

Les bureaux d'études se rendent d'abord compte du caractère expérimental de la méthode, qui apparaît par ailleurs difficilement applicable aux rivières méditerranéennes et anthropisées de la région. En effet, les cours d'eau méditerranéens sont soumis à de forts assecs et sont fortement aménagés, rendant difficile la modélisation hydrologique comme la modélisation des micro-habitats de poissons. Ils butent par ailleurs sur le manque de données. Le réseau de mesure hydrométrique n'est pas déployé sur l'ensemble des cours d'eau et apparaît davantage conçu pour mesurer les niveaux d'eau lors des crues plutôt que lors des étiages. À cela s'ajoute que les espèces de poisson patrimoniales méditerranéennes, comme le barbeau méridional ou le blageon, ne sont pas référencées dans la liste des espèces cibles de l'outil de modélisation hydroécologique.

Les agents de l'agence de l'eau et des services départementaux de l'État constatent surtout que les bureaux d'études ne savent pas faire de l'outil de modélisation hydroécologique l'usage indiqué dans le cahier des charges. Ils leur manquent le plus souvent un regard critique sur l'outil et une bonne connaissance du terrain: les particularités du cours d'eau, sa morphologie, son régime hydraulique, et ses milieux aquatiques. D'autant plus qu'ils parviennent difficilement à mobiliser les agents des services départementaux de l'Onema, les seuls qui ont la connaissance de ces milieux, ces derniers étant occupés à la mise en œuvre d'autres réformes.

Les bureaux d'études sont donc conduits à avoir recours à l'outil de modélisation micro-habitat comme « une machine à calculer ». Ils se focalisent plus sur les exigences de l'instrument (quelles données entrer, quel protocole respecter, etc.) et s'interrogent moins sur la signification socio-écologique de la démarche et des données produites (en quoi l'altération potentielle d'habitat identifiée va-t-elle affecter le milieu en considérant ses spécificités ? comment cela va-t-il affecter le comportement de l'espèce de poisson ?, etc.). La description mathématique de la modélisation prend le pas sur la description et l'explicitation des phénomènes socio-écologiques. C'est bien le principal reproche fait par l'ingénierie publique chargée d'accompagner la démarche.

« Ce qu'ont négligés les bureaux d'étude, c'est l'appréciation du terrain. C'est la contextualisation. Ils ont beaucoup utilisé [la modélisation

hydroécologique] comme une machine à calculer. » (Un agent de l'Agence de l'eau pour la région Provence-Alpes-Côte d'Azur, entretien)

Plusieurs ingénieurs des bureaux d'étude vont même prêter à l'outil une dimension prescriptive vis-à-vis de la nature, étrangère à l'esprit de ses concepteurs. En effet, une fois les données entrées, les ingénieurs obtiennent avec l'outil de modélisation la courbe de préférence de l'espèce de poisson ciblée. Cette courbe met en relation la Surface Pondérée Utile (SPU) relative aux micro-habitats avec le débit du cours d'eau (Figure 3). Normalement, dans la démarche présentée par le chercheur, le diagnostic préalable permet d'établir une gamme de débit à investiguer. Mais en l'absence de ce diagnostic, les techniciens considèrent l'ensemble de la courbe. Les techniciens identifient alors le maximum de la courbe (lorsqu'elle en présente un) et en déduisent le débit biologique minimum pour la préservation de l'espèce (Figure 3). Ce simple geste technique n'est pas innocent. Il considère tout d'abord la SPU, non plus comme un paramètre à mettre en relation avec des fonctionnements écologiques complexes, mais comme un représentant de l'ensemble des paramètres. Dans le même mouvement, il considère le maximum de SPU, simple « mécanisme » du procédé de modélisation, comme une norme à atteindre. De cette façon, l'outil est utilisé pour définir une norme à laquelle la réalité du cours d'eau doit se conformer.

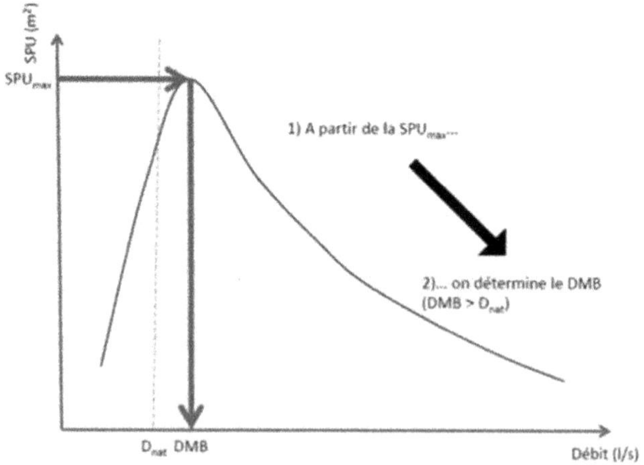

Figure 3: Schéma d'interprétation de la courbe de préférence de poisson par les bureaux d'études

Malgré tout, une telle démarche suscite de nombreuses questions, voire le trouble, chez les ingénieurs des bureaux d'études qui la mettent en œuvre. Il est vrai que pour plusieurs mois de l'été et pour la plupart des espèces de poisson, les ingénieurs trouvent des débits biologiques supérieurs aux débits d'étiage naturel. Or les ingénieurs attendent que le débit minimum de survie d'une espèce de poisson soit au moins inférieur au débit d'étiage naturel du cours d'eau[11]. Ce résultat apparaît pour les ingénieurs et les agents chargés de les encadrer comme une aberration, qui prend alors les dimensions d'un véritable imbroglio technico-politique.

B. Le surgissement d'un imbroglio technico-politique

Comment interpréter un tel résultat ? Comment le rapporter à la méthodologie de calcul afin de déceler ce qui est de l'ordre de l'erreur ou du choix des hypothèses de modélisation ? Si certains ingénieurs interpellent les comités techniques sur ces questions, d'autres en concluent que les rivières seraient désormais naturellement mal faites pour les poissons et avancent la nécessité de les réalimenter artificiellement en eau. Mais le problème est également d'ordre méthodologique. Il est en effet demandé aux ingénieurs de déterminer la ressource en eau disponible en retranchant aux quantités d'eau théoriquement disponibles les quantités d'eau nécessaires pour la vie piscicole. Avec un tel résultat, la soustraction devient mathématiquement impossible.

Mais l'incongruité apparente du résultat prend également une dimension politique. Elle provoque l'intervention de certains agents de la DDT et de certains élus qui, en l'absence de compétence sur le sujet, étaient jusqu'alors restés en retrait. En effet, un tel résultat suppose selon eux que tous les prélèvements en eau soient à l'avenir interdits. Présenté en comité technique, il suscite chez les agents de DDT et les maîtres d'ouvrage la perplexité, voire une opposition nette à la poursuite de l'étude. Certains agents de la DDT anticipent les problèmes politiques qu'il faudra gérer si des mesures drastiques de restriction en eau devaient être prises.

« Quand vous sortez une courbe SPU/débit comme ça et [...] que le débit biologique ne permet pas d'avoir des volumes prélevables. Conclusion pour les agriculteurs : "l'État va nous imposer 100 % de restriction". Vous imaginez

11 Débit estimé en l'absence de toute action de prélèvement.

dans les chaumières ? […] Donc on prend un arrêté préfectoral pour interdire tous les prélèvements agricoles… et eau potable ? […] Parce que la mesure [de la modélisation micro-habitat] a sorti un débit biologique supérieur au débit naturel ? C'est ça que je vais expliquer au préfet ? Aux syndicats d'eau potable ? » (Un agent de la DDT, entretien)

C'est l'arbitraire de l'outil qui est mis en cause. Il les oblige à mettre en œuvre des mesures radicales, excluant la possibilité de négocier un compromis entre réglementation et enjeux socio-politiques et économique locaux. Certains syndicats de rivière prennent quant à eux peur de se trouver en porte-à-faux avec leurs mandants, en étant le commanditaire d'une étude qui risque de conduire à l'interdiction de l'arrosage. Ainsi, ce qui s'avérait initialement un moyen d'objectiver et de cadrer les négociations au nom de l'objectivité scientifique, se transforme selon eux en autoritarisme, en excluant toute possibilité de pragmatisme politique.

Le problème prend de l'ampleur. Les bureaux d'étude et les agents publics qui les encadrent sollicitent différents référents sur les outils de modélisation micro-habitat, dont le chercheur du Cemagref et un agent de l'Onema. Ces derniers découvrent le plus souvent un emploi des modèles et des interprétations « complètement aberrants », et y voient les conséquences d'un manque de compétence en matière d'ingénierie publique et privée. Mais ils découvrent également que le cahier des charges a induit en erreur les bureaux d'étude. C'est la démarche linéaire indiquée dans le corps du cahier des charges qui est mise en œuvre (la modélisation précède les scenarii de gestion), et non la démarche itérative rédigée en annexe (les scenarii de gestion sont testés en mobilisant si nécessaire la modélisation). Cela s'explique par le fait que le cahier des charges n'est pas seulement une feuille de route indiquant les différentes méthodes à mettre en œuvre. Il structure et régule les relations entre l'administration et les bureaux d'études privés. Dans ces conditions, c'est la démarche linéaire qui organise les différentes phases et scande le travail des bureaux d'études, ces derniers devant à chaque étape rendre des comptes aux acteurs publics. Ce qui interdit de fait toute démarche itérative. Ceci est amplifié par le fait que dans plusieurs cas, le contrat de sous-traitance entre les bureaux d'études hydrauliques et hydroécologiques indique que le travail de ces derniers est congru à la seule étape de modélisation micro-habitat. Ce qui interdit également la possibilité d'allers et retours entre les résultats de la modélisation et la définition des enjeux socio-environnementaux. Dès lors pointent des conflits quant à l'attribution des responsabilités de ces problèmes.

« *Quand vous tombez sur un cas comme ça, vous imaginez bien que cela met le bazar. Parce qu'après cela retombe sur les méthodes et sur les gens. Cela lance des guerres entre l'agence et l'Onema.* » *(Le chercheur du Cemagref, entretien).*

Ces conflits entrent en résonnance avec les tensions qui traversaient initialement la configuration d'action publique. Ils risquent de discréditer l'outil, les compétences des bureaux d'étude et des agents de l'Onema censés en contrôler le bon usage et la démarche de l'agence.

La conception linéaire des relations entre modélisation et décision politique initiée par l'agence et amplifiée par les bureaux d'études butte donc contre la matérialité des cours d'eau méditerranéens qui « résistent » à cette mise en nombre, par la production d'un résultat incongru. Mais elle rencontre également aussi des préoccupations quant aux conséquences politiques d'un tel résultat présenté aux groupes d'usagers et aux élus locaux. Ce résultat inquiète entre autres les services régaliens qui auront la charge d'assurer la gestion de la pénurie d'eau et les négociations qui ne manqueront pas d'advenir. L'enjeu est alors désormais pour l'agence de réassurer la scientificité de la démarche, de convaincre qu'elle conduira à des dispositifs de gestion gouvernables, et de désamorcer les conflits en responsabilité.

IV. Recadrer la campagne d'études : redoser rigueur scientifique et pragmatisme politique

L'agence, avec le concours du chercheur du Cemagref et du référent Onema, entreprend donc de recadrer la campagne d'étude par le biais de notes techniques et de formations. L'objectif affiché est de dissiper les malentendus autour de la démarche et de former les agents publics comme privés. Néanmoins cette démarche est réappropriée par les acteurs en la présentant comme une réadaptation de la méthode visant selon eux à mieux doser rigueur scientifique et pragmatisme politique. L'enjeu alors n'est pas seulement de redéfinir les méthodes de modélisation, mais aussi de poursuivre la collaboration initiée entre les différents acteurs, tout en désamorçant les disputes.

A. Dénouer l'imbroglio : débloquer la situation et maintenir la crédibilité de la méthode

Tout d'abord, l'agence de l'eau, les services régionaux de l'État et de l'Onema s'entendent pour trouver une interprétation à l'« aberration » signalée par les bureaux d'études. Ils s'appuient sur les remarques du chercheur du Cemagref et du référent Onema. Selon ces derniers, le débit d'étiage naturel et le débit biologique correspondent à des modes de formalisation de la réalité différents. À ce titre, le débit biologique correspond à un « potentiel d'habitat ». Cela signifie que si un débit biologique est supérieur à un « débit naturel », cela indique que le cours d'eau présente une hydrologie naturellement « contraignante » pour les poissons. Pour le dire autrement, un débit biologique supérieur à un « débit naturel » n'est pas le résultat d'une erreur de méthode, mais une donnée fournie par l'outil demandant à être bien interprétée.

Ensuite, l'agence réhabilite la démarche présentée en annexe du cahier des charges « type ». Le discours est désormais le suivant. Il faut d'abord définir des « scénarios de réduction des prélèvements ». L'emploi de la modélisation hydroécologique n'intervient que dans un deuxième temps comme « aide à la décision » pour « explorer » ces scenarii[12]. Par ailleurs, la modélisation hydroécologique ne saurait être pertinente pour donner une *valeur* de débit biologique intrinsèque à l'espèce de poisson et au cours d'eau. Elle doit être utilisée pour étudier des *variations* : en l'occurrence faire correspondre à des variations de débits des altérations potentielles de la qualité de l'habitat.

Cette démarche permet de contourner le problème méthodologique. En effet, les bureaux d'études n'ont plus à se soucier des débits biologiques et doivent désormais faire tourner la modélisation hydroécologique pour produire des ratios « réduction des prélèvements » / « variation de SPU » (Figure 4). Cette démarche permet également de dénouer l'imbroglio technico-politique. En effet, la modélisation ne conduit plus à produire un résultat susceptible de conduire réglementairement à un arrêt total des prélèvements dans les cours d'eau. Elle devient même un moyen de mettre en balance enjeux écologiques (gain en qualité des micro-habitats) et enjeux socio-économiques (baisse des prélèvements).

---

[12] Note de cadrage du 10 juin 2011

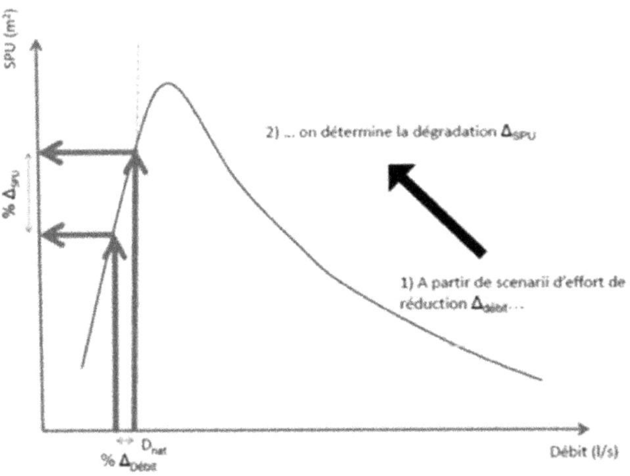

Figure 4: Schéma d'interprétation de la courbe de préférence de poisson par les bureaux d'études à la suite de la note de recadrage du conseil scientifique de 2011 : explorer des ratios gains de SPU par rapport à des variations de prélèvements

Cependant, une fois de plus, il faut considérer les conditions dans lesquelles les bureaux d'études mettent en œuvre cette nouvelle démarche. Nous nous appuierons ici plus particulièrement sur deux cas d'étude, l'une dans la région Rhône-Alpes et l'autre dans la région Provence-Alpes-Côte d'Azur.

À cette étape du travail, les bureaux d'études d'hydrologie ne travaillent plus avec leur partenaire hydro-écologue. En effet, dans le cadre de leurs relations contractuelles, ces derniers ont réalisé la tâche qui leur incombait. Ce sont donc les premiers, les moins compétents sur le fonctionnement des milieux aquatiques, qui conduisent le travail et ont recours à la modélisation micro-habitat. Or, compte tenu des nouveaux éléments apportés, ces compétences apparaissent d'autant plus indispensables. Il faut en effet pouvoir établir au préalable un diagnostic socio-environnemental et les propositions de scenarii de gestion afférentes, avant de tester ces dernières par la modélisation. Dès lors, sans ce diagnostic et sans expertise écologique, les bureaux d'étude hydrauliciens proposent d'étudier des cas de taux de réduction de SPU acceptables, sans pouvoir évaluer si ces derniers représentent un impact faible ou fort sur les peuplements piscicoles. Là encore, les bureaux d'études restent focalisés sur l'outil de modélisation, travaillant seulement à mettre en rapport des taux d'efforts de prélèvement avec des taux de dégradation fixés arbitrairement (Figure 5).

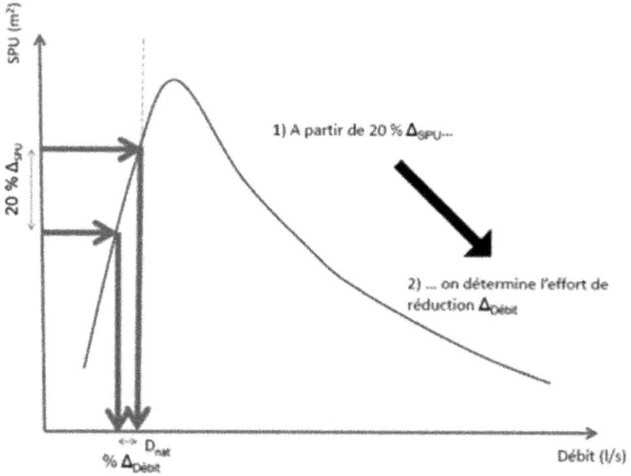

Figure 5: Révision des modalités d'interprétation de la courbe de préférence de poisson par les bureaux d'études : choisir une diminution maximale de SPU (ici 20 %) pour calculer des efforts de diminution des prélèvements

Cette façon de procéder est d'autant plus hasardeuse que les agents qui contrôlent le travail doivent suivre le calendrier et le rythme intense de travail des bureaux d'études, et ce pour plusieurs études en même temps.

« Alors ici, c'est 10 % [de SPU], et je crois que sur un autre, c'est 20 %, un autre, c'est 5 %. Tout a été fait à vau-l'eau. Parce que tout était en marche. On n'a pas pu dire : "Stop, on finit celui-là et puis les autres". Non, le bureau d'études était là. Il avançait. […] On n'a pas pu rattraper le bureau d'études. Ils ont dit : "attendez, vous avez validé le comité de pilotage, nous maintenant, phase 5 et 6." » (Un agent de la DDT, entretien)

Une fois de plus, au regard d'un calendrier à tenir, en l'absence d'expertise écologique, et en ne pouvant manœuvrer qu'à la marge de ce qui a déjà été réalisé au cours de la campagne, l'outil prend le pas sur la démarche générale. Il pose toujours des problèmes vis-à-vis de son adéquation avec les réalités du terrain. Certes, il n'est plus attendu de l'outil qu'il donne à lui tout seul un objectif de débit à maintenir pour les milieux aquatiques. Mais il est désormais mobilisé pour établir sans véritable questionnement un rapport de commensuration entre gain écologique et effort de prélèvement, quand il ne conduit pas à lire un lien de cause à effet direct et linéaire entre « gain écologique » et réduction de prélèvements.

Cette façon de procéder met les agents régionaux de l'Onema, garants du bon usage de la modélisation micro-habitat, dans l'embarras. Dans certains cas, selon eux, on entre dans « une logique strictement mathématique » sans aucun rapport avec le terrain. Mais selon les autres acteurs publics, à défaut de rigueur scientifique, cette manière de procéder a le mérite d'incarner au moins de manière chiffrée et dans un langage ordinaire les conséquences sur le milieu des réductions des prélèvements auprès des usagers. Elle permet de les engager dans une démarche négociée de diminution de leurs prélèvements dans les rivières.

B. Dénouer l'imbroglio: un enjeu de positionnement au sein de la configuration d'action publique

Nous voulons cependant aussi souligner que se joue également, avec l'aménagement de la méthode, la nature même des relations entre les acteurs et leurs positions au sein de la configuration d'action publique initiale.

Tout d'abord, la formulation de cette nouvelle doctrine permet à chacun, suite à l' « incident », de garder la face et de maintenir sa crédibilité professionnelle. Ainsi, l'agence, les services régionaux de l'État et de l'Onema peuvent présenter ces nouveaux éléments méthodologiques aux bureaux d'étude et au public comme un affinement du cahier des charges initial.

« Les bureaux d'études nous disaient: "ce que vous nous demandez maintenant n'est pas dans le cahier des charges initial". Et oui, ce n'était pas tout à fait ce qu'il y avait dedans. Et nous, nous expliquions que le cahier des charges ne décrivait qu'un seul type de situation. [...] Il ne couvre pas la totalité des situations. » (Un agent régional de l'ONEMA, entretien)

Ces acteurs peuvent ainsi maintenir la crédibilité scientifique de la démarche et la légitimité de leur position et éviter un conflit avec les bureaux d'études. Certains bureaux d'études considèrent, quant à eux, que l'apport de ces nouveaux éléments de méthodologie indique bien que le cahier des charges était insuffisamment détaillé et donc à l'origine des difficultés rencontrées. Ils peuvent alors relégitimer leurs compétences qui avaient été mises en doute. Enfin, les ingénieurs des DDT et les élus des syndicats mixtes, suite à la révision de la méthodologie, ne risquent plus d'être accusés d'autoritarisme vis-à-vis de leurs administrés ou de leurs mandants.

Mais nous souhaitons également mettre en évidence que la mise en scène *a posteriori* de ce qui est présenté par certain comme une « innovation » et l'attribution de sa paternité sont toutes les deux un enjeu important. Autrement dit, les acteurs ne cherchent pas seulement à surmonter les problèmes de leur coordination. Ils font des dysfonctionnements, le récit de leur dépassement et l'enregistrement de ce récit, un moyen de renforcer leur position au sein d'une configuration d'action publique[13].

Quand bien même les acteurs se mettent d'accord sur une nouvelle méthode, apparaissent dans le cours même de l'action de nouvelles tensions quant à la revendication de la paternité de cette rénovation de la méthodologie. Ainsi un bureau d'étude d'ampleur national va même jusqu'à dénigrer publiquement et de façon répétée la feuille de route initiale et faire valoir sa contribution qu'il juge décisive dans l'amélioration de la démarche. Ceci donne lieu à des échanges tendus entre le bureau d'études et les agents régionaux de l'ONEMA.

« [Le discours du bureau d'étude] était caricatural. [Il répétait] : " Le cahier des charges n'était pas bon. Donc nous avons fait une proposition technique plus adaptée au territoire". [...] Pour moi, à chaque fois, je ressentais le besoin de le reprendre. Parce qu'il descendait complètement le cahier des charges ! [...] Parce que du coup, il me tirait la couverture ! » (Un agent régional de l'ONEMA, entretien)

Le bureau d'étude souhaite ainsi tirer parti de cette expérience au regard de ses propres logiques de captation de l'expertise et de valorisation de son expérience dans le cadre d'un marché public émergeant. Si ces bureaux d'études se sont engagés dans une entreprise expérimentale, à la démarche encore peu rodée, et donc susceptible de générer des surcoûts qui ne seront pas forcément couverts par le commanditaire, c'est que certains d'entre eux espèrent participer à l'élaboration d'une méthodologie et gagner une compétence qu'ils pourront proposer par la

13 Ce processus est similaire à celui décrit par Bruno Latour lors des controverses socio-techniques (2005 : 285–288). Se chevauche, après le *recrutement des alliés* qui contribuent collectivement à reconstruire la méthodologie, une controverse sur l'*attribution de responsabilité* des innovations à ceux dont on dit qu'ils ont accompli la plus grosse part du travail.

suite. Cette stratégie de captation prend alors différentes formes. Tout d'abord, elle a déjà lieu lors de la production même des modélisations des rivières nécessaires préalables aux calculs. L'agence de l'eau n'indiquant rien sur la destination de ces sous-produits, les bureaux d'études en restent propriétaires. De fait, si les administrations souhaitent réaliser de nouveaux calculs à l'aide de ces modélisations de la rivière, elles doivent commander une nouvelle prestation à ces mêmes bureaux d'études. Ensuite, cette captation passe aussi par la promotion de leur démarche et de leur outil dans des espaces technico-scientifiques (journées d'unités mixtes technologiques, article scientifique).

Certaines DDT cherchent également à faire valoir leur contribution dans la reformulation de la méthode. Il faut dire qu'ils obtiennent avec cette dernière la possibilité de négocier avec les parties prenantes non plus seulement les moyens d'atteindre les objectifs, mais les objectifs eux-mêmes. Mais plus encore, un ingénieur de la DDT prétend être pour beaucoup à l'origine de cette adaptation du cahier des charges initial. La raison pour cela est peut-être sa méconnaissance des débats dans d'autres arènes. Mais il s'agit également d'une tactique développée par l'agent dans le cadre de ces activités de police.

« Là, on est arrivé à un compromis que l'on va expliquer au prochain comité de pilotage. On va dire au monde agricole : "Si on avait appliqué la méthodologie de base, c'était 100 % [de réduction de prélèvement] !". Ça, c'est bon pour la concertation aussi. C'est pour montrer : "Voyez, on a réfléchi" » (Un agent de la DDT, entretien)

Ainsi, si l'agent de la DDT tient à montrer auprès du public qu'il est pour une bonne part à l'origine de cette adaptation de la démarche, c'est pour mieux mettre en scène une posture d'ouverture, condition selon lui pour obtenir en retour le consentement des administrés à entrer dans ces nouveaux dispositifs. Cela lui permet de faire valoir un rôle d'intermédiation entre d'une part, les logiques présentées comme descendantes et technocratiques des politiques publiques de l'État et de l'agence de l'eau, et d'autre part, les réalités climatiques et sociales locales.

Ce « recadrage » ne consiste donc pas tant à dissiper des malentendus et former des agents publics et privés à l'outil de modélisation hydroécologique, que d'établir une nouvelle feuille de route pour les bureaux d'études, articulant autrement modélisation et décision politique, qui puisse démêler l'imbroglio technico-politique qui s'était noué. Nous ajoutons également qu'il s'agit pas seulement pour les acteurs de surmonter leurs problèmes de coordination, de dissiper les procès en responsabilités et de faire en sorte que chacun puisse garder la face. Se négocient aussi le récit de cette négociation et l'attribution de la paternité de ce qui est présenté comme une « innovation » ou une « adaptation ». Se disputent sa mise en scène et son enregistrement sous différentes formes: propriété des sous-produits des études (comme la formalisation mathématique des modélisations des rivières), promotion des démarches et des outils dans des espaces technico-scientifiques. L'enjeu est de renforcer sa position au sein de la configuration d'action publique initiale, mais aussi dans celles qui adviendront si d'autres études sont commandées.

V. Conclusion

Par cette étude de cas, nous souhaitons contribuer aux études portant sur le rôle de la modélisation dans l'action publique environnementale. Selon nous, une perspective critique ne peut se limiter à souligner la façon dont ces outils participeraient à imposer de manière unilatérale la réalité environnementale et sociale qui compte pour définir un plan d'action, surtout lorsque leurs promoteurs font valoir une réflexivité vis-à-vis de ces outils et plaident pour un dosage entre rigueur scientifique et pragmatisme politique.

En effet, dans notre cas, au niveau du bassin, l'agence de l'eau et les chercheurs du Cemagref attendent de la modélisation qu'elle définisse un état de l'environnement avec plus ou moins d'incertitude, de telle sorte qu'elle cadre les négociations politiques, plutôt qu'elle ne donne un débit d'objectif qui évacue la discussion. Pour ce faire, ils élaborent une méthodologie qui combine différents outils dont la modélisation hydroécologique dont il détourne l'usage traditionnel. Si la mise en œuvre de cette démarche peut conduire à des résultats jugés incohérents et problématiques en termes de gestion, les acteurs au niveau du bassin comme aux échelons régionaux et locaux s'autorisent à revoir au cours de la campagne les modalités d'interprétation des résultats de la modélisation et la méthodologie de définition des DOE, et ce en anticipant mieux ses potentielles conséquences politiques.

Néanmoins, en analysant comment cette réflexivité et ce dosage entre rigueur scientifique et pragmatisme politique sont mis en œuvre dans la conduite des études, nous avons montré qu'ils sont conditionnés par les enjeux relatifs (i) aux enjeux de pilotage de l'agence de l'eau, (ii) à la sous-traitance du travail à des bureaux d'études privés et (iii) à la captation de l'innovation méthodologique.

En effet, tout d'abord, nous avons montré qu'en dépit de la réflexivité développée par les promoteurs de la démarche vis-à-vis des modèles, se rejoue néanmoins à travers la modélisation les tensions relatives aux rapports de force entre autorités de bassin et autorités locales. L'agence, en demandant à ce que la modélisation définisse l'état de l'environnement avant d'envisager les scenarii de gestion, même en affichant les incertitudes, cherche à imposer un périmètre aux négociations politiques au niveau local. Devant l'impossibilité technique de définir un tel périmètre, les acteurs locaux, dont les DDT, en profitent pour faire valoir leurs propres préoccupations. En obtenant que l'on envisage non plus des valeurs seuils qui fixent le cadre des possibles mais des ratios entre effort de prélèvement et gain écologique, les DDT parviennent à inscrire leurs enjeux dans le processus de modélisation et à leur institutionnalisation.

Ensuite, nous avons montré qu'à la réflexivité des porteurs de la démarche succède dans le processus de modélisation un usage plus automatique des outils par les bureaux d'étude. Le double mécanisme de délégation (de la maîtrise d'ouvrage à des acteurs locaux et de la réalisation des études à des bureaux d'étude privés) oriente les pratiques de modélisation. Cette délégation s'accompagne de divers dispositifs (marché public, contrat de sous-traitance, comité technique et de pilotage) qui régulent les relations entre les divers protagonistes, scandent les prises de décision et affectent la façon dont la modélisation est mise en œuvre. Le format du cahier des charges, de même que les mécanismes de sous-traitance, associés à un manque d'expérience partagée par l'ingénierie publique d'accompagnement comme privée, conduisent la plupart des bureaux d'étude à avoir finalement un usage « presse-bouton » des outils de modélisation hydroécologiques (l'outil prend le pas sur la démarche et l'interprétation des résultats) et à prescrire des normes (un débit minimum biologique à respecter). Si suite à l'imbroglio, tout le monde convient qu'il faut privilégier moins une démarche linéaire (la modélisation doit précéder les scenarii de gestion) et plus une démarche itérative (les scenarii de gestion sont testés par la modélisation), les conditions de travail restant inchangées, les bureaux d'études sont tout autant conduits à maintenir de telles pratiques et à prescrire des normes (une dégradation ou un gain écologique acceptable).

Enfin, nous avons montré que le dosage entre rigueur scientifique et pragmatisme politique est indissociable des enjeux quant aux positions des acteurs. Ces derniers ne cherchent en effet pas seulement à surmonter le problème de leur coordination, mais aussi à mettre en scène une innovation dont ils réclament la paternité. Se jouent alors aussi bien la mise en scène pour la DDT d'un rôle d'intermédiation entre les autorités régionales et les acteurs locaux qu'elle pourra faire valoir dans le cadre d'autres activités régaliennes, que la captation par les bureaux d'étude privée de l'expertise dans le cadre d'un marché public qui se structure. En ce sens, ce qui compte pour les acteurs qui participent de près ou de loin à la mise en nombre, ce n'est pas seulement les résultats de la modélisation, mais aussi, voire surtout, la répartition des rôles et des responsabilités. On ne négocie pas seulement le nombre ou la méthode, mais aussi sa place dans l'action collective organisée. Un nombre qui convient, c'est aussi une distribution des rôles qui convient.

Notre étude plaide plus généralement pour une analyse des processus de modélisation en s'intéressant à la façon dont ils rencontrent les transformations en cours de l'action publique environnementale relatifs aussi bien au développement des modes de gouvernement par l'objectif qu'au recours de plus en plus systématique à la sous-traitance de l'ingénierie au secteur privé.

Bibliographie

Armatte, M. (2010), *La science économique comme ingénierie : quantification et modélisation*, Paris, Presses des Mines.

Armatte, M., Dahan, A. (2004), « Modèles et modélisations », 1950–2000 : nouvelles pratiques, nouveaux enjeux, *Revue d'histoire des sciences*, vol. 57, n°1 p. 243–303.

Barbier, M., Cauchard, L., Joly, P-B., Paradeise, C., Vinck, D. (2013), « Pour une approche pragmatique, écologique et politique de l'expertise », *Revue d'anthropologie des connaissances*, vol. 7, n°1, p. 1–23.

Barbier, R., Riaux, J., Barreteau, O. (2010), « Science réglementaire et démocratie technique. Réflexion à partir de la gestion des pénuries d'eau », *Natures, Sciences, Sociétés*, vol. 18, p. 14–23.

Barone, S., Dedieu, C., Guerin-Schneider, L. (2016), « La suppression de l'ingénierie publique de l'État dans le domaine de l'eau : les effets paradoxaux d'une réforme néo-managériale », *Politiques et management public*, vol. 33, n°1, p. 49–67.

Barthélémy, C. (2006), *De la restauration écologique à la concertation : des territoires fluviaux en devenir ? Analyse sociologique du Programme Décennal de Restauration Hydraulique et Ecologique du Rhône*, Rapport Cemagref.

Bouleau, G., Pont, D. (2014), « Les conditions de référence de la directive cadre européenne sur l'eau face à la dynamique des hydrosystèmes et des usages », *Natures Sciences Sociétés*, vol. 22, n°1, p. 3–14.

Bouleau, N. (2014), *La modélisation critique*, Paris, Éd. Quae.

Bovee, K.D. (1982), *A guide to stream habitat analysis using the Instream Flow Incremental Methodology*, Fort Collins, Colorado, USDS Fish and Wildlife Service, Office of Biological Services.

Dahan, A. (Dir.) (2007), *Les modèles du futur. Changement climatique et scénarios économiques : enjeux politiques et économiques*, Paris, La Découverte.

Devictor, V. (2015), *Nature en crise. Penser la biodiversité*, Paris, Éd. du Seuil.

Fernandez, S. (2009), *Si la Garonne avait voulu… Étude de l'étiologie déployée dans la gestion de l'eau de la Garonne en explorant l'herméneutique sociale qui a déterminé sa construction*, Thèse de doctorat, AgroParisTech.

Fernandez, S. (2014), « Much Ado About Minimum Flows… Unpacking indicators to reveal water politics », *Geoforum*, vol. 57, p. 258–271.

Fernandez, S., Debril, T. (2016), « Qualifier le manque d'eau et gouverner les conflits d'usage : le cas des débits d'objectif d'étiage (DOE) en Adour-Garonne », *Développement Durable et Territoire*, vol. 7, n°3, https://doi.org/10.4000/developpementdurable.11463.

Gaudin, A., Fernandez, S. (2018), « En attendant les barrages. Gouverner les temporalités de la gestion de la pénurie en eau dans le sud-ouest de la France », *Développement Durable et Territoire*, vol. 9, n°2, https://doi.org/10.4000/developpementdurable.12230.

Granjou C., Walker, J., Salazar, J. (2017), "The Politics of Anticipation: On Knowing and Governing Environmental Futures" *Futures*, vol. 92, p. 5–11.

Guillemot, H. (2009), « Comment évaluer un modèle numérique de climat ? Circulations et dialogues entre simulations et observations dans les pratiques des modélisateurs », *Revue d'anthropologie des connaissances*, vol. 3, n°2, p. 273–29.

Hastrup, K., Skrydstrup, M., dir., (2013), *The social life of climate change models: anticipating nature*, Londres et New-York, Routledge.

Heymann, M. (2010), « Understanding and misunderstanding computer simulation : The case of atmospheric and climate science. An introduction », *Studies in History and Philosophy of Modern Physics*, vol. 41, p. 193–200.

Kieken, H., Dahan, A., Armatte, M. (2003), « La modélisation : moment critique des recherches sur l'environnement », *Natures Sciences Sociétés*, vol. 11, p. 396–403.

Knuuttila, T., Merz, M., Mattila, E. (2006), « Computer Models and Simulations in Scientific Practice », *Science Studies*, vol. 19, n°1, p. 3–11.

Lang Delus, C. (2011), « Les étiages : définitions hydrologique, statistique et seuils réglementaires ». *Cybergeo : European Journal of Geography*, http://cybergeo.revues.org/24827

Lascoumes, P., Bonnaud, L., Le Bourhis, J.-P., Martinais, E. (2014), *Le développement durable. Une nouvelle affaire d'État*, Paris, PUF.

Latour, B. (2005), *La science en action. Introduction à la sociologie des sciences*, Paris, La Découverte.

Lenhard, J., Küppers, G., Shinn, T. (2006), « Computer simulation: Practice, epistemology and social dynamics », *Sociology of the sciences yearbook*, vol. 25, p. 3–22.

Morrison, M., Morgan, M. S. (1999), « Models as mediating instruments », in Morgan, M. S., Morrison M. (Dir.) *Models as Mediators. Perspectives on Natural and Social Science,* Cambridge, Cambridge University Press, p. 10–37.

Schmidt-Lainé C., Pavé A. (2002), « Environnement : modélisation et modèles pour comprendre, agir ou décider dans un contexte interdisciplinaire », *Natures Sciences Sociétés*, vol. 10, n°1, p. 5–25.

Souchon, Y., Trocherie, F., Fragnoud, E., Lacombre, C. (1989), « Les modèles numériques des micro-habitats des poissons : application et nouveaux développements », *Revue des Sciences de l'eau*, vol. 2, p. 807–830.

Steyaert, P., Ollivier, G. (2007), « The European Water Framework Directive: How ecological assumptions frame technical and social change », *Ecology and Society*, vol. 12, n°1.

Strauss A., Fagerhaugh S., Suczek B., Wiener C. (1992), « Maladie et trajectoire », in Strauss A., *La trame de la négociation*, Paris, L'Harmattan [1985].

Winsberg, E. (1999), « Sanctioning Models: The Epistemology of Simulation », *Science in Context*, vol. 12, n°2, p. 275–292.

Winsberg, E. (2003), « Simulated Experiments: Methodology for a Virtual World », *Philosophy of Science*, vol. 70, p. 105–125.

Conclusion Travail de quantification et quantification au travail

Thomas Debril, avec Antoine Doré,
Géraldine Froger, Alexandre Gaudin,
Gaël Plumecocq et Julien Weisbein

Comment la quantification renouvelle-t-elle les manières de connaître et de gouverner la nature ? Telle est la question générale à laquelle cet ouvrage a cherché à répondre en formulant et en testant théoriquement et empiriquement une proposition centrale : suivre les processus concrets de mise en nombre de la nature à travers la notion de trajectoire. Qu'il s'agisse d'inventaire, de mesure, d'indicateur ou de modèle, les différentes contributions de cet ouvrage ont permis d'identifier et de caractériser quelques-unes des significations pratiques et politiques des processus de quantifications de la nature sur lesquelles il s'agit de revenir dans cette conclusion.

Les modes opératoires de la quantification : l'abstraction au concret

Contre l'idée d'une quantification abstraite qui s'imposerait aux hommes de l'extérieur, la notion de trajectoire nous a conduit à déplier l'hétérogénéité des modalités concrètes de mise en nombres de la nature. Loin d'apparaître comme un monde homogène fait de grandes lois universelles, les contributions rassemblées dans cet ouvrage ont montré au contraire la spécificité et la complexité de la diversité des opérations cognitives par lesquelles était convertie, en pratique, une réalité biophysique en énoncés quantifiés. Qu'il s'agisse d'inventaires de biodiversité ou de loups consistant à dénombrer des spécimens de manière aussi exhaustive que possible, de mesures de pollution ou de débits des cours d'eau visant à suivre de manière aussi précise que possible l'évolution d'une nature plus dynamique, de simulation d'une nature plus virtuelle par le recours à des modèles hydroécologiques ou climatiques, de monétarisation des services rendus par les vagues ou les écosystèmes agricoles, les contributions rassemblées dans cet ouvrage participent toutes d'une cartographie des manières de connaître et de gouverner par la quantification. La contribution de Thomas Debril et Antoine Doré (chapitre 1) montre ainsi à quel point ce travail d'abstraction prend des formes différentes selon qu'il est distribué dans des dispositifs renvoyant à des artefacts distincts. Dans cette perspective, le processus de mise en nombre apparaît largement structuré par l'articulation plus ou moins problématique de différentes opérations renvoyant à des théories, des instruments et des compétences spécifiques. La contribution de Gaël Plumecocq et Géraldine Froger (chapitre 3) montre notamment comment la cohérence du cadre épistémologique associée à une théorie économique pèse lourdement sur l'articulation des opérations de révélation, d'agrégation et de justification qui renvoient à des manières de sanctionner socialement la valeur attribuée à la nature. Julien Weisbein (chapitre 2) montre bien à quel point la mise en politique de la nature renvoie à la structuration de réseaux sociotechniques et à la matérialité d'équipements permettant à l'échelon local de compter, à l'échelon national d'agréger et à l'échelon international de faire circuler des nombres, sans pour autant que la chaîne d'actions et d'acteurs ainsi constituée soit fluide et intégrée.

Contre l'idée d'une quantification trop neutre et désincarnée, les contributions de cet ouvrage nous ont alors permis de montrer à quel point les processus de quantification sont structurés par une diversité de jeux d'acteurs locaux qui font tenir ensemble des impératifs cognitifs et pragmatiques. C'est ce que donne à voir la diversité des désaccords entre les professionnels de la quantification, qu'il s'agisse de chercheurs et d'universitaires, de fonctionnaires de l'administration de l'environnement ou d'ingénieurs de bureaux d'études privés. Dans cette perspective, la consistance du chiffre apparaît comme le résultat de la manière dont ces acteurs aux intérêts divergents parviennent à surmonter le caractère problématique de leur coopération. Le processus de production du chiffre apparaît très structuré par la nature des échanges entre ces acteurs et la dynamique sous-jacente des relations de pouvoir qu'ils entretiennent. Les analyses des processus de modélisation proposées par Antoine Doré (chapitre 6), Alexandre Gaudin et Thomas Debril (chapitre 8) l'illustrent bien. Le choix du recours à la modélisation comme les choix de modélisation eux-mêmes apparaissent largement travaillés par ces interactions. Ainsi, et contre l'idée d'une sécheresse exclusivement déterminée par des lois scientifiques universelles objectivant une nature extérieure qui préexisterait, les contributions d'Alexandre Gaudin (chapitre 8) et de Thomas Debril (chapitre 4) soulignent le fait que la pénurie d'eau est objectivée par la dynamique endogène et négociée de jeux d'acteurs renvoyant aussi bien à une rigueur scientifique qu'à un pragmatisme politique. Si la neutralité des nombres est fréquemment décrite comme une manière de trancher les débats de manière impartiale et d'apaiser ainsi les relations et si la qualité du nombre est fréquemment appréhendée dans sa capacité à tenir à distance le social, l'étude de la quantification au concret permet de bien rendre compte du fait qu'elle est aussi le produit des échanges négociés de comportements et des interactions plus ou moins conflictuelles qui les sous-tendent. Les vagues guettées par les surfeurs (chapitre 7) l'illustrent bien : selon qu'elles sont manufacturées en piscines ou bien monétarisées dans la nature, elles n'ouvrent pas les mêmes procédés de quantification comme les mêmes opérations de mise en critique des métriques produites.

C'est parce qu'ils sont structurés par des jeux d'acteurs locaux qui font tenir ensemble des rapports de force et des rapports de sens spécifiques que ces nombres acquièrent une dimension structurante, une autorité qui renouvelle les manières de connaître la nature. En étant le produit de relations de pouvoir, en cristallisant le résultat d'une négociation, ils tendent à reproduire un ordre social spécifique et à naturaliser la diversité des choix associés à la mise en nombre. En faisant le jeu de certains plus que d'autres, ils rencontrent les intérêts d'acteurs qui apparaissent souvent comme des défenseurs acharnés de ces nombres et participent ainsi de la stabilité de leur mode de fabrication. Pour autant, les contributions rassemblées dans cet ouvrage montrent aussi à quel point les processus de mise en nombre, en écartant simultanément certaines natures et certains acteurs, offrent simultanément des prises à la diversité des critiques. C'est ce que nous montre, en amont du processus de quantification, la diversité des épreuves organisées par les producteurs de données eux-mêmes pour mettre en doute leurs chiffres par un retour fréquent aux entités de nature, et la diversité des dispositifs de contrôle et de maintenance déployés pour maintenir les acteurs et la nature dans des formes de comptages spécifiques (chapitre 4). Cela est également particulièrement visible, plus en aval, avec la diversité des remises en cause portée par les gestionnaires de la nature qu'un chiffre peut exposer à la contestation d'usagers. Contre la performativité d'un chiffre participant simplement de la reproduction de l'ordre social et des manières de connaître, la notion de trajectoire nous permet alors de mieux comprendre les mécanismes qui fondent non pas simplement la stabilité, mais aussi la précarité du chiffre. Les contributions rassemblées dans cet ouvrage soulignent ainsi comment la spécificité des manières de connaître est retravaillée par la critique et comment le processus d'abstraction et de mise en nombre prend la forme d'un retour à la nature. Contre l'écueil consistant à voir dans les processus de quantification un supplément de connaissance ou d'ignorance, la notion de trajectoire permet ainsi de comprendre concrètement la nature des mécanismes et la dynamique négociée par lesquels sont retravaillés les deux termes.

Parce que la consistance spécifique des nombres renvoie à la manière dont ces jeux d'acteurs font concrètement tenir ensemble rigueur scientifique et pragmatisme politique, ces derniers renouvellent les manières de légitimer les modalités de gestion qui lui sont associées. En entérinant le résultat d'un jeu social, en prenant en compte de manière inégale les enjeux des différents acteurs, ils fournissent des prises aux gestionnaires de la nature pour légitimer leurs projets. Pour autant, que l'administration prenne ses distances à l'égard d'un chiffre qui l'expose à la contestation des agriculteurs dans le cas de comités sécheresse, ou qu'elle travaille au contraire à désamorcer la critique par son inscription dans de nouvelles formes de modélisation de populations de loups, les contributions rassemblées dans cet ouvrage montrent à quel point les processus de quantification renouvellent simultanément les modalités de contestations. Contre l'écueil consistant à voir dans les processus de quantification un supplément de légitimité au service de gestionnaires dominants, ou un supplément de critiques entre les mains d'acteurs plus dominés, la notion de trajectoire permet ainsi de comprendre concrètement la nature des mécanismes par lesquels sont retravaillés les deux termes. Finalement, plus la quantification apparaît comme désincarnée et s'imposer d'elle-même – ce qui est assez rare dans nos cas – et plus l'alignement entre chiffre et nature est le fruit d'un travail colossal permettant ces va-et-vient entre le concret d'une nature biophysique et l'abstraction d'un nombre plus abstrait, entre les modalités de production et d'usage de ces nombres. C'est bien sur ce dernier point que nous pouvons nous attarder plus longuement en observant plus attentivement comment les modalités de production et d'usage du chiffre se redéfinissent mutuellement.

Les politiques du calcul ou le travail des quantités

Les contributions rassemblées dans cet ouvrage soulignent comment les projets économiques ou politiques de gestion de la nature pèsent sur les différents registres de la mise en nombres. Dès les phases les plus amont de la production de données, ces projets structurent fortement les modalités par lesquelles sont convoqués des acteurs et mobilisés des savoirs pour transformer une nature physique en nombres. Julien Weisbein (chapitre 7) montre bien que la mise en valeur des vagues renvoie à la spécificité de finalités tenant soit à leur exploitation économique dans des *surfparks* et conduisant à mobiliser des sciences de l'ingénieur portées par des bureaux d'étude et des industriels spécialisés, soit à des finalités tenant davantage à leur protection et conduisant à mobiliser des sciences économiques par des ONG et des universitaires plus militants. De même, la mise en nombres des services écosystémiques rendus par la biodiversité agricole abordée par Gaël Plumecocq (chapitre 5) montre bien l'enjeu, pour l'administration française, d'intervenir le plus tôt possible dans ces processus pour peser sur la définition des cadres conceptuels largement solidaires de manières d'évaluer la valeur de la biodiversité française. On voit ainsi, à travers ces cas d'étude, comment la quantification de la nature conduit à mettre en place une gouvernance du travail d'expertise très particulière, précisant aussi bien la division du travail que les règles du jeu qui doivent présider au fonctionnement d'un collectif de travail. On réalise également à quel point la commande adressée aux experts renvoie aussi bien à un contexte spécifique fait d'opportunités économiques ou politiques qu'à des attendus particuliers pesant sur la rédaction des cahiers des charges et les spécifications qu'ils contiennent pour cadrer le travail d'expertise, et notamment celui des bureaux d'étude (chapitre 4 ; chapitre 8). Ces attendus, aussi bien en termes de crédibilité scientifique que de légitimité politique ou de rentabilité économique, participent du cadrage de la commande qui convoque fréquemment la figure d'un usager aux capacités de protestation plus ou moins importantes. Les contributions de cet ouvrage montrent que l'administration attend de la mise en nombres aussi bien une résolution des conflits d'usages et une pacification des rapports à la nature que des éléments de justification à l'égard de projets dont les nombres doivent par ailleurs éclairer la faisabilité pratique. Il s'agit par exemple, dans le cas du loup, de sortir d'une paralysie préfectorale et de l'impasse d'une gestion topographique des prédateurs qui, en raison de leur plasticité écologique, ne permet pas aux préfets de partager l'espace géographique entre les loups et les éleveurs. La dynamique qui préside à la rédaction des cahiers des charges et au recrutement des bureaux d'étude apparaît du même coup comme une étape décisive du processus de mise en nombres. Alexandre Gaudin et Thomas Debril (chapitre 8) montrent que si l'administration n'attend pas un « chiffre magique » susceptible de légitimer un projet dont les contours seraient déjà totalement déterminés, elle fait coexister au sein d'un même cahier des charges, un séquençage différent des actions de quantification à mener dévoilant deux registres d'articulation entre modélisation et décision publique: d'un côté, un séquençage linéaire des différentes actions faisant de la modélisation un préalable aux scénarii de gestion, de l'autre, un schéma plus itératif où la modélisation participe de l'exploration de différentes modalités de gestion. Si leur travail pointe alors du doigt les conséquences d'une telle ambiguïté et les difficultés d'une ingénierie publique à sélectionner et accompagner les bureaux d'étude, de plus amples travaux mériteraient d'être conduits sur l'organisation du marché de l'expertise.

Les travaux rassemblés dans cet ouvrage montrent par ailleurs comment s'actualisent les projets économiques ou politiques dans la réalisation d'un travail de quantification articulant différents gestes techniques. Les contributions rassemblées dans cet ouvrage permettent ainsi de mieux saisir les mécanismes par lesquels s'instaure une forme d'alignement de la production de données sur la commande par l'articulation très fines de différentes opérations de nature différente. L'analyse des modalités de gestion arithmétiques des populations de loups montre, par exemple, comment sont inscrites les attentes préfectorales dans les différentes opérations de quantification, allant de la collecte d'indices de présence par des protocoles standardisés permettant la mise au point d'indicateurs et finalement la mobilisation de modèle simulant la viabilité d'une population de loups. De même, si les Directions Régionales de l'Environnement, de l'Aménagement et du Logement défendent une hydrométrie généraliste produisant des valeurs de débits indépendamment de la grande diversité d'usages dont ils peuvent faire l'objet, nous avons décrit la diversité des mécanismes, plus ou moins formalisés, par lesquels les impératifs des Directions Départementales des Territoires et de la Mer en charge de la gestion des cours d'eau passent du côté de la production de données, orientent les efforts en termes jaugeages, de correction des courbes de tarage, et de validation des chroniques de débits bancarisées à l'échelle nationale.

Si cette solidarité entre manière de produire et d'utiliser des nombres peut apparaître comme un levier décisif aussi bien de la contestation que de la naturalisation scientifique de projets éminemment politiques, cet ouvrage montre également à quel point les pratiques de quantification sont loin de s'aligner de manière mécanique sur les attentes politiques. Tout d'abord parce que les scientifiques ne sont pas toujours d'accord pour endosser ce travail politique. Ils n'ont pas tous les mêmes rapports à la commande, ce qui peut générer des conflits entre eux, rendre visibles des désaccords, donner prise à la critique et compliquer les relations avec le commanditaire. C'est bien ce que nous montrent l'ambiguïté conventionnelle et l'importance des désaccords entre scientifiques qui peuvent entretenir des rapports à l'action différents dans le cas de l'Évaluation Française des Écosystèmes et des Services écosystémiques (chapitre 5). De même, si l'administration peut être tentée de se cacher derrière la technicité des chiffres pour justifier des mesures de restrictions de prélèvements d'eau susceptibles de susciter la contestation, des responsables de la production de données peuvent aussi se mobiliser pour faire valoir une hydrométrie probabiliste et travailler au calcul comme à l'affichage des incertitudes associées à la production de données hydrométriques (chapitre 4). À travers ces efforts, ils nous montrent ici comment ils travaillent à clarifier le partage des rôles et à purger l'hydrométrie d'un geste politique conduisant à choisir, dans une marge d'incertitude, une valeur particulière en fonction d'un usage anticipé de la donnée, et à quel point ce type de démarche oblige le préfet à prendre ses responsabilités et à s'exposer. Ensuite, les attendus politiques, plus ou moins formalisés, laissent de grandes marges de manœuvre aux producteurs de données, qui peuvent mobiliser différentes modalités de mise en nombres sans pour autant sortir du cadre de la commande. Le flou sociotechnique dont s'emparent les bureaux d'études dans la modélisation des rivières analysée par Alexandre Gaudin et Thomas Debril (chapitre 8) dévoile aussi bien une ambiguïté initiale sur les modalités de collecte et de traitement des données que sur la division du travail et la répartition des rôles entre les différentes parties prenantes. Dans cette perspective, l'articulation de ces différents gestes techniques ne va pas de soi et conditionne évidemment la trajectoire du nombre qui peut simplement échouer ou conduire à des complications importantes. Il est vrai, enfin, que les producteurs de données font des choix sur la base non seulement de la commande qui leur est passée, mais aussi des contraintes et des opportunités qu'ils perçoivent plus globalement dans leur environnement. Si les contraintes économiques de rentabilités peuvent inciter les bureaux d'études à minimiser un recueil de données sur le terrain souvent coûteux, ils peuvent aussi voir dans les marchés publics l'occasion de valoriser une méthodologie particulière ou un « modèle maison » leur permettant de se différencier de la concurrence et d'investir dans la pérennité des relations qu'ils souhaitent entretenir avec une clientèle comme l'administration.

Les quantités au travail ou le calcul politique

Les travaux rassemblés dans cet ouvrage montrent que l'articulation des différentes opérations de mise en nombres participe aussi du cadrage des modalités de gestion par la transformation des entités de nature considérées et la reconfiguration des rôles de chacun. Dans cette perspective, la contribution des nombres au processus de mise en gestion renvoie à un processus permettant l'émergence de nouvelles formes de calculs aussi bien économiques que politiques. L'étude de l'artificialisation et de la monétarisation des vagues dans le monde du surf analysé par Julien Weisbein illustre très bien la manière dont une puissante ingénierie, aussi bien épistémologique que technique, participe à la transformation d'une entité de nature comme la vague en bien économique et à la transformation des acteurs en bons calculateurs, qu'il s'agisse des surfeurs transformés en consommateurs de vagues ou des gestionnaires de *surfparks* soucieux de la rentabilité de leur exploitation. De même, les processus de mise en nombre apparaissent décisifs dans la mise en politique de la nature parce qu'ils génèrent de nouveaux référents de gestion et participent de la fabrication de nouvelles prises sur la nature comme sur les acteurs. Antoine Doré (chapitre 6) montre bien à quel point les inventaires de loups, supposant de détecter, d'identifier et de dénombrer des animaux, associés à des exercices de simulation pour appréhender leurs probabilités d'extinction, permettent de renseigner une catégorie juridique aussi floue que celle d'« état favorable de conservation ». De même, les contributions d'Alexandre Gaudin et Thomas Debril (chapitre 8) illustrent le fait que la définition d'un nouveau référent de gestion comme un seuil renvoie aussi bien à des mesures des débits des cours d'eau qu'à la mobilisation de modèles hydrologique et hydro-écologique pour définir ces seuils. C'est alors l'articulation entre ces différentes opérations de mise en nombre que nous donne à voir non seulement une redéfinition des contours et de la nature du problème, mais aussi des solutions susceptibles d'être mises en œuvre pour le gérer, qu'il s'agisse de réfléchir à la faisabilité de nouveaux barrages dans le cadre d'une politique d'aménagement structurelle de long terme ou de planifier une gestion de crise conduisant à limiter, de manière proportionnée, les prélèvements (chapitre 4).

L'étude de la quantification comme trajectoire permet, par ailleurs, d'interroger la performativité de ces énoncés quantifiés en suivant, plus en aval, la manière dont ils viennent concrètement équiper l'action politique. Les contributions rassemblées dans cet ouvrage ont notamment conduit à distinguer trois modalités par lesquelles les nombres participent de la mise en gestion de la nature. Nous avons d'abord montré une gestion mécanique et grâce aux nombres. Les gestionnaires de la nature peuvent alors s'appuyer sur un nombre pour prendre et justifier une action, surtout lorsque ces chiffres acquièrent une force juridique en étant inscrits dans des textes ayant force de loi. L'analyse de l'action préfectorale, lorsqu'elle s'appuie sur un chiffre qui déclenche de manière automatique une action et définit l'importance de cette action, illustre bien cela. Le chiffre, qu'il légitime des interventions consistant à interdire des prélèvements d'eau incompatibles avec l'état de la ressource ou qu'il autorise des tirs de loups compatibles avec l'état d'une population lupine, semble éviter au décideur le face-à-face et la négociation. Il donne à voir la planification et la légitimité d'une gestion mécanique, impersonnelle et proportionnée de la nature. La notion de trajectoire nous a par ailleurs conduits à identifier une forme de gestion non pas *grâce* aux nombres, mais *par* les nombres. C'est ce que nous montrent les arènes délibératives où sont invités les usagers de la nature, les acteurs de l'administration et les bureaux d'étude pour participer notamment à la définition d'un chiffre fixant un niveau d'eau à respecter. Il ne s'agit pas ici de décider par de la prescription, mais par la mise en discussion de scénarii et le renouvellement de différents exercices de simulation permettant d'explorer des compromis entre acteurs aux intérêts divergents. La trajectoire du chiffre n'est pas le fruit d'une gestion impersonnelle qui tient à distance les usagers, mais apparaît au contraire marquée par le souci de les associer à la production d'un chiffre malléable. Enfin, et à mi-chemin entre ces deux extrêmes, les nombres semblent participer d'une gestion par délégation, lorsqu'ils construisent un espace de calcul particulier comme le marché, mais laissent le soin aux acteurs de calculer *avec* les nombres. Julien Weisbein (chapitre 7) montre bien à quel point la quantification, en retravaillant aussi bien la nature de la nature que les compétences des acteurs, procède ainsi par l'incitation économique que médiatise le prix.

Pour autant, de même que la commande publique ne dicte pas complètement le travail des producteurs de données, les nouvelles prises sur la nature que mettent en avant ces savoirs quantifiés ne déterminent pas entièrement les modalités de gestion. D'abord parce que la transparence du formalisme conduit fréquemment les producteurs de données à afficher eux-mêmes leurs propres incertitudes calculatoires. Ceci peut apparaître à la fois comme un gage de sérieux, comme le refus d'assumer le rôle politique du chiffre, mais aussi donner prises à la critique et exposer le décideur à la contestation. Les contributions rassemblées dans cet ouvrage ont permis de caractériser l'importance des résistances associées à l'usage des nombres. Si les nombres ont été décrits par de nombreux auteurs comme des instruments de dépolitisation qui s'imposent par la technicité de procédures permettant de discipliner les gouvernés, ils ne participent finalement que rarement de la stricte légitimation de la reproduction des rapports de domination. Ainsi, l'importance des conflits et des négociations plus aval entre usagers et gestionnaires, conduit l'administration elle-même à prendre ses distances à l'égard de chiffres qu'elle a elle-même commandés. Ces chiffres l'exposent finalement à la contestation des usagers et la poussent à convoquer de nouvelles manières de quantifier pour finalement redoser rigueur scientifique et pragmatisme politique.

Les trajectoires de la mise en nombre nous ont conduits à montrer les mécanismes concrets par lesquels sont retravaillées les manières de connaître et de gérer par les nombres. Nous pouvons conclure notre propos en insistant sur l'importance des désalignements ou des zones d'incertitude qui caractérisent aussi bien les politiques du calcul que les calculs politiques. Contre l'idée d'une quantification trop désincarnée ou d'une trajectoire trop linéaire, cet ouvrage montre finalement à quel point ces incertitudes renvoient à des asymétries de ressources aussi bien cognitives que normatives qui apparaissent décisives dans la trajectoire négociée et contingente des nombres.

ÉcoPolis

Collection fondée par Marc Mormont

Depuis sa création en 2002, la collection EcoPolis analyse les changements qui se produisent simultanément dans la société et dans l'environnement, quand celui-ci fait l'objet d'une préoccupation majeure. Au fil des volumes, la collection suit l'évolution des problématiques environnementales, en interrogeant la manière dont ces dernières sont devenues consubstantielles des questions économiques, sociales et politiques.

L'environnement a longtemps été défini comme extérieur à la société, comme un monde où la nature et les écosystèmes constituent le soubassement matériel de la vie sociale. Les politiques d'environnement avaient alors pour but de « préserver », « protéger », voire « gérer » ce qui était pensé comme une sorte d'infrastructure de nos sociétés. Après quelques décennies de politiques d'environnement, la nature et l'environnement sont devenus des objets de l'action publique et il apparaît que c'est dans un même mouvement que chaque société modèle son environnement et se construit elle-même. Cette dialectique prend une importance accrue quand les sociétés se trouvent confrontées, du fait de la montée en puissance des changements globaux, aux transformations irréversibles de l'environnement (changement climatique, perte de biodiversité, etc.). C'est le rapport entre la dialectique sociétés / environnement et ces transformations que la collection entend explorer.

Directeurs de collection :
Xavier Arnauld de Sartre et Olivier Petit

Claeys Cecilia, sociologie de l'environnement, Centre de Recherches sur les Sociétés et Environnements en Méditerranées, Université de Perpignan, France.

Ghiotti Stéphane, géographe, centre de recherches Acteurs, Ressources et Territoires dans le Développement (ART-Dev), CNRS, Montpellier, France.

Hamman Philippe, sociologue, centre de recherches Sociétés, Acteurs et Gouvernement en Europe (SAGE), Université de Strasbourg, France.

Kull Christian, géographe, Institut de géographie et durabilité, Université de Lausanne, Suisse.

Lewis Nathalie, sociologue, Groupe de recherche interdisciplinaire sur le développement régional, de l'Est du Québec (GRIDEQ), Université du Québec à Rimouski, Canada.

Mormont Marc, sociologue, unité de Socio-Économie, Environnement et Développement (SEED), Université de Liège, Belgique.

Nahrath Stéphane, politiste, Institut de hautes études en administration publique (IDHEAP), Université de Lausanne, Suisse.

Petit Olivier, économiste, Centre Lillois d'Études et Recherches Sociologiques et Économiques (CLERSE), Université d'Artois, Arras, France.

Puerta Silva Claudia, anthropologue, Facultad de Ciencias Sociales y Humanas e Instituto de Estudios Regionales, Universidad de Antioquia, Medellin, Colombie.

Rey Valette Hélène, économiste, Center for Environmental Economics, Université de Montpellier, France.

Titres parus

N° 41 – Thomas Debril, *Une nature comptée. Quantification et régulation de l'environnement en France*, 2023, 300 P.

N° 40 – Forthcoming.

N° 39 – Elodie Charrière, *Les immersions de munitions dans les lacs suisses et français (1919-aujourd'hui), de l'oubli à un statu quo évolutif*, 2023, 350 P.

N° 38 – Sébastien Chailleux, Sylvain Le Berre, Yann Gunzburger (coord.), *Ressources minérales et transitions. Trajectoires politiques du sous-sol français au 21ème siècle*, 2022, 350 P.

N° 37 – Claire Lamine, Danièle Magda, Marta Rivera-Ferre, Terry Marsden (dir.), *Agroecological transitions, between determinist and open-ended visions*, 2021, 318 P.

N° 36 – Victor Bailly, Rémi Barbier, François-Joseph Daniel, *La prévention des déchets. Innovations sociales, action publique et transition sociotechnique*, 2022, 348 P.

N° 35 – Rhoda Fofack-Garcia, *La société des eaux cachées du Saïss. Ethnographie d'un basculement hydro-technique*, 2021, 252 P.

N° 34 – Valérie Deldrève, Jacqueline Candau, Camille Noûs (dir.), *Effort environnemental et équité. Les politiques publiques de l'eau et de la biodiversité en France*, 2021, 534 p.

N° 33 – Christine Bouisset et Sandrine Vaucelle (dir.), *Transition et reconfigurations des spatialités*, 2020, 348 p.

N° 32 – Jochen Sohnle (ed./dir.), *Environmental Constitutionalism: What Impact on Legal Systems?*, 2020, 244 p.

N° 31 – Cécilia Claeys (ed.), *Mosquitoes management. Between environmental and health issues*, 2019, 208 p.

N° 30 – Sylvain Guyot, *La nature, l'autre frontière. Fronts écologiques au Sud (Afrique du Sud, Argentine, Chili)*, 2017, 310 p.

N° 29 – Divya Leducq, Helga-Jane Scarwell et Patrizia Ingallina (dir.), *Modèles de la ville durable en Asie. Utopies, circulation des pratiques, gouvernance*, 2017, 424 p.

N° 28 – Ludovic Ginelli, *Jeux de nature, natures en jeu. Des loisirs aux prises avec l'écologisation des sociétés*, 2016, 240 pages.

N° 27 – Xavier Arnauld de Sartre, *Agriculture et changements globaux. Expertises globales et situations locales*, 2016, 204 pages.

N° 26 – Bernard Hubert et Nicole Mathieu (dir.), *Interdisciplinarités entre Natures et Sociétés. Colloque de Cerisy*, 2016, 396 pages.

N° 25 – Arnaud Buchs, *La pénurie en eau est-elle inéluctable ? Une approche institutionnaliste de l'évolution du mode d'usage de l'eau en Espagne et au Maroc*, 2016, 331 pages.

N° 24 – Valérie Deldrève, *Pour une sociologie des inégalités environnementales*, 2015, 243 pages.

N° 23 –Zhour Bouzidi, *Se coordonner dans un périmètre irrigué public au Maroc.* Contradictio in terminis ?, 2015, 373 pages.

N° 22 – Laura SILVA-CASTAÚEDA, Étienne VERHAEGEN, Sophie CHARLIER, An ANSOMS (dir.), *Au-delà de l'accaparement. Ruptures et continuités dans l'accès aux ressources naturelles*, 2014, 244 p.

N° 21 – Xavier ARNAULD DE SARTRE, Monica CASTRO, Simon DUFOUR, Johan OSZWALD (dir.), Political ecology *des services écosystémiques*, 2014, 288 pages.

N° 20 – Céline GRANJOU, *Micropolitiques de la biodiversité. Experts et professionnels de la nature*, 2013, 202 pages.

N° 19 – Corinne LARRUE (dir.), *Le régime institutionnel d'une nouvelle ruralité. Analyses à partir des cas de la France, des Pays-Bas et de la Suisse*, 2013, 214 pages.

N° 18 – François BERTRAND et Laurence ROCHER (dir.), *Les territoires face aux changements climatiques. Une première génération d'initiatives locales*, 2013, 269 pages.

N° 17 – Véronique ANCEY, Isabelle AVELANGE, Benoît DEDIEU (dir.), *Agir en situation d'incertitude en agriculture. Regards pluridisciplinaires au Nord et au Sud*, 2013, 419 pages.

N° 16 – Cécilia CLAEYS and Marie JACQUÉ (eds.), *Environmental Democracy Facing Uncertainty*, 2012, 185 pages.

N° 15 – Josiane STOESSEL-RITZ, Maurice BLANC, Nicole MATHIEU (dir.), *Développement durable, communautés et sociétés. Dynamiques socio-anthropologiques*, 2012, 230 pages.

N° 14 – Philippe HAMMAN, Christine BLANC et Cécile FRANK, *La négociation dans les projets urbains de tramway. Éléments pour une sociologie de la « ville durable »*, 2011, 246 pages.

N° 13 – Denise VAN DAM, Michel STREITH et Jean NIZET (dir.), *L'agriculture bio en devenir. Le cas alsacien*, 2011, 140 pages.

N° 12 – Philippe HAMMAN et Jean-Yves CAUSER (dir.), *Ville, environnement et transactions démocratiques. Hommage au Professeur Maurice Blanc*, 2011, 291 pages.

N° 11 – Géraldine FROGER (dir.), *Tourisme durable dans les Suds ?*, 2010, 316 pages.

N° 10 – Muriel MAILLEFERT, Olivier PETIT et Sandrine ROUSSEAU (dir.), *Ressources, patrimoine, territoires et développement durable*, 2010, 283 pages.

N° 9 – Philippe HAMMAN et Christine BLANC, *Sociologie du développement durable urbain. Projets et stratégies métropolitaines françaises*, 2009, 260 pages.

N° 8 – François MÉLARD (dir.), *Écologisation. Objets et concepts intermédiaires*, 2008, 214 pages.

N° 7 – David Aubin, *L'eau en partage. L'activation des règles dans les rivalités d'usages en Belgique et en Suisse*, 2007, 247 pages.

N° 6 – Géraldine Froger (dir.), *La mondialisation contre le développement durable ?*, 2006, 315 pages.

N° 5 – Laurent Mermet (dir.), *Étudier des écologies futures. Un chantier ouvert pour les recherches prospectives environnementales*, 2005, 411 pages.

N° 4 – Jean-Baptiste Narcy, *Pour une gestion spatiale de l'eau. Comment sortir du tuyau ?*, 2004, 342 pages.

N° 3 – Pierre Stassart, *Produits fermiers : entre qualification et identité*, 2003, 424 pages.

N° 2 – Cécilia Claeys-Mekdade, *Le lien politique à l'épreuve de l'environnement. Expériences camarguaises*, 2003, 245 pages.

N° 1 – Edwin Zaccaï, *Le développement durable. Dynamique et constitution d'un projet*, 2002 (2e tirage 2003), 358 pages.

www.peterlang.com

www.ingramcontent.com/pod-product-compliance
Ingram Content Group UK Ltd.
Pitfield, Milton Keynes, MK11 3LW, UK
UKHW021922290926
8980IPUK00016B/1409

9 782875 749079